鄂尔多斯图书馆文库

旅蒙商祥泰隆账簿

（第一卷）

布和宝力德　刘锦山　主编

中国文史出版社

图书在版编目（CIP）数据

旅蒙商祥泰隆账簿. 第一卷 / 布和宝力德, 刘锦山主编. -- 北京 : 中国文史出版社, 2022.12
ISBN 978-7-5205-3686-8

Ⅰ.①旅… Ⅱ.①布… ②刘… Ⅲ.①边境贸易—商业史—会计账簿—中国、蒙古 Ⅳ.①F752.9

中国版本图书馆CIP数据核字(2022)第168294号

责任编辑： 刘　夏
封面设计： 秋　雨

出版发行： 中国文史出版社
社　　址： 北京市海淀区西八里庄路 69 号　**邮编：** 100036
电　　话： 010–81136606　81136602　81136603（发行部）
传　　真： 010–81136655
印　　装： 北京银祥印刷有限公司
经　　销： 全国新华书店
开　　本： 1/16
印　　张： 24.75　**字数：** 390 千字
版　　次： 2023 年 11 月北京第 1 版
印　　次： 2023 年 11 月第 1 次印刷
定　　价： 128.00 元

《旅蒙商祥泰隆账簿》第一卷　编委会

序[1]

自明清以来，旅蒙商驰聘内外蒙古，垄断经济商业大权长达数百年，其经营范围之广，贸易金额之大，获取利润之丰，在我国商业交往史上是罕见的。旅蒙商中尤以晋商为主，在开拓内外蒙古市场，发展社会经济，促进文化交流等方面都有着重大的贡献。祥泰隆作为当时旅蒙商所开设商号的杰出代表，其经济活动大大加强了蒙古地区与内地的经济文化联系，推动了其经营地区多种经济的发展，对我国统一多民族国家的形成与发展作出了一定贡献。

17 世纪末，山西省平遥县和甘肃省民勤县的一些商人到阿拉善地区进行贸易活动，在紫泥湖畔建立了阿拉善地区第一家商号——祥泰公。1723 年，祥泰公结束经营，股东们另开了两个商号：定远堂和祥泰隆。定远堂由于经营不善，数年后倒闭。1821 年，祥泰隆被平遥商人董德峰所开当铺兼并，被兼并后的祥泰隆字号仍然保持不变。

祥泰隆的经营项目涉及绸缎、牲畜、畜产品、粮食、砖茶、药材、土产等的批发、零售、收购、运销等。祥泰隆发展势头很大，经营地域涉及内外蒙古、天津、北京、陕西、宁夏等地，很多经营项目在当时处于垄断地位，是当时阿拉善地区最有影响力的商号。1930 年，祥泰隆业绩达到顶峰，资本高达银洋一百二十多万元。九一八事变后，日本帝国主义从军事、经济、文化等方面侵略中国，盛极一时的旅蒙商也未能幸免，在日本帝国主义的全面压制打击下逐步衰落。祥泰隆商号作为影响力较大的商号，在此期间也遭受重创，除了承受日本帝国主义的压制，还要面对地方军阀的勒索和逼迫，只能不断缩小经营范围，从此逐渐走上下坡路。1943 年，祥泰隆被迫改名为“蔚生厚”，从事小规模经营。由此，历时二百多年的著名旅蒙商商号——祥泰隆走向衰败。

在长达几百年的历史岁月中，旅蒙商的商贸活动成为沟通“黄土文化”和“奶茶文化”的渠道，充当了连接蒙汉文化交流的使者。在漫长的发展过程中，旅蒙商既创造了物质财富，也创造出大量的精神财富，形成了自己独特的经营理念、经营文化、治理体系、管理机制、营销模式以及技术手段等。这些精神财富留存于相关文献之中。

[1] 本文由笔者发表于《图书与情报》2018 年第 4 期《清代旅蒙晋商文献价值评价——以祥泰隆账簿文献为例》一文改写。

旅蒙商文献按照来源可以分为两类：一类是来自于旅蒙晋商本身的文献，包括账簿、票据、契约、书信、家谱等；另一类是来自于官方或其他机构、个人的文献。包括奏章、实录、方志、史书、书信、笔记、碑刻等。其中，第一类文献因是旅蒙商原生文献，价值尤大。旅蒙商文献是研究明清时期社会变迁、经济发展非常重要的资料，但是，由于近代以来多次剧烈的社会变迁，旅蒙商由兴起发展至逐步衰落，加之缺乏对文献资料的保存，使得旅蒙商文献受到了很大破坏。目前，留存至今的旅蒙商文献数量很少，特别是来自于旅蒙商的原生文献更是少之又少，且缺乏系统性和完整性。

1917 年，曾在蔚丰厚票号工作了 50 年的李宏龄出版了《同舟忠告》和《山西票商成败记》两本书。前者是由其 1890-1912 年担任蔚丰厚票号分号总经理期间写给总号经理的 76 封信件汇集而成，后者是由其 1908-1909 年写给祁县、太谷、平遥三帮票号倡议共同入股创办三晋汇业银行及相互回信的 15 封信件汇集而成。这两本书属于晋商原生文献，具有很大的历史研究价值。李宏龄曾担任蔚丰厚票号在北京、上海、汉口的经理，是对晋商和票号研究最有发言权的当事人之一。此后，有关晋商的研究逐步引起研究者的关注，一百多年来，先后出版了不少关于晋商的研究著作和文章，关于晋商的文献被广泛搜集整理。程其田撰写的《山西票庄考略》是第一部专门研究晋商的专著。他为了撰写此书，于民国 22 年（1933 年）专门到山西票号的故乡进行调查，并于第二年去日本搜集有关材料，对山西票号兴衰成败的原因加以探讨。著名历史学家、考古学家卫聚贤 1936 年奉孔祥熙之命，到平遥、太谷、祁县考察票号，收集整理资料，并走访了票号遗老，查看墓志碑刻，其撰写的《山西票号史》将各总号与分号之间的信件往来依各家年代先后依次录入，是继程其田之后的又一部关于晋商的专著。2002 年山西经济出版社出版的由中国人民银行山西省分行和山西财经学院共同编纂的《山西票号史料》（增订本）是众多有关晋商的文献中最为详尽的代表之一，该书分为上下两部，其中既收录了晋商原生资料，也收录了非晋商原生资料。2006 年，山西人民出版社出版了山西省政协《晋商史料全览》编辑委员会编纂的《晋商史料全览》，收录文章 1564 篇，字数达 615 万字，分为专题卷和地方卷。这套书对明清民国时期山西各个地方的晋商史料都进行了收编，包括晋商人物、家族、行业、字号、商埠、码头、宅院、店铺、文献、碑刻、风俗等史迹内容。

除此之外，由于长期往返内地与蒙古地区，在经济交流中产生了许多内地文化与蒙古文化的碰撞，旅蒙晋商也总结出许多实用的学习经验。为了克服由于语言习惯的不同带来的麻烦和困难，他们也尝试编纂了一些其他方面的文献。旅蒙晋商曾自行编纂过汉语注音的《蒙古语言》工具书，要求赴蒙贸易者掌握蒙语，入蒙一年以上的商人，都可讲一些蒙语单词和日常生活用语。同时，因长期在外经商，再加上涌入蒙古地区的汉族人数量增多，许多蒙古文化也被引入到内地，如地名的运用等。蒙古文化和内地文化相互融合，蒙古族在与汉族的交往过程当中也学习了大量的汉俗及汉族语言。

显然，对于晋商的产生发展过程及在此期间社会经济生活水平的研究而言，系统的晋商原生文献具有非常重要的价值，但是这一类型的文献资料留存较少。

晋商的账簿设置一般分为四大类，四大类分别为基础账簿、业务账簿、结算账簿和辅助账簿。基础账簿是以中国传统的账簿组织体系“三账”为骨干，“三账”指的是底账（亦称草流）、流水簿和老账。底账是营业时的即时记录，起原始凭证作用；流水簿起日记账作用，由底账整理计入；老账则相当于现在的总账。业务账簿又分为业务分类账和往来总账。结算账簿包括月清和年总两种。辅助账簿是服务性质的账簿，又分为万金帐、路居账、保荐账和规账等，主要用来辅助盈利分配和满足经营管理的需要。

鄂尔多斯市图书馆馆藏祥泰隆手写账簿 132 册，立账时间最早的文献出自 1858 年（清咸丰八年），历经了同治、光绪、宣统、民国，最晚到 1951 年。这些账册不仅时间跨度大，而且种类丰富，包含各种账簿类型，系统性强，是关于旅蒙晋商研究中不可多得的珍贵文献，庶几可略补晋商原生文献稀少这一不足。

作为详细反映祥泰隆票号各种经济文化活动的账簿，其具有多方面文献价值。

首先，祥泰隆账簿对于旅蒙商学、晋商学的研究具有基础性的文献支撑价值。旅蒙商乃至晋商的研究，最为缺乏的是来自商号的原生性文献。晋商经过百年发展，历经壮大衰败。有关晋商的研究早在 20 世纪 30 年代就已在学术界掀起了一波浪潮，尤其是对晋商首创的票号研究，学者们纷纷发表了众多研究论文。在这些研究过程中，有关晋商的文献资料绝对起到了关键性作用，诚然，散见于其他机构和个人的非晋商原生性文献虽然也能在晋商学研究中起到一定作用，但来自晋商自身的原生性文献无疑更具有基础性支撑作用。一个商号时间跨度长达一世纪之久，如此系统的文献，在所有晋商原生性文献中都是较为罕见的。对祥泰隆账簿的挖掘、整理和研究工作，无疑会进一步推动有关晋商学和旅蒙晋商研究的工作深入化、具体化。

其次，祥泰隆账簿具有多学科研究价值。在商号漫长的发展过程中，作为记载商号发展凭据的祥泰隆账簿，其本身在这一过程中记录了许多当时对消费者的称谓、消费情况、价格、书信等内容，这些内容准确地反映了当时人们的衣食住行、阶级阶层、人口变动、社会治安、文化民俗等各方面的情况。学界可以根据祥泰隆账簿，从经济学、历史学、文化学、民俗学、社会学、人口学、地理学、管理学、政治学、数学、图书馆学等多个学科维度对清朝后期、民国时期的经济社会生活进行多方面研究，多视域、全方位、多层次地揭示近代以来经济社会生活的发展与变迁，也使我们对于近代社会有一个总体性的认识。

旅蒙商自明朝萌芽以来，历经明、清两个朝代发展，银票汇通、丝绸之路、茶马古道、驼队马帮各路畅通，其规模之大、影响之深，在中华民族贸易史上实属罕见。他们在贸易活动中充当了加强蒙汉文化交流的使者，对促进蒙汉民族民俗融合贡献卓著。对这样一个群体，有必要进行梳理研究。而支撑这一研究过程的晋商文献弥足关键。透过这些有关旅蒙商的原生及非原生文献资料，可以使学界对旅蒙商这一群体在当时的历史发展轨迹有更加深刻的了解和认识。旅蒙晋商所带动的“移民文化”、晋商精神，其首创的票号形式等，都对后来我国的经济社会发展起到了一定影响作用。鄂尔多斯图书馆馆藏的祥泰隆账簿文献作为这其中时间跨度久、研究系统强的一批优质文献，在研究晋商尤其是旅蒙晋商的过程中无疑起到了积极的推动作用。为此，鄂尔多斯市图书馆与北京碧虚文化有限公司合作对祥泰隆账簿文献进行研究整理出版。希望这些原生文献的出版，有助于我们从多领域了解当时旅蒙商的社会贸易活动和明清时期社会发展情况，并对旅蒙商研究起到积极的促进作用。

由于编著者水平有限，本书中定然存着诸多错漏和不足之处，请读者朋友不吝批评指正。

布和宝力德

2022 年 2 月 12 日

凡例

一、鄂尔多斯市图书馆馆藏祥泰隆账簿 132 册，本书按照账簿排列次序分卷出版。第一卷整理出版第 1 ~ 6 号账簿。

二、本书采用识读文字与账簿图片对应并加脚注的方式出版。识读文字在每页上方，账簿图片在每页下方。脚注列于当页账簿图片下方。

三、对于账簿中纪年日期均加注标明公元纪年日期。相同日期第二次出现不再加注。

四、账簿中的传统记账数字符号均转为规范汉字，原文为汉字小写识读文字亦转成规范汉字小写一二三四五六七八九十百千，原文为汉字大写转成规范汉字大写壹贰叁肆伍陆柒捌玖拾佰仟，原文用的不规范汉字大写简写字比如式亦同样转成规范汉字大写比如贰。账簿中的数字符号常有大写小写混用，转成规范汉字亦大小写混用。

五、账簿中商品名、地名、官职名、量词以及其他文字，常使用祥泰隆自创的简写字，识读文字均转换为规范汉字。例如，同乎：铜壶；才逢：裁缝。

六、账簿中人名因音译与现在译名不一样的保持不变。

七、账簿中计数的识读文字与原来计数的字符个数一样，不多加字符。例如：，一千三百零二两四钱一分（1302.41 两），识读文字为：一千三百零十二两四一。

八、每册账簿需要加注字词，如果出现两次以上，只在第一次出现时加注。

九、不能辨认的字用□代替。

十、补充字符用括号括起。例如《大清光绪元年新正黄道吉立（万金账）》。

十一、附录中一为《祥泰隆账簿字符识读表》，二为《鄂尔多斯市图书馆馆藏祥泰隆账簿一览表》。

目录

[一号账簿]

咸丰八年新正月吉立
哈尔哈借贷老账

萨仁高娃 识注

前 言

《咸丰八年新正月吉立哈尔哈借贷老账》记录了祥泰隆从咸丰八年正月即1858年2月14日～1858年3月14日，到光绪十四年正月即1888年2月12日～1888年3月12日之间的哈尔哈借贷老账。哈尔哈又称喀尔喀，清朝漠北蒙古族诸部的名称。老账又称基础账簿，分为业务账簿、业务分类账和往来总账。本账册主要记录了祥泰隆在蒙古喀尔喀地区与蒙古王公贵族、喇嘛和广大牧民开展的贸易往来。

祥泰隆商号经营范围较广，货物买卖、货物寄存、委托加工、银钱典当等均有涉猎，除银钱业即金融业另有账册记录，其他项目本账册都有记载。相对而言，货物寄存、委托加工涉猎较少，货物买卖是本账册记录的常规业务。其中米面、茶、烟酒、布缎、生活资料等货物为大宗商品，羊皮、羔皮、狼皮、羊绒、驼绒等货物为杂货。由于当时喀尔喀地区蒙古族牧民收入较低且牧畜受季节影响，不能在冬季和春季出售牧畜产品而没有收入，所以只能赊账。祥泰隆经营方式正是以赊账为主，适应了当地群众牧畜生产的节令特点，也满足了群众的生活需要。

本账册共74页266条记录，涉及八个家族一百九十余人，其中以官员和喇嘛居多。按照人名归集记录了一定时间内祥泰隆与上述人员的交易往来情况。每条账目首先记载了交易对象，详细记录了交易对象的姓名、面貌、身份、职业以及社会关系等情况，以便日后确认交易对象不至弄错；其次记载交易时间，然后记载具体的交易情况，通过“收”“取”“借”“欠”等字样标明钱物往来关系，并扼要记录了商品名称、规格、数量、单价、总价，遇有需要说明的情况就用小批加以说明。为方便记录和结算，记账者有时会对若干条记录组成的一个模块的往来金额进行结算，我们利用这样的模块结算可以对每条交易的具体金额进行验算，以确认我们识读的数字、银钱比价是否准确。之所以这样说，是因为晋商包括祥泰隆记账时采用了一套专用的数字符号以及一些文字简写方法，加之大多数账簿都是用行书甚至行草书写，一些文字符号不宜辨认，很容易弄错了，有了模块结算通过验算可以解决一部分这样的问题。

本账册对于我们了解晚清时期晋商与喀尔喀地区王公贵族、喇嘛、牧民之间的贸易往来情况，当时人们的生产生活情况，经济社会发展变迁情况可以提供有效的帮助和鲜活的素材。这里仅举一例说明。我们知道，晚清时期由于西方列强对我国的全面侵略，加上鸦片贸易以及巨额战争赔款的影响，造成白银大量外流，银贵钱贱成为一种趋势。这一点可以从祥泰隆商号账册记录中找到明确证据。下面我们摘录两条不同年间的交易记录加以说明。

第一条："八尔登喇嘛 方脸深眼窝 十年三月十四日 取借董烟壹瓶 二两 收羔皮贰张 二钱 伊寄熟山皮捌张工钱六十 与伊有帖 十一年十一月十八日 收驼毛山绵羊皮钱一千贰百文 净欠咱钱八百八"。

咸丰十年三月十四日即 1860 年 4 月 4 日，八尔登喇嘛借董烟欠二两（合钱 2000 文），收羔皮收入二钱每张二钱二张四钱（合钱 400 文），熟皮八张每张工钱 60 文八尔登喇嘛欠钱 480 文；咸丰十一年十一月十八日即 1861 年 12 月 19 日，收驼毛绵羊皮收入 1200 文，-2000+400-480+1200=-880，八尔登喇嘛净欠钱 880 文。显然，1860 年—1861 年一两银子兑换铜钱 1000 文。

第二条："沙各都尔也尔巴 九年十月……伊定八尺随持氆子壹拾陆条 每条计十斤 每条言定价钱捌千文 收银壹两七钱五分 一八 合货钱三千一五……"。

同治九年十月即 1870 年 10 月 24 日 ~ 1870 年 11 月 22 日，沙各都尔也尔巴向祥泰隆定了十六条八尺的氆氇，每条定价八千文，收银一两七钱五，银钱比价 1800 文，1.75 × 1800 = 3150，合钱 3150 文。1870 年一两银子兑换铜钱 1800 文。

十年间，银子价格几乎上涨了一倍。

实际上，账册中类似资料颇为多见，对于这些资料悉心解读，无疑可以洞幽烛微，有助于我们深入具体地了解祥泰隆商号以及当时社会发展情况。

萨仁高娃

2021 年 10 月 28 日

咸丰八年新正月[1]吉立

哈尔哈[2]借贷老账

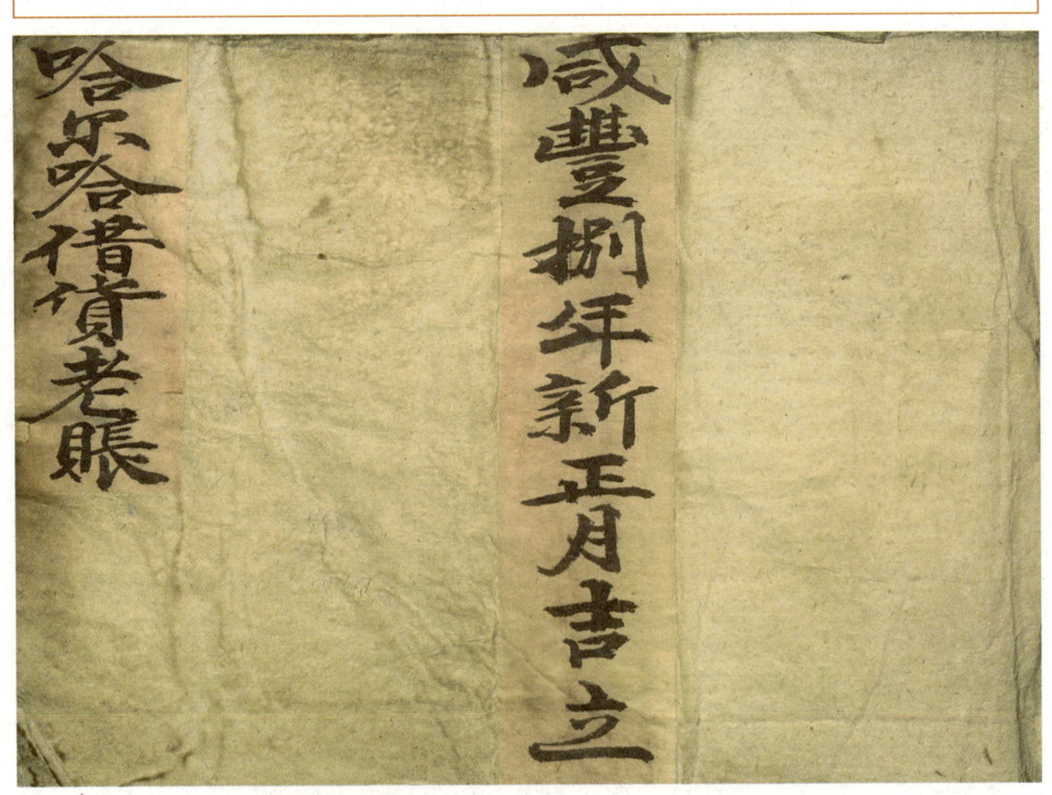

咸豐捌年新正月吉立

哈尔哈借貨老賬

[1] 咸丰八年新正月：1858 年 2 月 14 日～ 1859 年 3 月 14 日。

[2] 哈尔哈：又称喀尔喀，清朝漠北蒙古族诸部的名称。

阿布赖麦得把思皆家人

散都个推 尖旦

抄来六年[1]欠咱钱[2]二千三百[3]九十文

收钱壹千文 巴尔登交下抄十年[4] 一号小账上 清了

唐古代 抄来七年[5]十一月[6]初间取借驼[7]架子一付 伊弟贡布手 弟手

九年十月十五日[8]收羊皮五张

岑东台吉[10] 伊子八大尔手 大汉子[9]

抄来六年欠咱钱贰[11]百文

取线[12]钱一百五十文 取袋[13]子钱一千贰百五十文 取烟钱七百[14]

取烟钱三百文 取一尺[15]木盘子一个五百[16] 取欠货钱五百文

取小饼[17]子一百五十个 共钱三[18]千文

九月 九年十二月初五日[19]与以喜大莫带钱[20]收要

[1] 六年：咸丰六年，1856 年 2 月 6 日 ~ 1857 年 1 月 25 日。六，原文作“〦”，下同。

[2] 钱：原文作“[illegible]，下同。

[3] 百：原文作“[illegible]、[illegible]”，下同。

[4] 十年：咸丰十年，1860 年 1 月 23 日 ~ 1861 年 2 月 9 日。

[5] 七：原文作“〧”，下同。

[6] 月：原文作“丨”，下同。

[7] 驼：原文作“它”，下同。

[8] 九年十月十五日：咸丰九年十月十五日，1859 年 11 月 9 日。九：原文作“文”，下同。

[9] 大汉子：大个子。汉，原文作“汗”，下同。

[10] 台吉：蒙古贵族的称号，有时写作“台几”“台基”。

[11] 贰：原文作“弍”，下同。

[12] 线：原文作“[illegible]”，下同。

[13] 袋：原文作“代”，下同。

[14] 百：原文作“[illegible]”，下同。

[15] 尺：长度单位。清朝时期，1 丈 = 10 尺，1 尺 = 10 寸，1 寸 = 10 分。有裁衣尺、量地尺和营造尺之分，这里是裁衣尺。折合现在长度单位，1 尺 = 35.5 厘米。见王力主编 . 王力古汉语字典［M］. 北京：中华书局，2000:1810。

[16] 五：原文作“〥”，下同。

[17] 饼：原文作“并”，下同。

[18] 三：原文作“〣”，下同。

[19] 九年十二月初五日：咸丰九年十二月初五日，1859 年 12 月 28 日。

[20] 钱：原文作“[illegible]”。

潮洛推 巴兔呵其尔[1] 秃沙尔七之弟 抄来六年九月[2]内取湖布二匹[3]半 作钱四[4]千 二五

十二月[5]内收钱一千五百文 十七日[6]取板木碗子一个 一二[7]百

兑钱各都尔 七 取鼻烟钱一千文 八年二月初六日[8]收钱一千五百文

欠咱钱二[9]千 九年十月十六日[10]兑小账上收钱贰千三百七十文

吞明的 黑人[11]圆[12]脸窝眼 扁嘴[13] 抄来六年九月十八日[14]取欠钱一千一百文

十年九月[15]初二日[16]收忍驼毛钱四百五十文 又收兑钱六百五十文

秃明的 台吉把朗 抄来六年欠咱钱贰千文

八[17]年八月初六日[18]兑长天合收钱贰千文

哦其尔 抄来旧账五年二月初四日[19]取借回绒[20]银一两

妈你[21]喇嘛 唐木尼尔巴[22]之弟 抄来十二月十六日[23]取白糖[24]四包[25]一百五

取黄酒五斤[26]一百 取绿[27]斜皮一张六百 二月十九日[28]收牛马皮二张 尾子一个 共钱二百一千

下欠咱钱五百五十文[29]十二月十七日[30]收九八钱[31]五百五十文 魁盛永兑

大喜碟立各 抄来七年二月[32]内欠咱钱六百文

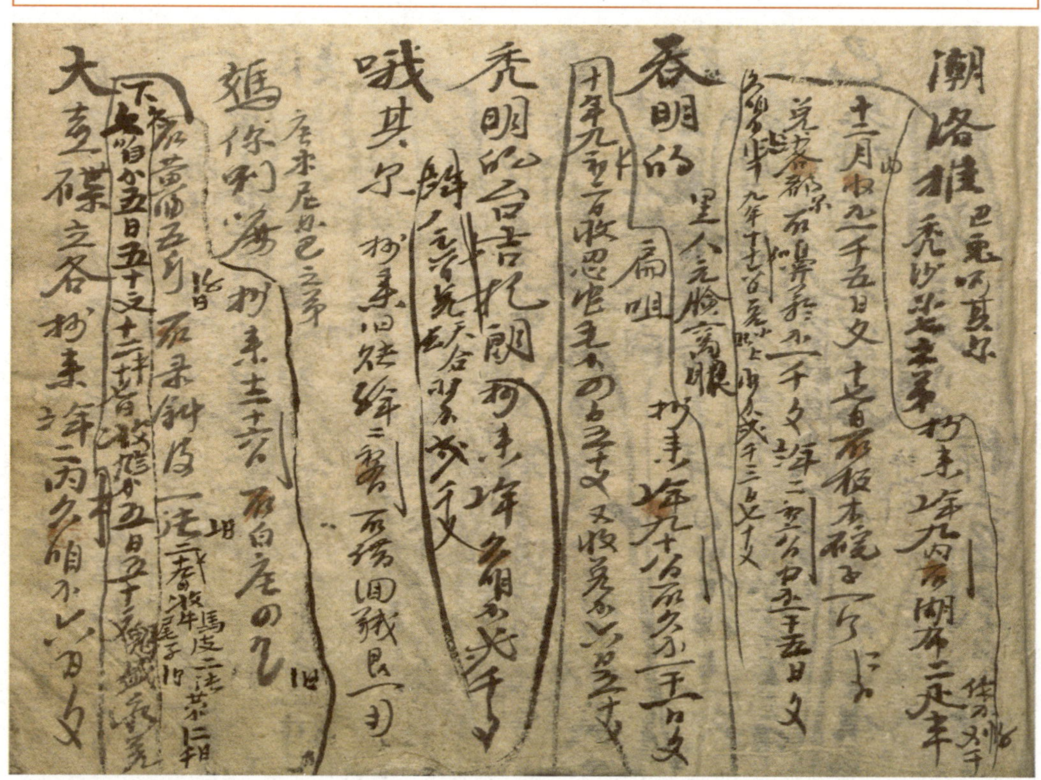

[1] 巴兔呵其尔：现一般译作“巴图敖其尔”。
[2] 六年九月：咸丰六年九月，1856 年 9 月 29 日 ~ 1856 年 10 月 28 日。
[3] 匹：原文作“疋”，下同。匹，量词，计算布帛类纺织品的单位。《小爾雅》云：倍两谓之疋。二丈为两，倍两四丈也。
[4] 四：原文作“乂、〇”，下同。
[5] 十二月：咸丰六年十二月，1856 年 12 月 27 日 ~1857 年 1 月 25 日。
[6] 十七日：咸丰六年十二月十七日，1857 年 1 月 12 日。
[7] 一：原文作“丨”，下同。
[8] 八年二月初六日：咸丰八年二月初六日，1858 年 3 月 20 日。
[9] 二：原文作“刂”，下同。
[10] 九年十月十六日：咸丰九年十月十六日，1859 年 11 月 10 日。
[11] 黑人：《绥远通志稿》载：“黄教称僧徒曰喇嘛，谓未出家之俗众曰黑人。而俗众之隶属于召寺服役喇嘛者，则又沦为黑徒焉。见胡日查 . 清代蒙古寺院劳动者——沙纳毕尔的生产生活状况［J］. 内蒙古师范大学学报（哲学社会科学版），2007，36(4):10-15.
[12] 圆：原文作“元”，下同。
[13] 嘴：原文作“咀”，下同。
[14] 六年九月十八日：咸丰六年九月十八日，1856 年 10 月 16 日。
[15] 月：原文作“𠂇”，下同。
[16] 十年九月初二日：咸丰十年九月初二日，1860 年 10 月 15 日。
[17] 八：原文作“[illegible]”，下同。
[18] 八年八月二六日：咸丰八年八月二六日，1858 年 10 月 2 日。
[19] 五年二月初四日：咸丰五年二月初四日，1855 年 3 月 21 日。
[20] 绒：原文作“[illegible]”下同。
[21] 妈你：现译作“玛尼”，下同。
[22] 尼尔巴：账册中又写作“尼尔把”，蒙古地区佛教寺庙的僧职名，别名办事喇嘛，负责办理庶务、会计事项。
[23] 十二月十六日：咸丰八年十二月十六日，1859 年 1 月 19 日。
[24] 糖：原文作“唐”，下同。
[25] 包：原文作“[illegible]”，下同。
[26] 斤：质量单位，清朝时期，1 斤 =16 两，1 两 =10 钱，1 钱 =10 分，折合现在质量单位，1 斤 =590 克。见王力主编 . 王力古汉语字典［M］. 北京：中华书局，2000:1815。
[27] 绿：原文作“录”，下同。
[28] 二月十九日：咸丰八年二月十九日，1859 年 4 月 2 日。妈你喇嘛十二月十六日取白糖、黄酒、绿斜皮，二月十九日妈你喇嘛卖给商号牛马皮和尾子，二者相抵妈你喇嘛还欠商号 550 文钱；十二月十七日还钱 550 文，因此可以断定二月十九日为咸丰八年二月十九日。
[29] 妈你喇嘛十二月十六日取白糖四包，每包一百文钱；取黄酒五斤，每斤一百五十五文钱，取绿斜皮一张六百文钱，合计欠钱 $4×100+5×150+600=1750$ 文，二月十九日收牛马皮二张尾子一个，共钱一千二百文，$1750-1200=550$ 文，还欠祥泰隆 550 文钱。数字相合。
[30] 十二月十七日：咸丰八年十二月十七日，1859 年 1 月 20 日。
[31] 九八钱：名为铜钱一千文，实收九百八十文。按此名为五百五十文，实收五百三十九文。九八，原文作“[illegible]”，下同。
[32] 七年二月：咸丰七年二月，1857 年 2 月 24 日 ~ 1857 年 3 月 25 日。

江布朗推 秃明推之弟 麻子小身尖旦
抄来七年三月[1]内 取借柿饼子 一百个
又取次[2]一庄靴[3]一双钱九 七年九月初十日[4]收黄茶一块[5] 七百
十年后三月廿日[6]收羔皮一张[7]

却都尔宰生 抄来七年八月十六日[8]取山羊皮袄[9]一件
取转九八钱三百文 取欠烟木钱四百文
八年八月廿五日[10]收钱贰千五百文 兑源尔禧
寄放伊秤一杆 十年[11]秋后伊取去
却得尔宰生的徒弟 十年三月十四日[12]收钱贰百文

根东喇嘛 抄来七年八月十六日[13]取欠烟钱 糖食 贰钱

中年圆[14]脸黑八字胡
碟立盖台基 抄来七年八月[15]内取借棉毡[16]一付 五 二千
此系曲得尔台基之弟 却都尔宰生之姪[17]
九年九月廿六日[18]收兑钱贰千五百文

巴兔哦却尔兔沙尔器 抄来七年八月卅日[19]取借色
八年九月十九日[20]收九八钱三千三百文 伊子手
斜纹布三匹二千 五
九年十一月初一日[21]收货钱四千

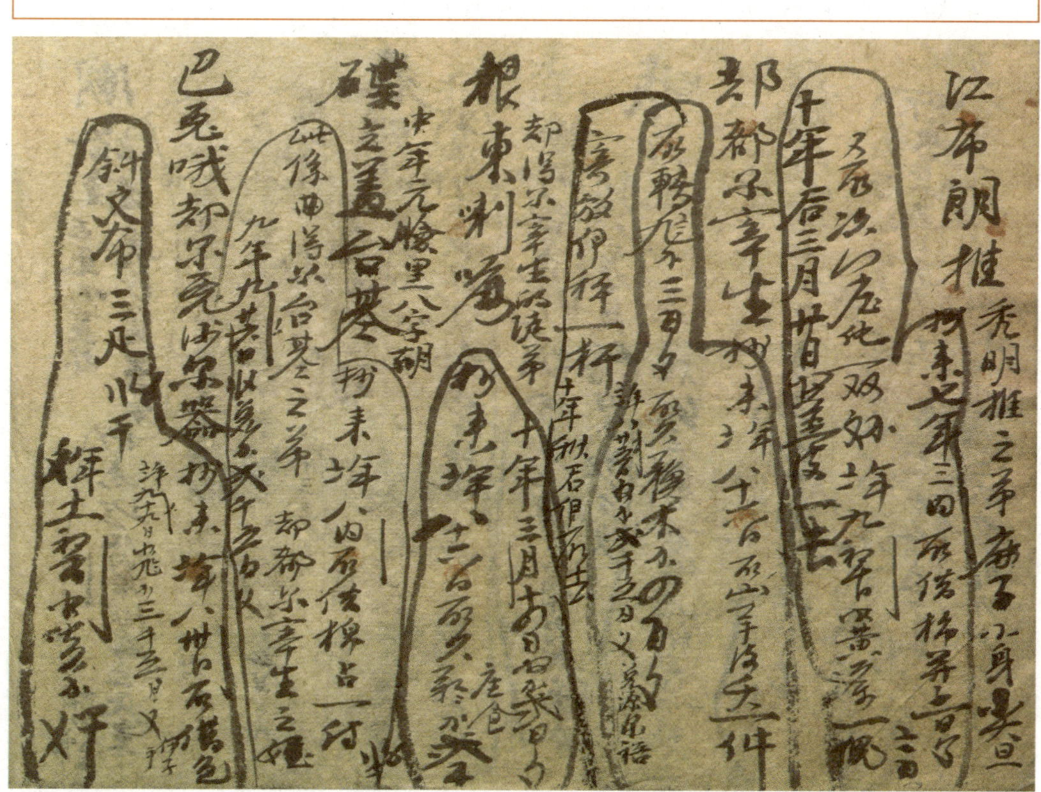

[1] 七年三月：咸丰七年三月，1857年3月26日～1857年4月23日。
[2] 次：质量较差。
[3] 靴，原文作“化”，下同。
[4] 七年九月初十日：咸丰七年九月初十日，1857年10月27日。
[5] 块：原文作“圤”，为“块”、“塊”简写。《集韵》曰：圤，匹角切，音璞。块也。下同。
[6] 十年后三月廿日：咸丰十年后三月廿日，1860年4月10日。后三月，闰三月。
[7] 张，原文作“长”，下同。
[8] 七年八月十六日：咸丰七年八月十六日，1857年10月3日。
[9] 袄，原文作“夭”，下同。
[10] 八年八月廿五日：咸丰八年八月廿五日，1858年10月1日。
[11] 十年：咸丰十年，1860年1月23日～1861年2月9日。
[12] 十年三月十四日：咸丰十年三月十四日，1860年4月14日。
[13] 七年八月十六日：咸丰七年八月十六日，1857年10月3日。
[14] 圆：原文作“元”，下同。
[15] 七年八月：咸丰七年八月，1857年9月18日～1857年10月17日。
[16] 毡：原文作“占”，下同。
[17] 姪：同侄。
[18] 九年九月廿六日：咸丰九年九月廿六日，1859年10月21日。
[19] 七年八月卅日：咸丰七年八月卅日，1857年10月17日。
[20] 八年九月十九日：咸丰八年九月十九日，1858年10月25日。
[21] 九年十一月初一日：咸丰九年十一月初一日，1859年11月24日。

卜布甲布 黑圆脸胡 抄来七年九月[1]初间取欠皮毡

布钱一千五百文 取白粉绢一匹兑欠 碟青扣手 钱一百五十文

九年九月廿日[2]收钱贰千六百七十文

哦七尔 黑人老汉[3] 八字胡 尖哈吧 抄来七年九月初间取清油[4]四斤 共钱三百

又取小烟银一两 九年九月廿六日[5]收兑钱一千三百文

格以各旦僧 抄来七年九月初间取欠绒抓子 洋烟 银八钱

元年后八月十四[6]日收钱二百文

十一年九月[7]内收货银二两[8]

曾[9]各兔台基 小身瘦猴脸 前抄来欠咱货钱二钱七分[10] 五

取柿饼子四十斤钱一千 次白水马褥[11]一块 取木碗子钱一百五十文 寸平尔喇嘛手

抄下 尼尔把[12]大喜手 一号账上 有花账 可查

推 **曾可青吉寺** 同朝洛 抄来七年十月[13]内欠咱货钱八千一百六十文

八年九月廿六日[14]收钱十千二百文 大喜尼尔把[15]手

取净酒廿斤七十 取黄油壹百斤 取驼架子壹付 一千

和[16]海立布大莫尔二人手 取八年九月[17]内收绵[18]母羊五只[19] 六 七百

又抄来二号账上 九月内以禧大莫尔手 取铁桩[20]廿根重廿斤 一百

取白盐口袋壹条三百

十年二月[21]内面清欠咱钱十千零五百六十

百六十文

十千零五

净欠咱钱

十二日[22]面清

十年二月

[1] 七年九月：咸丰七年九月，1857 年 10 月 18 日～ 1857 年 11 月 15 日。
[2] 九年九月廿日：咸丰九年九月廿日，1859 年 10 月 15 日。
[3] 汉：原文作“汗”，下同。
[4] 清：原文作“青”，下同。
[5] 九年九月廿六日：咸丰九年九月廿六日 1859 年 10 月 21 日。
[6] 元年后八月十四：同治元年后八月十四，1862 年 10 月 7 日。元年为同治元年，后八月，闰八月。
[7] 十一年九月：咸丰十一年九月，1861 年 10 月 4 日～ 1861 年 11 月 2 日。
[8] 两：原文作“[illegible]”，下同。
[9] 曾：原文作“[illegible]”，下同。
[10] 分：原文作“卜”，下同。
[11] 褥：原文作“入”，下同。
[12] 尼尔把：尼尔巴，下同。
[13] 七年十月：咸丰七年十月，1857 年 11 月 16 日～ 1857 年 12 月 15 日。
[14] 八年九月廿六日：咸丰八年九月廿六日，1858 年 11 月 1 日。
[15] 把：原文作“巴”，下同。
[16] 和：原文作“合”，下同。
[17] 八年九月：咸丰八年九月，1858 年 10 月 7 日～ 1858 年 11 月 5 日。
[18] 绵：原文作“棉”，下同。
[19] 只：原文作“支”，下同。
[20] 桩：原文作“庄”，下同。
[21] 十年二月：咸丰十年二月，1860 年 2 月 22 日～ 1860 年 3 月 21 日。
[22] 十年二月十二日：咸丰十年二月十二日，1860 年 3 月 4 日。

都古尔 黑人 抄来七年十月内取欠 炒面钱五十文 跟大喜尼尔巴一处来

九年二月初四日[1] 狼皮一张 绵羊皮一张 山羊皮一张 取黄斜纹布一匹 除过欠咱钱二百 本尔 麻子手 黑人

大喜尼尔把 抄来七年十月内取借小米贰斗[2] 外又收青羊皮一张[3]

八年九月廿五日[4]取去 绵羊皮八 山羊皮二 张工钱收过

寄熟[5]绵羊皮八张 山羊皮二张 工钱十六 未收亦未与伊 出帖取时向伊要工钱

又抄来欠咱斜纹布钱布钱七千贰百文 八年十二月初一日[6]收钱七千贰百文

海立布 大莫尔 抄来七年十月廿八日[7]取欠小米钱一两三钱五分

八年九月廿六日[8]收兑钱三百文 十一月十六日[9]收钱一千文

策林 圪里个 抄来七年二月内取借布单裤[10]一条 五钱

又兑碟立各 欠钱三钱五分

却里各 抄来七年二月廿八日[11]取借黄茧䌷[12]一件 七二千

牙尔吉寺尼尔把

取月蓝[13]布一匹一千二 黄湖布十五方作钱一千 共钱四千九[14]

八年十二月初四日[15]收兑长盛公钱四千九百文

青克尔推 抄来七年九月[16]内取欠 黄茶 斜纹布 钱九千一百一十文

又取做冻卜工钱一千文五 九年九月十九日[17]收白母驼一只 八千

共欠钱二千 抄下

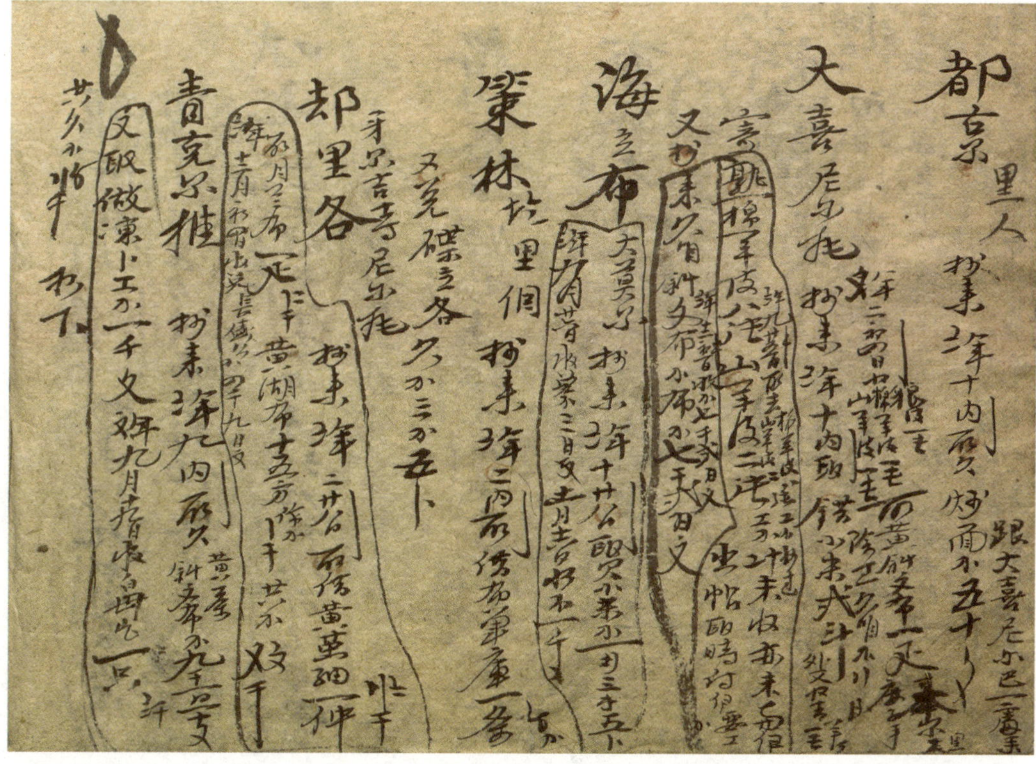

[1] 九年二月初四日：咸丰九年二月初四日，1859 年 3 月 8 日。

[2] 斗：容量单位。清朝时期，1 石 =2 斛，1 斛 =5 斗，1 斗 =10 升，1 升 =10 合。折合现在容量单位，1 斗 =10000 毫升。见王力主编 . 王力古汉语字典［M］. 北京：中华书局，2000:1812。

[3] 张：原文作“长”，下同。

[4] 八年九月廿五日：咸丰八年九月廿五日，1858 年 10 月 31 日。

[5] 熟：对刚剥下来的动物皮进行鞣制。

[6] 八年十二月初一日：咸丰八年十二月初一日，1859 年 1 月 4 日。

[7] 七年十月廿八日：咸丰七年十月廿八日，1857 年 12 月 10 日。

[8] 八年九月廿六日：咸丰八年九月廿六日，1858 年 11 月 1 日。

[9] 十一月十六日：咸丰八年十一月十六日，1858 年 12 月 20 日。

[10] 裤：原文作“库”，下同。

[11] 七年二月廿八日：咸丰七年二月廿八日，1857 年 3 月 23 日。

[12] 紬：粗质的绸。

[13] 蓝：原文作“兰”，下同。

[14] 共钱四千九：黄茧绸钱 2700，兰布钱 1200，黄湖布钱 1000，合计 4900。

[15] 八年十二月初四日：咸丰八年十二月初四日，1859 年 1 月 7 日。

[16] 七年九月：咸丰七年九月，1857 年 10 月 18 日 ~ 1857 年 11 月 15 日。

[17] 九年九月十九日：咸丰九年九月十九日，1859 年 10 月 14 日。

名下
旦巴
抄后

以禧大莫尔 抄后巴尔旦、二宗巴尔登 抄来七年[1]取斜纹布一匹、河口毛单一条一千

取白梭一块 红广梭一匹七百 取小月蓝布贰匹

取洋烟一包六百取兑钱一百五十文 收兑小账钱三千七百五十文

旦巴阿拉不计 喇嘛 中年长脸 唐木尼尔巴之弟 抄来七年十月内取找驼钱三千文

取一庄靴一双一千 取驼架子一付一千 与伊有帖

十年二月初七日[2]兑天合德 收钱五千文

尔兰 黑人 抄来七年十月内取欠酒钱一百六十文 二人一处来

阿立不吞 台基 从前是朋醋个台基 九年八月廿八日[3]收本利钱十六千一百文

抄来七年九月内取欠货钱十一千七百文 与伊有帖 定八年正月[4]交还

银得个小喇嘛 抄来七年九月内取欠皮袄筒 干面钱 五千文

又取香牛皮靴一双二千 三 与伊有帖一张

八年十二月初七日[5]收老母驼一只七千 二

下欠咱钱一百 收还

萨迪公指派掌柜支付本息合计一十六两一钱。三峰母驼顶十峰驼。一匹马一十两。扣留六两一钱。付清。八年元月廿八。

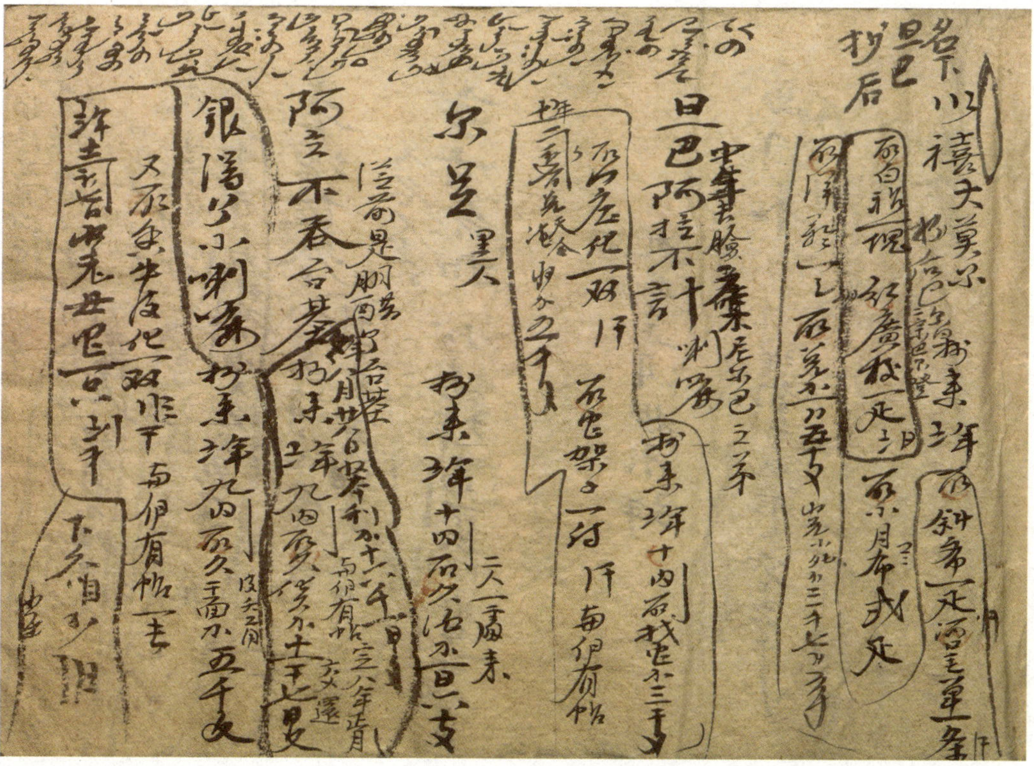

[1] 七年：咸丰七年，1857 年 1 月 26 日 ~ 1858 年 2 月 13 日。

[2] 十年二月初七日：咸丰十年二月初七日，1860 年 2 月 28 日。

[3] 九年八月廿八日：咸丰九年八月廿八日，1859 年 9 月 24 日。

[4] 八年正月：咸丰八年正月，1858 年 2 月 14 日 ~ 1858 年 3 月 14 日。

[5] 八年十二月初七日：咸丰八年十二月初七日，1859 年 1 月 10 日。

却得尔尼尔巴之徒弟　柿饼

沙拉布喇嘛　抄来七年十月内欠　铜冻卜　钱一两正

十年九月初三日[1]收钱八百文

小身黑性长脸　剪子

大喜喇嘛　抄来七年十月内取欠　香　钱六钱

十年九月廿四日[2]收钱五百五十文　洋

老增圪冷　抄来七年十月内取欠洋　黑印　烟钱一千文

八年九月十二日[3]收毡一条九百兑二号账收钱一百文

又名金巴

曾古兔扣　抄来七年十月内取欠　皮毡　洋烟　钱一千八百文

九年正月[4]抄来八年

贰号账上

八年九月初五日[5]欠九八钱[6]贰百五十文　收山羊皮贰张

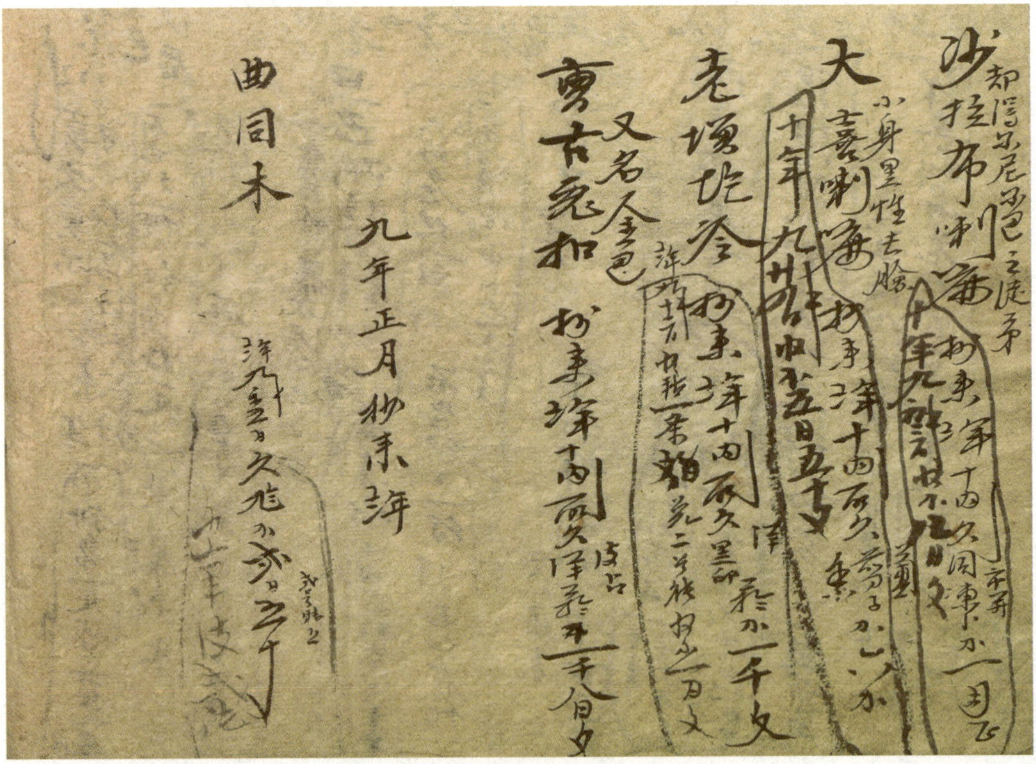

曲同木

[1] 十年九月初三日：咸丰十年九月初三日，1860 年 10 月 16 日。

[2] 十年九月廿四日：咸丰十年九月廿四日，1860 年 11 月 6 日。

[3] 八年九月十二日：咸丰八年九月十二日，1858 年 10 月 18 日。

[4] 九年正月：咸丰九年正月，1859 年 2 月 3 日 ~ 1859 年 3 月 4 日。

[5] 八年九月初五日：咸丰八年九月初五日，1858 年 10 月 11 日。

[6] 九八钱：名为铜钱一千文，实欠九百八十文。下同。

以喜打莫尔 八年九月初一日[1]取太平貂[2]袖口一双 一千六

前有账 九年十月初五日[3]收九八钱[4]一千三百文 十年十一月十二日[5]收钱三百文

十年十一月十二日取欠太平貂袖口钱一千文

元年二月初十日[6]收钱一千文 壹号账

到不庆也[7]尔巴 八年九月廿日[8]取绒抓子壹把

银得各 小喇嘛

八年十贰月初七日[9]取黄茶贰块[10] 九百

又取次回绒叁方 四百 又取黑茶一块 七百 共九八钱 三千九

十年九月十八日[11]收黄茶四块 五百 下欠咱钱 一千九百

青克尔推 前抄来欠咱钱贰千三百文

九月廿日[12]取三打包壹包收银三钱 共钱四百 取兑长盛合钱肆百五十文

共欠钱三 四千五 十年九月廿六日[13]收三岁骟[14]驼一只 五千二

兑小账取钱八百文

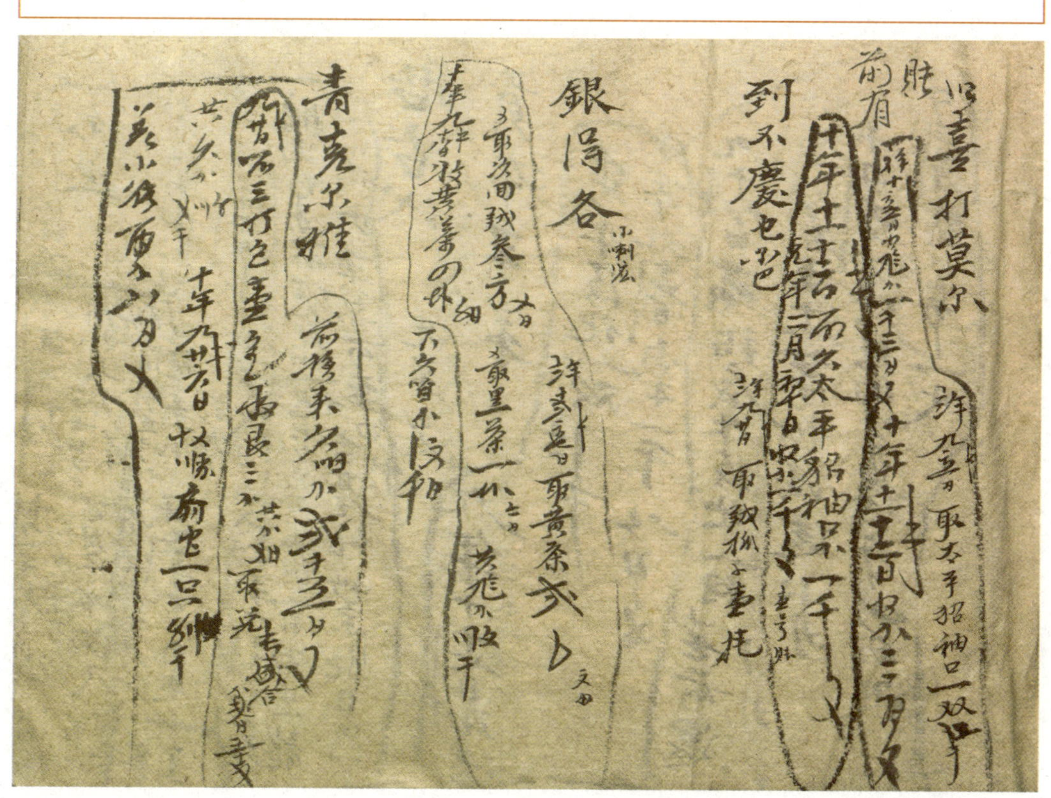

[1] 八年九月初一日：咸丰八年九月初一日，1858 年 10 月 7 日。
[1] 貂：原文作“犭召”，下同。
[3] 九年十月初五日：咸丰九年十月初五日，1859 年 10 月 30 日。
[4] 九八钱：名为铜钱一千文，实收九百八十文。下同。
[5] 十年十一月十二日：咸丰十年十一月十二日，1860 年 12 月 23 日。
[6] 元年二月初十日：同治元年二月初十日，即 1862 年 3 月 10 日。
[7] 也：原文作“[illegible]”，下同。
[8] 八年九月廿日：咸丰八年九月廿日，1858 年 10 年 26 日。
[9] 八年十贰月初七日：咸丰八年十贰月初七日，1859 年 1 月 10 日。
[10] 块：原文作“[illegible]”，下同。
[11] 十年九月十八日：咸丰十年九月十八日，1860 年 10 月 30 日。
[12] 九月廿日：咸丰十年九月年日，1860 年 11 月 2 日。
[13] 十年九月廿六日：咸丰十年九月廿六日，1860 年 11 月 8 日。
[14] 骟：原文作“扇”，下同。

巴尔旦小喇嘛[1]十年十一月十二日[2]收钱一千六百文 巴尔旦亦不认 问以禧大莫尔讨要

前抄来以喜打莫尔名下取月蓝布贰匹

□此□八尔旦[3]言说是当思龙台基的

又取红广梭壹匹 白毡壹块 年九月十五日[4]取小铜盘一个 五千 抄出

十年三月十六日[5]收货钱一千贰百文 十年十月一日[6]交钱八百

账内抄来取借白毡一块 巴尔旦不认伊言当思龙台吉的此宗账日后

问以禧大莫尔可要勿误

唐古代 兄弟二人 九年十月十七日[7]取借

贡布半 弟

香牛皮靴一双一千 八

十年九月十七日收钱一千八百文

九月十八日[8]取毡底牛皮靴一双 春前还 一两

若至十一年[9]秋后还一两 二

十月廿四日[10]取借清油小瓶[11]柿饼钱四百文

十三年三月廿九日[12]收小蓝布一匹

[1] 喇嘛：原文作“拉吗”，下同。
[2] 十年十一月十二日：咸丰十年十一月十二日，1860 年 12 月 23 日。
[3] 八尔旦：巴尔旦，下同。
[4] 九年九月十五日：咸丰九年九月十五日，1859 年 10 月 10 日。
[5] 十年三月十六日：咸丰十年三月十六日，1860 年 4 月 6 日。
[6] 十年十月一日：咸丰十年十月一日，1860 年 11 月 13 日。
[7] 九年十月十七日：咸丰九年十月十七日，1860 年 10 月 30 日。
[8] 九月十八日：咸丰九年九月十八日，1860 年 10 月 31 日。
[9] 十一年：咸丰十一年，1861 年 2 月 10 日 ~ 1862 年 1 月 29 日。
[10] 十月廿四日：咸丰十一年十月廿四日，1861 年 11 月 26 日。
[11] 瓶：原文作“并”，下同。
[12] 十三年三月廿九日：同治十三年三月廿九日，1874 年 5 月 14 日。

曲得尔推 九年九月[1]内取薄荷[2]油烟壹瓶二两
又取九八钱五百文 言明伊徒弟策林到尔已
半弟秋后来交还
十年八月廿九日[3]收兑钱贰千四百文

阿立不吞台基 九年九月内欠茶糖钱叁千文
言定十年秋后交钱过期起利

满吉赖喇嘛 九年二月初九日[4]寄托[5]粉黄羊皮八张每张
工钱六十八 合钱四百 定七月[6]内来取皮兑钱 此皮俱无
脖子与伊有帖异日来取照帖付物要钱勿误[7]
十一年正月廿五日[8]据帖来将皮取去工钱收过

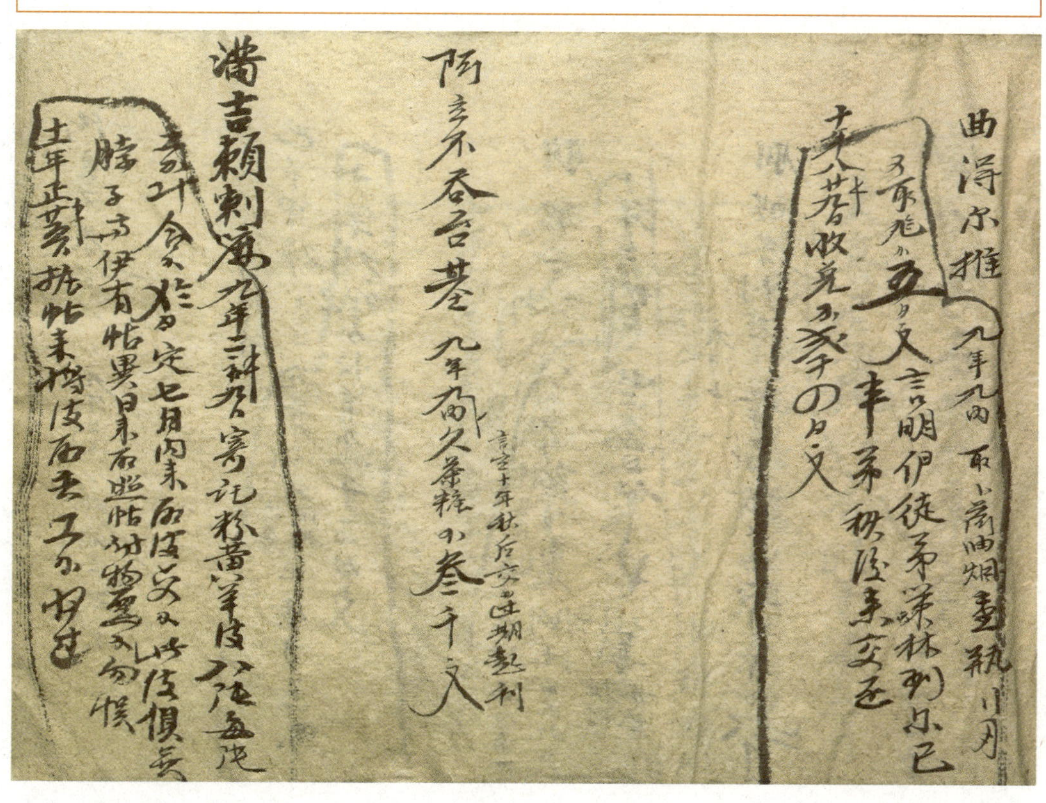

[1] 九年九月：咸丰九年九月，1859 年 9 月 26 日—1859 年 10 月 25 日。
[2] 薄荷：原文作“卜荷”，下同。
[3] 十年八月廿九日：咸丰十年八月廿九日，1860 年 10 月 13 日。
[4] 九年二月初九日：咸丰九年二月初九日，1859 年 3 月 13 日。
[5] 托：原文作“讬”。
[6] 七月：咸丰九年七月，1859 年 7 月 30—1859 年 8 月 27 日。
[7] 误：原文作“悮”。
[8] 十一年正月廿五日：咸丰十一年正月廿五日，1861 年 3 月 6 日。

阿立不吞 黑人 九年二月[1]内欠炒面银贰钱

巴布甲布 圆脸胡 尖旦 九年九月内欠 皮条 绒抓 银壹两三钱

十年九月初三日[2]收羊钱一千三百文

朋醋各 喇嘛 九年十月[3]内寄熟绵羊皮捌张 每张工钱六十 与伊有帖 取皮收钱

十年三月廿日[4]收工钱四百八十文 八月廿五日[5]执帖取去

朋醋各喇嘛 大汉子 九年十月内取火药贰两 青油六斤

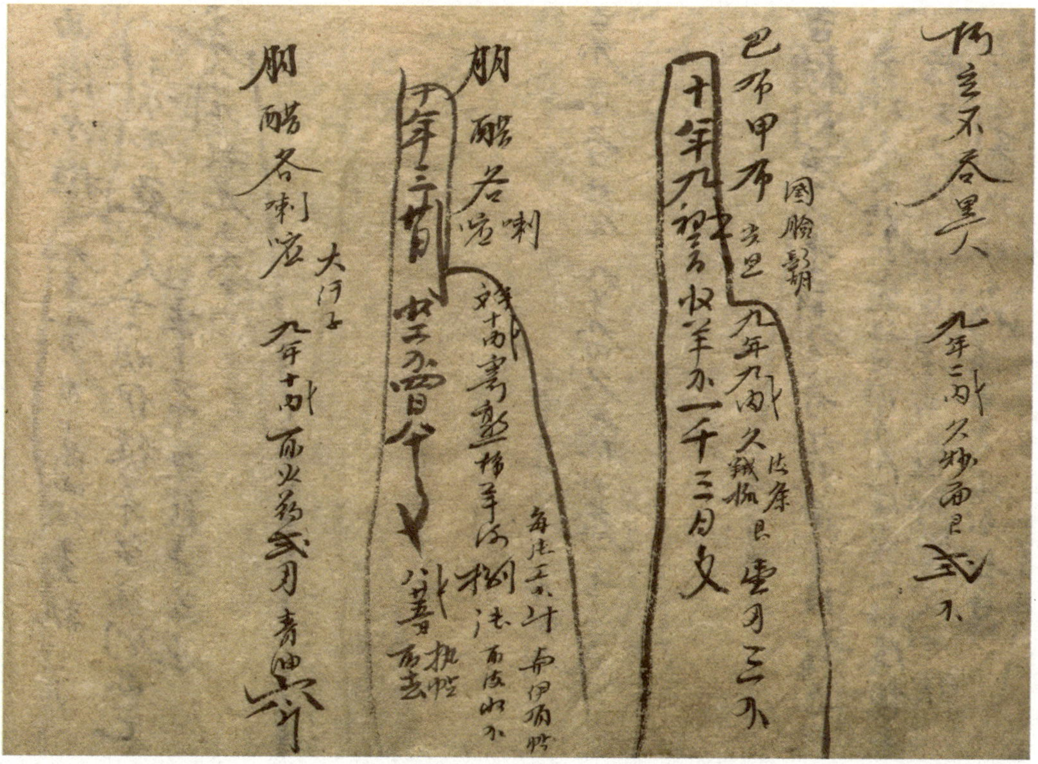

[1] 九年二月：咸丰九年二月，1859 年 3 月 5 日 ~ 1859 年 4 月 2 日。

[2] 十年九月初三日：咸丰十年九月初三日，1860 年 10 月 16 日。

[3] 九年十月：咸丰九年十月，1859 年 10 月 26 日 ~ 1859 年 11 月 23 日。

[4] 十年三月廿日：咸丰十年三月廿日，1860 年 4 月 10 日。

[5] 八月廿五日：咸丰十年八月廿五日，1860 年 10 月 9 日。

曾可青吉寺 前抄来　同人 以喜大莫尔 海立布二人手

大喜尼尔把手 取于十年二月[1]

内面清前后除收净欠咱钱

壹拾千零五百六十文 与伊有帖

言明至秋后一定带来交还 过期 有利

此时同人潮各推说明

十年三月廿二日[2]收兑 明各兔 完木 共交钱十五千五百六十文

同日取黄茶十块 五百

[1] 十年二月：咸丰十年二月，1860 年 2 月 22 日～1860 年 3 月 21 日。

[2] 十年三月廿二日：咸丰十年三月廿二日，1860 年 4 月 12 日。

海立布 大莫尔 抄来九年十月[1]内

取借黄茶三块 六钱[2]

十年九月廿七日[3]收兑钱一千三百文

欠咱钱五百[4]

旦把喇嘛 麻子会汉[5]话 十年三月十七日[6]

取借东烟[7]一千五百文 九月廿八[8]日收钱九百文

同日取借三例苞烟一包钱一千二

[1] 九年十月：咸丰九年十月，1859年10月26日～1860年11月23日。
[2] 六钱：每块茶叶单价，合钱600文。
[3] 十年九月廿七日：咸丰十年九月廿七日，1860年11月9日。
[4] 每块茶叶600文，三块1800文，收兑钱1300文，还欠500文。
[5] 汉：原文作“汗”，下同。
[6] 十年三月十七日：咸丰十年三月十七日，1860年4月7日。
[7] 东烟：东生烟。
[8] 九月廿八：咸丰十年九月廿八日，1860年11月10日。

明各兔圪思库 十年三月十七日[1]

取借黄茧细带 一条 五两

旦木气喇嘛 会汉话 十年润三月初七日[2]

取借蓝布一匹 七百 取欠水烟钱三百文

三宝老喇嘛 尼尔把 长脸圆胡[3]

十年润三月初七日 取欠米钱一千文

伊兄宁布 黑人 又改续喇嘛名阿拉大乃

二人无论谁来俱可讨要 勿误

十一年三月初十日[4]收牛皮壹张小绵[5]羊皮一张二共钱一千

[1] 十年三月十七日：咸丰十年三月十七日，1860 年 4 月 7 日。

[2] 十年润三月初七日：咸丰十年润三月初七日，1860 年 4 月 27 日。

[3] 胡：原文作“鬍”。

[4] 十一年三月初十日：咸丰十一年三月初十日，1861 年 4 月 19 日。

[5] 绵：原文作“棉”，下同。

巴布甲布 全脸胡人 十年九月初三日[1]

取借斜纹布靴子钱一千六百文

同治十二年十月廿四日[2]收一对牙绵羖羊[3]一只 公布公其带[4]来

伊兑巴兔呵其尔兔沙尔七

青克尔推 十年九月廿八日[5]

取斜皮一张 六百 取皮袄桶一件 四千 四寸龙火镰[6]一把 八百

取小烟五十包 十 收羔皮二张

十一年十月廿日[7]收二齿棉羖羊三只 一两 究古都尔那木九尔 二 带来

欠咱钱九千 问朝洛推讨要勿误

同治七年二月十八日[8]伊侄[9]子究古都尔那木九尔来补[10]

欠账开去花单一张言明下回带来交还

十年十二月廿一日[11]收钱一千九百文

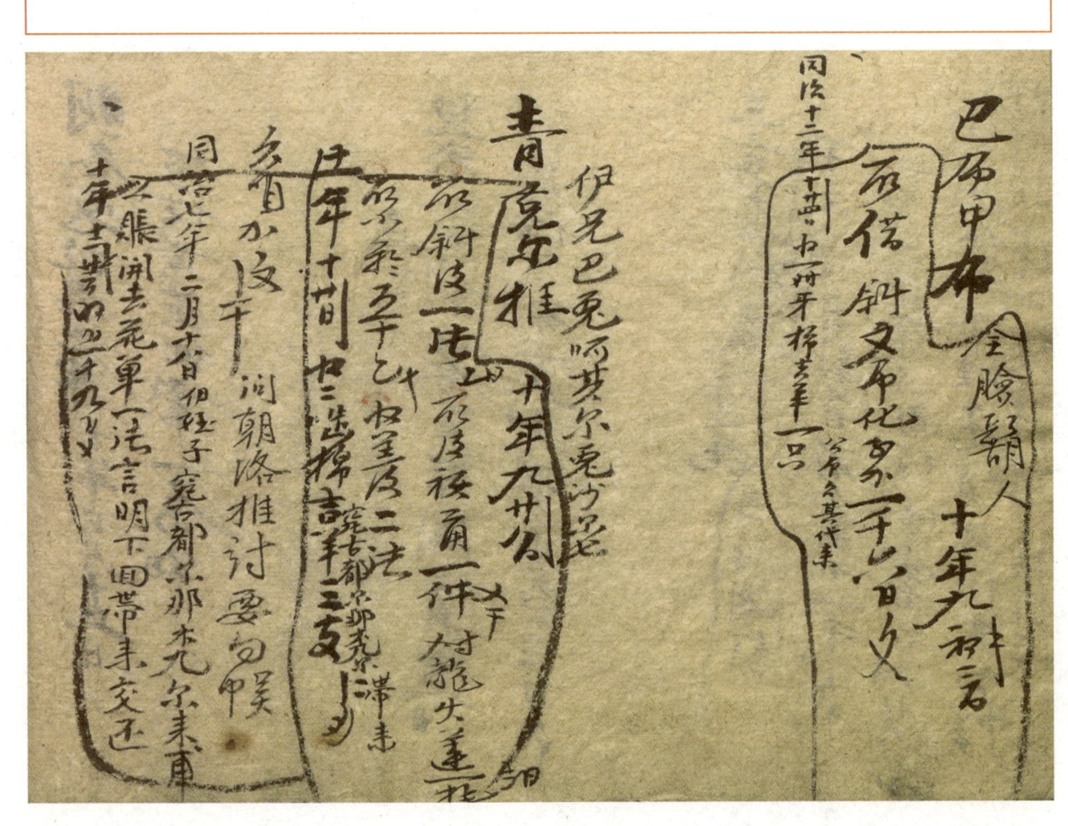

[1] 十年九月初三日：咸丰十年九月初三日，1860 年 10 月 16 日。
[2] 同治十二年十月廿四日：1873 年 12 月 13 日。
[3] 羯羊：去势的公羊。羯：原文作“吉”，下同。
[4] 带：原文作“代”，下同。
[5] 十年九月廿八日：咸丰十年九月廿八日，1860 年 11 月 10 日。
[6] 镰：原文作“连”，下同。
[7] 十一年十月廿日：咸丰十一年十月廿日，1861 年 11 月 22 日。
[8] 同治七年二月十八日：1868 年 3 月 11 日。
[9] 侄：原文作“姪”，下同。
[10] 补：原文作“甫”，下同。
[11] 十年十二月廿一日：同治十年十二月廿一日，1872 年 1 月 30 日。

三都个老本 喇嘛 十年十一月初三日[1]
沙拉布圪冷 二人
取借氆[2]座褥[3]九八银四钱七分

大巴圪冷 麻子 十年十月十六日[4]取借酒一斤

圪立阿尔布已 十年二月初四日[5]欠草[6]钱壹百文

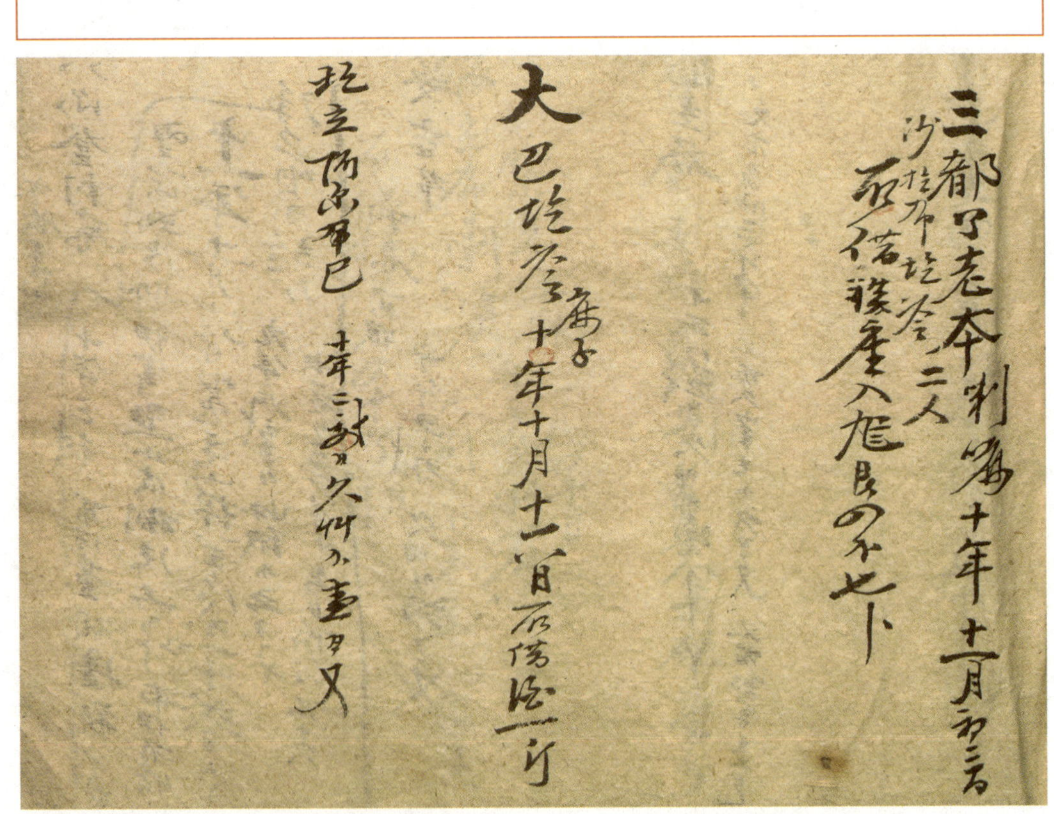

[1] 十年十一月初三日：咸丰十年十一月初三日，1860 年 12 月 14 日。
[2] 氆：原文作“[illegible]”，下同。
[3] 褥：原文作“入”，下同。
[4] 十年十月十六日：咸丰十年十月十六日，1860 年 11 月 28 日。
[5] 十年二月初四日：咸丰十年二月初四日，1860 年 2 月 25 日。
[6] 草：原文作“艹”，下同。

方脸深眼窝

八尔登喇嘛 十年三月十四日[1] 取借董烟壹瓶 二两

收羔皮贰张 二钱 伊寄熟山皮[2]捌张工钱六十 与伊有帖

十一年十一月十八日[3] 收驼毛山绵羊皮钱一千贰百文

净欠咱钱八百 八[4]

元年九月三日[5]收绒钱五百文

收兑钱三百八十文 当日将皮取走

晏吉布 喇嘛 一只眼

十年五月十九日[6] 欠咱钱贰百文

的立各

十年八月廿五日[7] 欠咱钱壹千文

又取青油三斤半 又取欠山羊毛钱六百文 又取郭字壹包

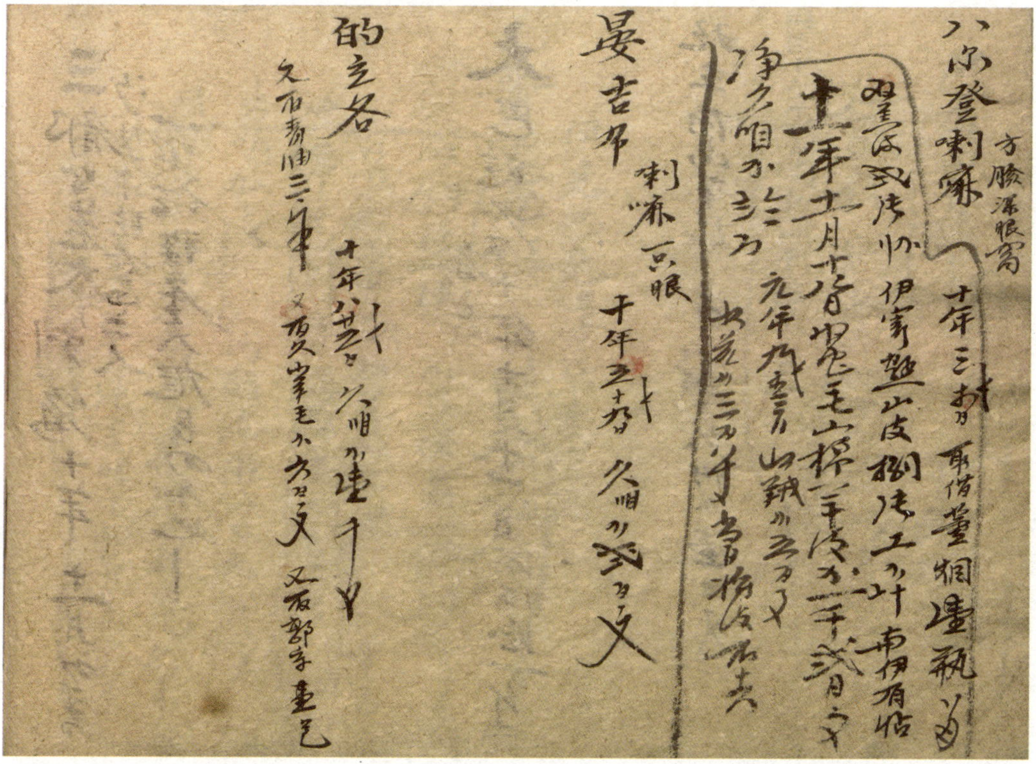

[1] 十年三月十四日：咸丰十年三月十四日，1860 年 4 月 4 日。
[2] 山皮：山羊皮。
[3] 十一年十一月十八日：咸丰十一年十一月十八日，1861 年 12 月 19 日。
[4] 借董烟对方欠二两（合钱 2000 文），收羔皮每张二钱二张四钱（合钱 400 文），熟皮八张对方欠钱 480 文，收驼毛绵羊皮收入 1200 文，−2000+400−480+1200＝−880，净欠钱 880 文。
[5] 元年九月三日：同治元年九月三日，1862 年 10 月 25 日。
[6] 十年五月十九日：咸丰十年五月十九日，1860 年 7 月 7 日。
[7] 十年八月廿五日：咸丰十年八月廿五日，1860 年 10 月 9 日。

斯龙木大西 十年十二月初九日[1]欠酒钱七十文

当　金 老将 十年九月廿四日[2]取黑人木碗壹个

圆脸小身 十一年三月初十日[3]

海立布喇嘛 合三宝喇嘛之弟 尺别之小半弟一处来

取借柿饼子四十斤钱一百

[1] 十年十二月初九日：咸丰十年十二月初九日，1861 年 1 月 19 日。

[2] 十年九月廿四日：咸丰十年九月廿四日，1860 年 11 月 6 日。

[3] 十一年三月初十日：咸丰十一年三月初十日，1861 年 4 月 19 日。

巴兔呵其尔兔沙尔七之子
珠不都那木己尔台基 十一年十月廿一日[1] 取欠蓝缎子钱一百文

当思龙台基 十一年二月初二日[2]
取四斤瓶子一个

唐木尼尔巴之弟
旦巴阿尔布己 十一年九月廿九日[3]
取借香牛皮靴一双

[1] 十一年十月廿一日：咸丰十一年十月廿一日，1861年11月23日。
[2] 十一年二月初二日：咸丰十一年二月初二日，1861年3月12日。
[3] 十一年九月廿九日：咸丰十一年九月廿九日，1861年11月1日。

冻的布 黑人 十一年十一月初十日[1]

取欠干面钱五十文

沙拉布 半弟 十一年十月三日[2]

寄熟山羊皮十张 工钱六十 出与伊帖一张 具帖付皮要钱勿误

同治元年十月初一日[3] 取过熟皮五张 取未熟的皮五张

收过工钱二百五十文 原出的帖一张收回

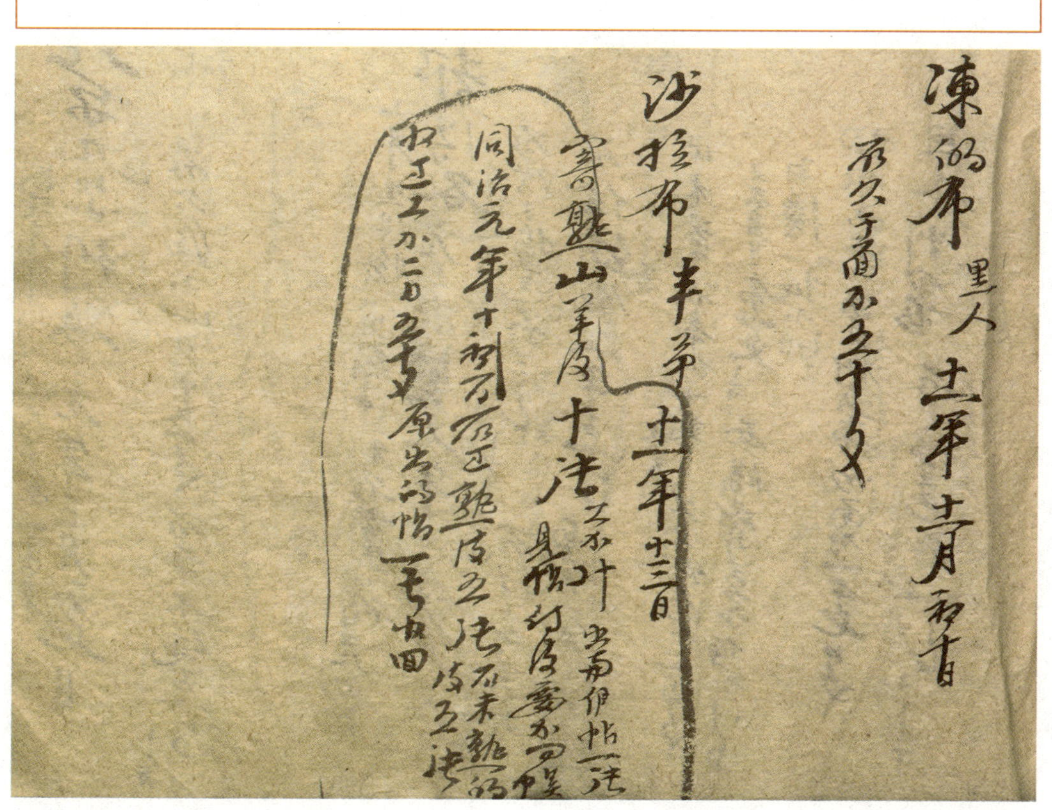

[1] 十一年十一月初十日：咸丰十一年十一月初十日，1861 年 12 月 11 日。

[2] 十一年十月三日：咸丰十一年十月三日，1861 年 11 月 5 日。

[3] 同治元年十月初一日：1862 年 11 月 22 日。

八尔九尔喇嘛 同治元年[1]以禧大莫尔一处来 元年二月初七日[2]

取欠酒钱一百八十五文取栗木碗子一个 一百

却得各 小身黑性脸 黑胡子 牙尔吉寺的尼尔巴 尼尔把 同治元年二月廿九日[3]

取借三捣苞烟三包 一千 取洋糖三斤 共钱七百

取借五斤破嘴瓶[4]子一个 与伊有单为照

甲木莫 取奉红十封 一百二 取欠炒面钱二百文

又取月蓝布一匹 一千 西碌贰两五钱 作钱三百

红氆氇一 抿钱 八百

却甲木素 取欠斜纹布炒面钱一千七百文

旦今喇嘛 取三捣苞烟一包 钱一千

[1] 同治元年：1862年1月30日～1863年2月17日。

[2] 元年二月初七日：同治元年二月初七日，1862年3月7日。

[3] 同治元年二月廿九日：1862年3月29日。

[4] 瓶：原文作“平”，下同。

大拉庆 杂思皆王子婆姨[1] 女人 欠□货上九八银一钱正

以上数宗俱问 却得各尼尔巴讨要

勿误

曲得尔宰生 大汉老汉 伊徒弟沙拉布

同治元年八月十四日[2] 取借白条毡一条四百

桐[3]油一小瓶钱卅 取烟木膏子[4]一两 钱 五 一百

取线子钱一百文 包府梭六方 五十

柿饼子十五斤 二 借用算盘一架 未算

共借货钱 二 一千 问伊侄子 冻大梅林讨要 光绪四年十一月[5]内收银六钱 罗布生交下

草各土圪冷 同治元年又八月十四日[6] 收余钱一百文

取改速纸一刀[7] 取一八□烟廿五包

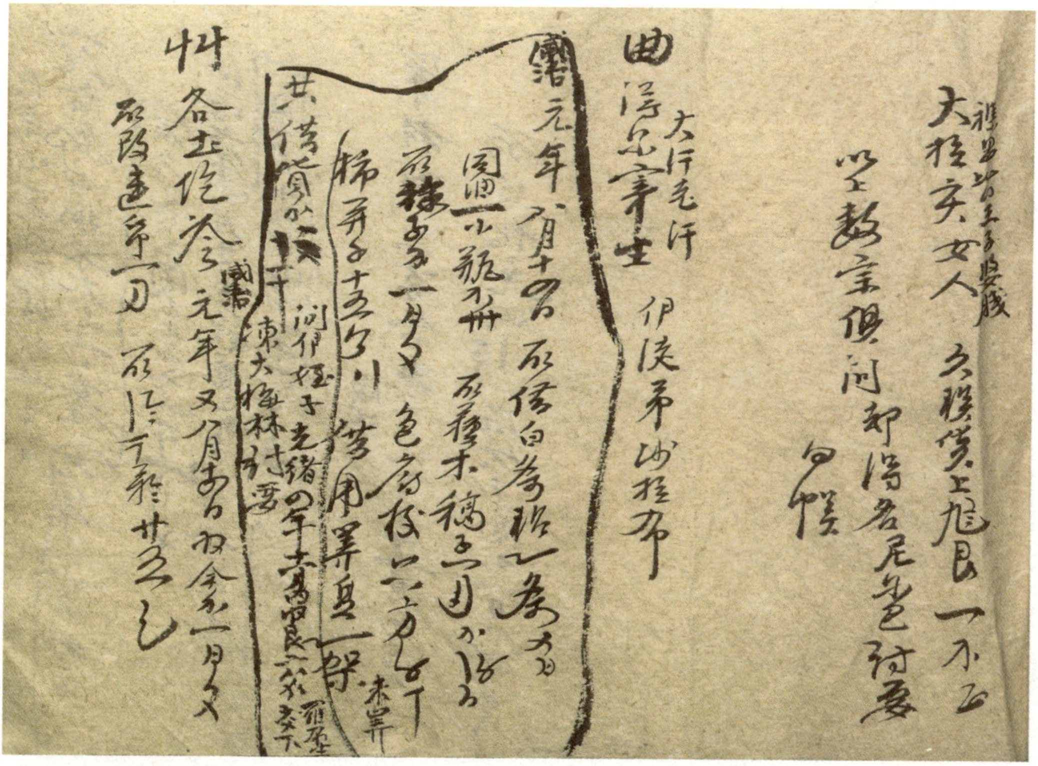

[1] 姨：原文作“胰”。

[2] 同治元年八月十四日：1862 年 9 月 7 日。

[3] 桐油：原文作“同油”，下同。

[4] 烟木膏子：鸦片熬成的膏。膏：原文作“稿”。

[5] 光绪四年十一月：1878 年 11 月 24 日～1878 年 12 月 23 日。

[6] 同治元年又八月十四日：1862 年 10 月 7 日，又八月，闰八月。

[7] 刀：纸张计量单位，一刀合一百张。

巴兔呵其尔兔沙尔七之子

究古都尔那木几尔台基　元年十一月初二日[1]

取欠烟钱铜盘子钱一千一百文

同治七年二月十二日[2]　取炒面二升　二百（四）　金巴手

贰月十八日收钱一千六百文

（同治）**策林到尔吉台基**　元年十一月初三日[3]

取皮靴子一双　一千　取欠干面钱一百六十文

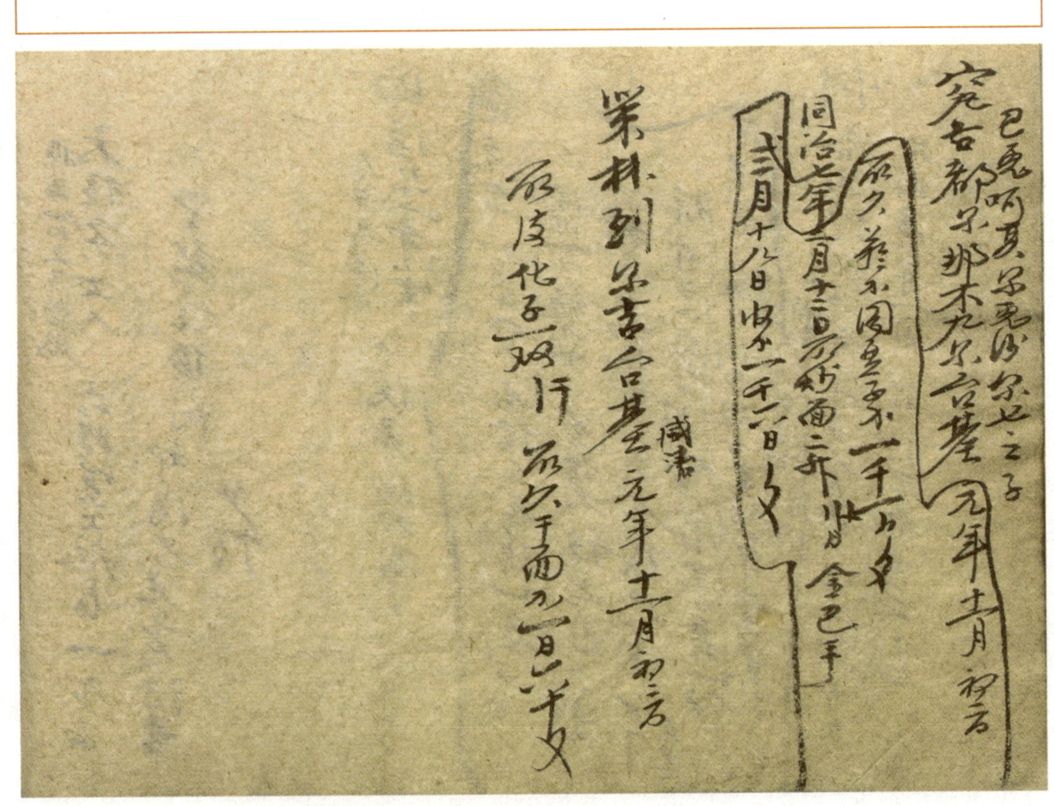

[1] 元年十一月初二日：同治元年十一月初二日，1862 年 12 月 22 日。

[2] 同治七年二月十二日：1868 年 3 月 5 日。

[3] 同治元年十一月初三日：1862 年 12 月 23 日。

赛闹印家人

宗都喇嘛 抄来五年十二月初七日[1]欠咱货钱一百八十文

三　计 黑人 抄来五年十月十八日[2]取欠货钱四千一百八十文

罗布生 阿尔布吞 抄来六年九月十五日[3]取借绿头纹袋一条

取借小黑印烟五十包

包的小喇嘛 合宗都一处来 抄来六年[4]欠咱货钱壹千文

松兑喇嘛 老汉没牙 抄来七年十二月[5]内取货钱五千三百文

又取黑茶一牙 二钱 八年十月初九日[6]收小灶余钱九百文

面清又欠钱四千九百文

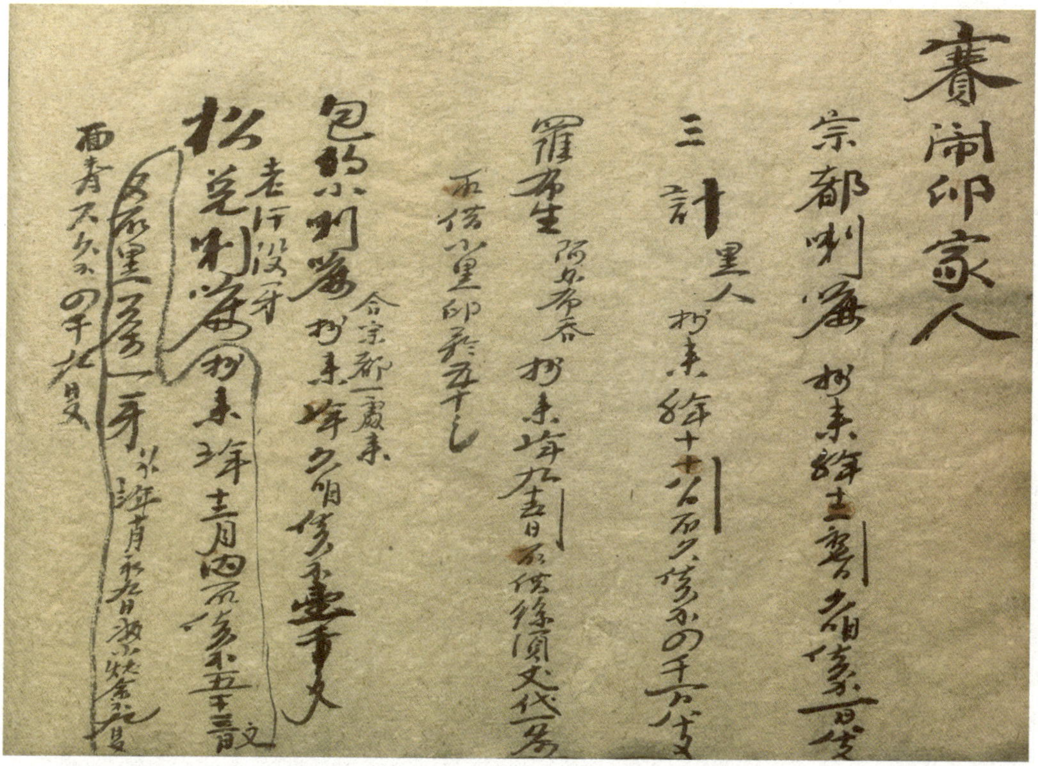

[1] 五年十二月初七日：同治五年十二月初七日，1867 年 1 月 12 日。

[2] 五年十月十八日：同治五年十月十八日，1866 年 11 月 24 日。

[3] 六年九月十五日：同治五年十月十八日，1867 年 10 月 12 日。

[4] 六年：同治六年，1867 年 2 月 5 日 ~ 1868 年 1 月 24 日。

[5] 七年十二月：同治七年十二月，1869 年 1 月 13 日 ~ 1869 年 2 月 10 日。

[6] 八年十月初九日：同治八年十月初九日，1869 年 11 月 12 日。

贡布呵其尔 九年二月[1]内欠铜货银五钱

沙各都尔也尔巴 九年十月[2]内欠 白米 红毡 钱壹千八百文

又兑欠 到尔己 毡钱三百文 取清油三斤半 带[3]瓶子 此宗未上帖子

伊定八尺随持氆[4]子壹拾陆条 每条计十块

每条言定价钱捌千文 收银壹两七钱五分 货钱 一八[5] 合 三千一五[6]

有伊定货字据一张 在帖匣内存放

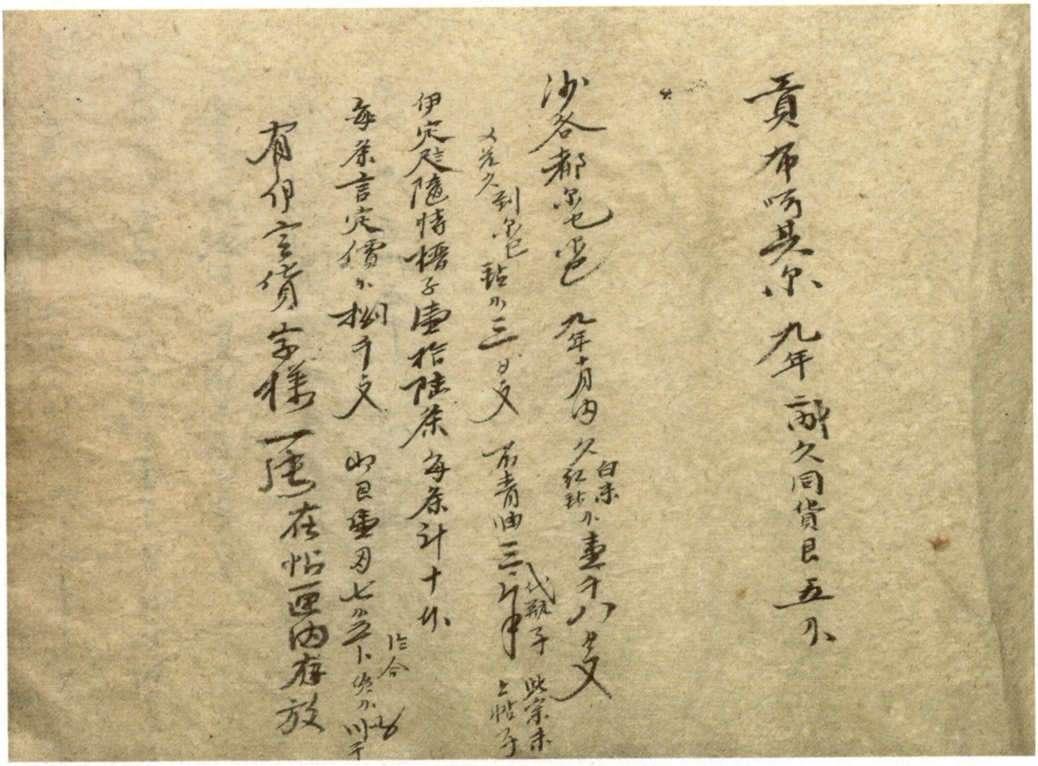

[1] 九年二月：同治九年二月，1870 年 3 月 2 日 ~ 1870 年 3 月 31 日。

[2] 九年十月：同治九年十月，1870 年 10 月 24 日 ~ 1870 年 11 月 22 日。

[3] 带：原文作“代”。

[4] 氆：氆氇，一种毛织品，可以做衣服、床毯等，举行仪礼时也作为礼物赠。原文作“槢”，下同。

[5] 一八：银钱比价。一两银子合铜钱一千八百文。

[6] 合三千一五：收银 1.75 两，银钱比价 1800 文，1.75×1800＝3150。

当定罗布生 麦之根 九年四月十八日[1]共欠咱九八钱卅千文

寄放抱柱[2]壹对 无嘴盖烟玛[3]瑙壶壹个 首饰[4]银贰钱五分

又取蓝加工袜贰双 又□湖欠钱四千五百文

又存伊定做高六寸宽四寸黄铜镀金云头儿[5]捌个 在三义西定

又欠咱九八钱五拾五千文 与伊有帖

[1] 九年四月十八日：同治九年四月十八日，1870 年 5 月 18 日。

[2] 抱柱：框架中左右紧贴柱子而立的竖木。

[3] 玛瑙：原文作“玛恼”，下同。

[4] 饰：原文作“鯑”，下同。

[5] 云头儿：物的左右两端屈曲旋转成云状的花纹，儿，原文作“尔”。

光绪三年三月[1]录哈尔哈旧欠处

嘎尔生台儿[2]（巴兔尔台儿之孙） 抄来二年[3]账 欠咱狐皮银伍钱四分

吉古六布 抄来二年账欠咱钱一百五十文

四年三月十四日[4]收钱一百五十文

曲金（圪冷龅[5]牙） 抄来二年账欠咱银五钱

三年七月廿七日[6]兑小账收银五钱

公布扎布（赛克印家人） 抄来二年账欠银一钱五分

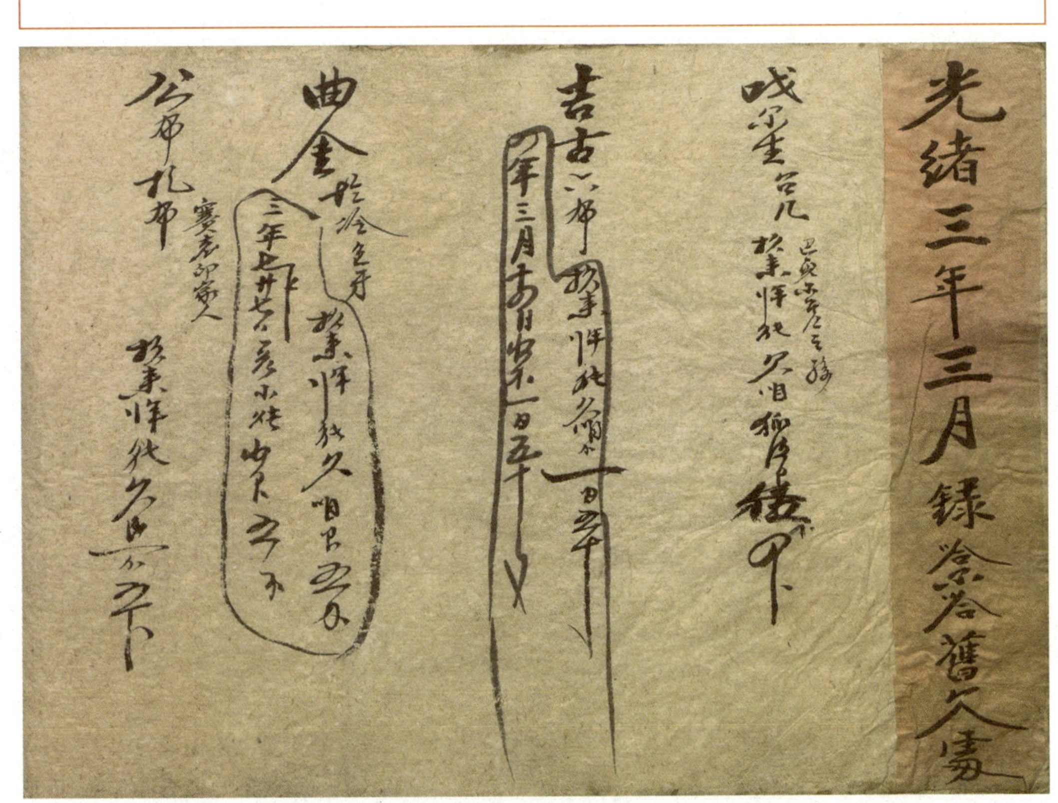

[1] 光绪三年三月：1877 年 4 月 14 日～1877 年 5 月 12 日。

[2] 台儿：台吉，蒙古王公的爵位名号，下同。

[3] 二年：光绪二年，1876 年 1 月 26 日～1877 年 2 月 12 日。以下未注年号均为光绪纪年。

[4] 四年三月十四日：光绪四年三月十四日，1878 年 4 月 16 日。

[5] 龅：原文作“包”。

[6] 三年七月廿七日：光绪三年七月廿七日，1877 年 9 月 4 日。

温则的 迭登 乌拉家人 抄来二年账取酒五斤

江不䏲 小汉子[1] 抄来二年账十三年九月[2]欠糖银贰钱五分 三年八月廿九日[3]收银二钱五分

大西策林 抄来二年账欠清油半斤

却甲木乐 连鬓胡 抄来二年账欠咱银七钱

但曾圪冷 抄来二年账欠咱银贰钱

[1] 小汉子：小个子男人。汉：原文作“汗”。

[2] 十三年九月：同治十三年九月，1874 年 10 月 10 日～公元 1874 年 11 月 8 日。

[3] 三年八月廿九日：光绪三年八月廿九日，1877 年 10 月 5 日。

策林向宗地 搽汗佛爷人 抄来二年账 欠咱银六两五钱

抄五年[1]过路账算

见才 西勒土街二王人 老喇嘛 抄来二年账五月十四日[2]取欠包[3]皮靴一对取钱五十文

当计 唐公人 喇嘛[4] 抄来二年账 欠小桶银六钱四分

麻各四尔 抄来二年账 欠咱银七分

[1] 五年：光绪五年，1879 年 1 月 22 日～1880 年 2 月 9 日。

[2] 五月十四日：光绪二年五月十四日，1876 年 6 月 5 日。

[3] 包：原文作“⿱”，下同。

[4] 喇嘛：原文作“拉吗”，下同。

公秋各也尔巴 抄来二年账寄放经匣一个

一肯吉洒

近麦的 却尔吉洒 二人 抄来二年账欠咱黄茶十四块 九五钱

贡生老喇嘛

伊言百七油巴曾尔巴 在咱与伊交银未曾交付 三年十一月十九日[1]欠收银五两 近麦的交

七月初十日[2]收银三两贰钱 八尔乃尔交

大西策林 抄来二年账久咱锯[3]条银三钱

[1] 三年十一月十九日：光绪三年十一月十九日，1877 年 12 月 23 日。

[2] 七月初十日：光绪三年七月初十日，1877 年 8 月 18 日。

[3] 锯：原文作“巨”，下同。

究古都尔喇嘛 抄来二年账在协力成定做大铜锅一口 无盖 言明十五斤

够吃饭 伊言要五十斤重 作价银七两三二十 带[1]木架子一个二钱 共合银七两五二十

言定本年[2]七月底八月初间一定来取 当日收定银八两整 与协力成收过

又欠咱氆货银贰两 去年腊月[3]将锅[4]取去欠银与 协力成交过

又收咱氆货银贰两

巴兔尔计 抄来二年账欠咱钱八钱八分

的登喇嘛 乌拉家人 抄来二年账取酒十斤 取一八烟廿包 十

抄三年账清

[1] 带：原文作“代”，下同。

[2] 本年：光绪二年，1876 年 1 月 26 日 ~1877 年 2 月 12 日。

[3] 去年腊月：光绪二年十二月，1877 年 1 月 14 日 ~1877 年 2 月 12 日。因立账时间为光绪三年三月，因此去年为光绪二年。

[4] 锅：原文作“呙”，下同。

旦增罗布生大汉子 抄来二年账欠咱银五钱五分
三年八月廿九日[1]收过

旦增半地年轻 抄来二年账欠咱绳银一钱

大西把克尔其阿公人 抄来二年账欠咱水瓶银一钱六分
四年二月廿六日[2]收银一钱

公丑个扣 抄来二年账取火镰[3]一把[4]二钱 取包皮鞋一对一两 收山羊皮二张
取棉线钱四一件五钱 收寄枪[5]一杆 在布房梁上挂

[1] 三年八月廿九日：光绪三年八月廿九日，1877年10月5日。
[2] 四年二月廿六日：光绪四年二月廿六日，1878年3月29日。
[3] 火镰：原文作“火连”，下同。
[4] 把：原文作“[illegible]”，下同。
[5] 枪：原文作“[illegible]”，下同。

朋醋各 黑人 抄来二年账取借白布一匹 抄三年小账

公木其各 麻子喇嘛 抄来二年账取东生烟贰包

曲金圪冷 杂思家人 龅牙 三年七月廿九日[1]取次东生烟三包 二钱

七年九月十七日[2]兑茶账 收银六钱

光绪 四年 正月[3]

阿其尔老喇嘛 大赖代青公人 白头[4]发 抄来三年[5]哈尔哈账 正月初三日[6] 取借旧毡子一块 五钱

公布甲布 赛老印家人 抄来三年一号账正月廿一日[7]欠咱银七钱

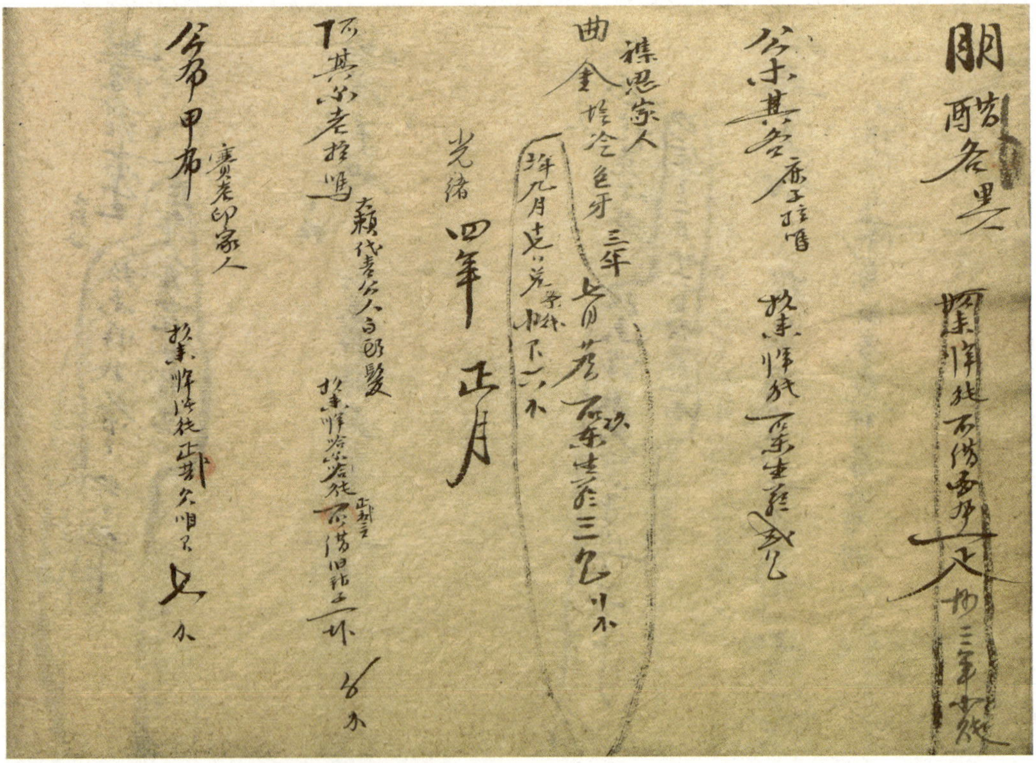

[1] 三年七月廿九日：光绪三年七月廿九日，1877 年 9 月 6 日。
[2] 七年九月十七日：光绪七年九月十七日，1881 年 8 月 11 日。
[3] 光绪四年正月：1878 年 2 月 2 日 ~ 1878 年 3 月 3 日。
[4] 头：原文作“头”，下同。
[5] 三年：光绪三年，1877 年 2 月 13 日 ~ 1878 年 2 月 1 日。
[6] 正月初三日：光绪三年正月初三日，1877 年 2 月 15 日。
[7] 正月廿一日：光绪三年正月廿一日，1877 年 3 月 5 日。

巴兔尔足喇嘛　公布甲布保　抄来三年一号账　正月廿一日[1]取小毛口袋贰条　五钱

取代安架杆一付　五　一钱

素弄木何拉金巴

扫德巴圪冷　抄来三年一号账　三月十一日[2]寄物五件在后洞内异日见帖付给

的尔登圪冷　乌[3]拉家人　搽汗乌拉处住　抄来旧一号账三月廿日[4]欠咱钱　五千文　言明本年秋后交还

光绪五年后三月十二日[5]收钱五千文

宗都　喇嘛　孔都四人　抄来一号账五月廿九日[6]欠银一钱九分

[1] 正月廿一日：光绪三年正月廿一日，1877 年 3 月 5 日。

[2] 三月十一日：光绪三年三月十一日，1877 年 4 月 24 日。

[3] 乌：原文作“勿”。

[4] 三月廿日：光绪三年三月廿日，1877 年 5 月 3 日。

[5] 光绪五年后三月十二日：1879 年 5 月 2 日。后三月，润三月。

[6] 五月廿九日：光绪三年五月廿九日，1877 年 7 月 9 日。

散木乔 哦其尔一同来卖马人 喇嘛 抄来一号账七月廿八日[1]欠咱银一两一钱五分

曲通木半地 小汉子红脸 抄来一号账八月十九日[2]欠咱银贰两三钱四分 二分行息

取水泡[3]一个 取酒一斤 抄四年二号小账上

清了

哦四尔 大汉子红脸 秃什公人 喇嘛 抄来一号账八月十九日取香油六斤 一钱

江不浪 小汉子 喇嘛 抄来一号账八月廿九日[4] 取东生烟一包三钱

[1] 七月廿八日：光绪三年七月廿八日，1877 年 9 月 5 日。

[2] 八月十九日：光绪三年八月十九日，1877 年 9 月 25 日。

[3] 水泡：猪膀胱。

[4] 八月廿九日：光绪三年八月廿九日，1877 年 10 月 1 日。

恼尔布 黑人 抄来一号账九月初四日[1]欠面银贰两 和那木九尔一处

金把喇嘛 秃什公人 在哎克把根地方住 七月廿六日[2] 麻子 抄来二号账 欠咱银一两 取酒一斤

四年十月十一日[3]兑二号账收银五钱

曲通木喇嘛 贩子会汉话 抄来三年二号账欠咱银三两二钱欠咱钱五十文

五年六月初五日[4]收银三两二钱收钱五十文

哦其尔 卖马人 喇嘛 抄来三年二号账 九月廿三日[5]欠咱银一两三钱

又抄来八月初六日[6]欠咱银四两一钱四分

巴兔尔览 抄来三年二号账 十月初一日[7]欠咱银一两零五分

五年二月十九日[8]收银一两一钱五分

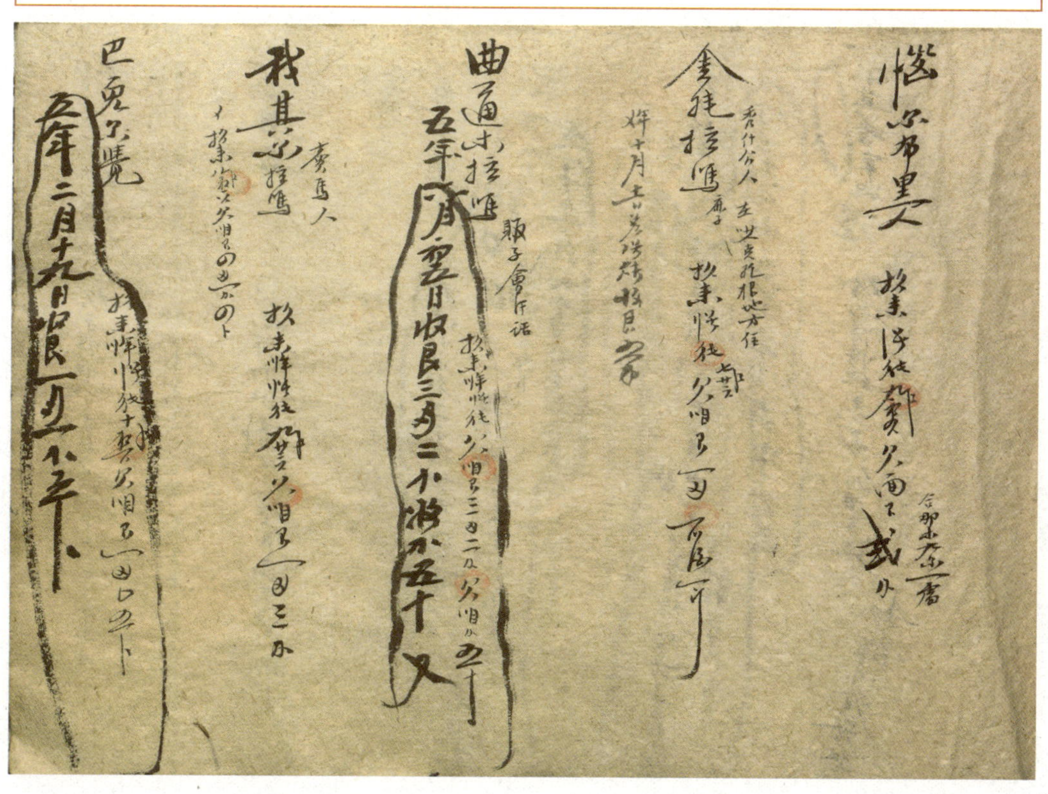

[1] 九月初四日：光绪三年九月初四日，1877 年 10 月 10 日。
[2] 七月廿六日：光绪三年七月廿六日，1877 年 9 月 3 日。
[3] 四年十月十一日：光绪四年十月十一日，1878 年 11 月 5 日。
[4] 五年六月初五日：光绪五年六月初五日，1879 年 7 月 23 日。
[5] 九月廿三日：光绪三年九月廿三日，1877 年 10 月 29 日。
[6] 八月初六日：光绪三年八月初六日，1877 年 9 月 12 日。
[7] 十月初一日：光绪三年十月初一日，1877 年 11 月 5 日。
[8] 五年二月十九日：光绪五年二月十九日，1879 年 3 月 11 日。

却登喇嘛 抄来三年二号账十月初六日[1] 欠咱银一钱五分

喇嘛堵二人
散木其各 抄来三年二号账 十一月初八日[2] 欠咱银贰两六钱五分

喇嘛堵二人
巴兔甲布 抄来三年二号账十一月初九日[3] 取冰糖 一斤三钱

与伊有帖后日要来 与散木其各收账 未要来

取一应欠 散木其各 银贰两六钱五分

五年十一月初十日[4] 收银三钱

立各登 抄来三年二号账十一月十七日[5] 欠咱银六钱五分（五 六钱）

伊寄玛瑙烟壶一个 与白帖一张
见帖将烟壶付与

四年二月廿七日[6] 收银六钱五分 烟壶取去

八尔其各半地 麻子 抄来三年二号账十二月初四日[7] 欠咱银七钱

抄来五年一号 哈尔哈账算

[1] 十月初六日：光绪三年十月初六日，1877 年 11 月 10 日。
[2] 十一月初八日：光绪三年十一月初八日，1877 年 12 月 12 日。
[3] 十一月初九日：光绪三年十一月初九日，1877 年 12 月 13 日。
[4] 五年十一月初十日：光绪五年十一月初十日，1879 年 12 月 22 日。
[5] 十一月十七日：光绪三年十一月十七日，1877 年 12 月 21 日。
[6] 四年二月廿七日：光绪四年二月廿七日，1878 年 3 月 30 日。
[7] 十二月初四日：十二月初四日光绪三年，1878 年 1 月 6 日。

哦四尔 也尔巴 阿公家人 抄来三年二号账十二月初六日[1]欠咱银六钱

早立各土 摇头子 黑人 抄来三年二号账十月初六日[2]欠咱银一两

四年五月廿六日[3]兑哈尔哈账收银一两

罗不生也尔巴 抄来三年一号账正月初三日[4]欠酒一斤

根东 黑人 抄来三年二号账正月初三日 欠银一钱

阿尔德乃老将 乌[5]拉家人 抄来三年一号账九月初七日[6]欠咱银六钱二分

[1] 十二月初六日：光绪三年十二月初六日，1878 年 1 月 8 日。
[2] 十月初六日：光绪三年十月初六日，1877 年 11 月 10 日。
[3] 四年五月廿六日：光绪四年五月廿六日，1878 年 6 月 26 日。
[4] 正月初三日：光绪三年正月初三日，1877 年 2 月 15 日。
[5] 乌：原文作“五”。
[6] 九月初七日：光绪三年九月初七日，1877 年 10 月 13 日。

吉古六布 却尔吉洒 抄来三年一号账二年九月[1]欠咱银三钱取酒廿斤 二钱

取黄茶五块 六钱 取钱一百五十文 光绪四年十月廿二日[2]付

近麦的小尼尔巴带去

小帖一张 如伊不来 带来交还

曾可青 八弄吉寺 小汉圆脸

近麦的小尼尔巴 光绪四年十月廿二日取酒二斤

五年九月十六日[3]收过

呵其尔黑人 抄来三年一号账二年九月欠咱线银贰钱

又取酒银一钱

哦其尔 台几 杂四家人 抄来三年一号账二年正月十五日[4]欠咱银七钱八分

取一两鼻烟一桶一钱 五年正月卅日[5]收银八钱八分

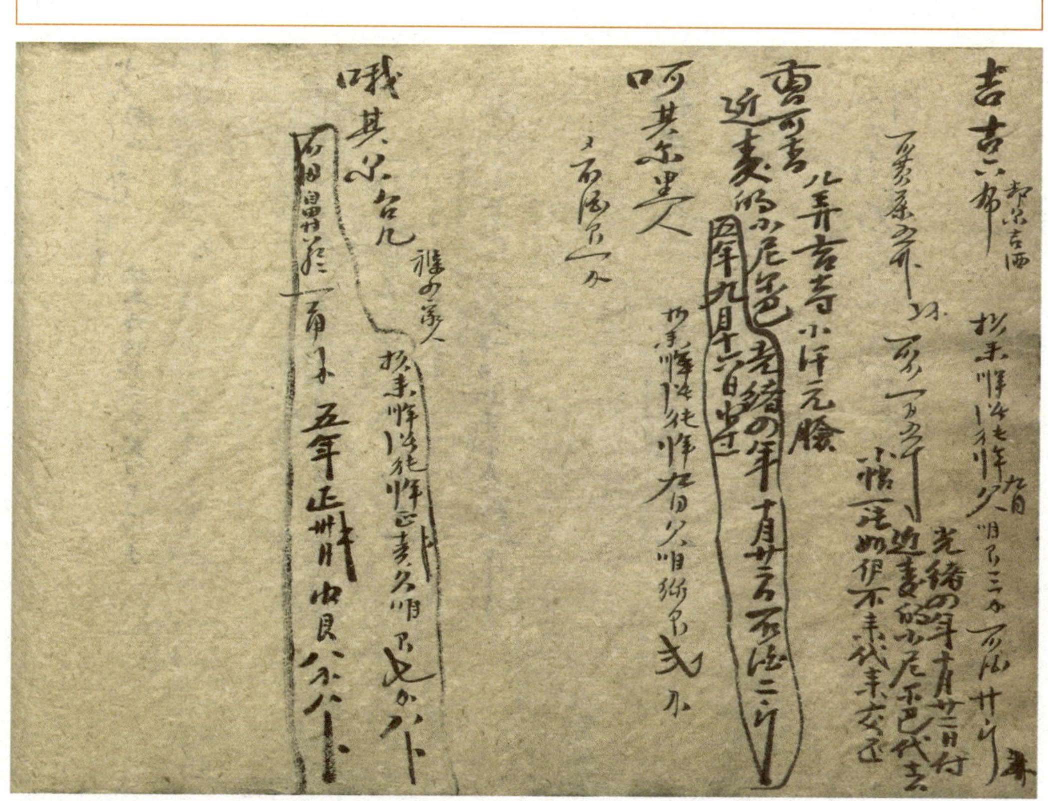

[1] 二年九月：光绪二年九月，1876 年 10 月 17 日 ~ 1876 年 11 月 15 日。

[2] 光绪四年十月廿二日：1878 年 11 月 16 日。

[3] 五年九月十六日：光绪五年九月十六日，1879 年 10 月 30 日。

[4] 二年正月十五日：光绪二年正月十五日，1876 年 2 月 9 日。

[5] 五年正月卅日：光绪五年正月卅日，1879 年 2 月 20 日。

洞克尔王家人 前辈是尔登你大王

杜 兰吗 尼尔把 抄来七年二月[1]内取借酒一篓 六 一两 速皮作篓

取借小把皮鞋一双 六钱

策布各 大汉子 又名到尔己 喇嘛 抄来六年[2]取借玉兰烟一包 三钱

宝地甲布 黑人 抄来六年内欠货钱一百七十文

以登木圪初尔 抄来五年九月十五日[3] 取借酒十一斤半

取借次红瑛绸一件 五两 取小米一斗

[1] 七年二月：光绪七年二月，1881年2月28日～1881年3月29日。

[2] 六年：光绪六年，1880年2月10日～1881年1月29日。

[3] 五年九月十五日：光绪五年九月十五日，1879年10月29日。

达喜阿尔不吞 抄来五年九月十五日 取借酒六斤半 带瓶子

旦金喇嘛 以喜大莫尔一处来 抄来五年十月十八日[1]取酒一斤半 一百 京香三封

哦气尔 小喇嘛 麻子 抄来五年十二月初四日[2] 取欠钱六百文 系核烟壶上找的

取柿饼子一斤 一百

纳旺金巴 抄来六年十月十八日[3]面算欠咱钱欠九百八十文

又抄来店账上欠钱六百廿文 十六日[4]取炒面一升 五十 五

取清油 钱卅文 廿五日[5]取大四股子绳贰根

阿由世扣 抄来六年十月十八日取小烟廿包 二钱

又取清油一斤

策林布 嘛喇 抄来六年取借酒篓子一个 五钱

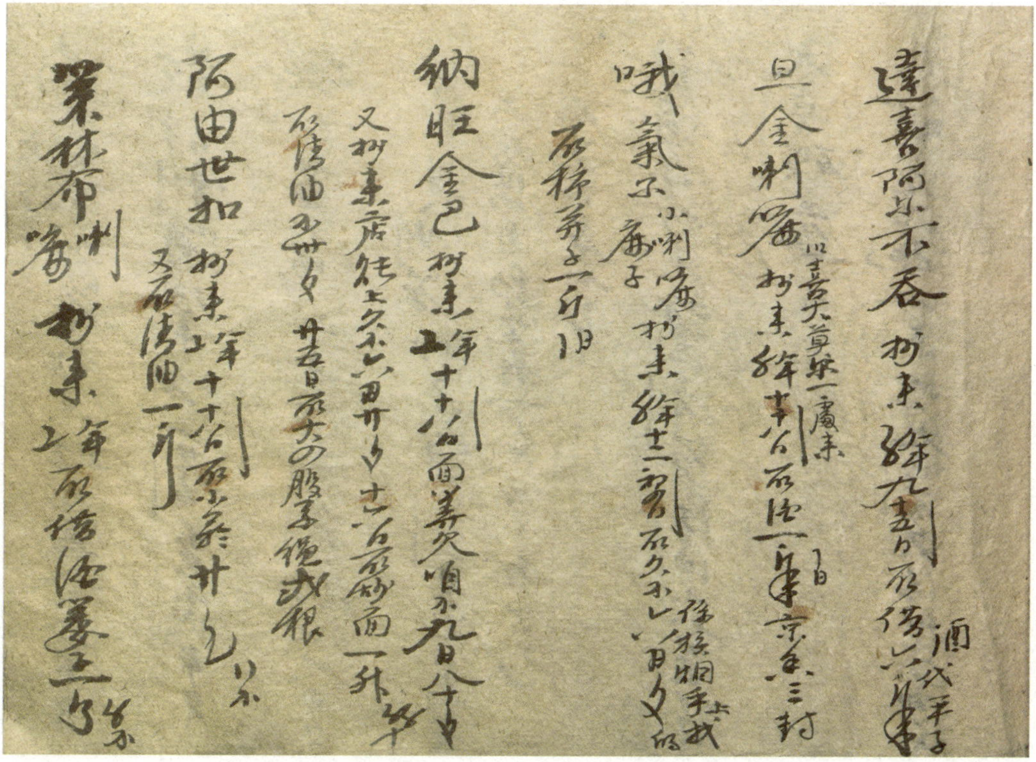

---

[1] 五年十月十八日：光绪五年十月十八日，1879 年 12 月 1 日。

[2] 五年十二月初四日：光绪五年十二月初四日，1880 年 1 月 5 日。

[3] 六年十月十八日：光绪六年十月十八日，1880 年 11 月 20 日。

[4] 十六日：光绪六年十月十六日，1880 年 11 月 18 日。

[5] 廿五日：光绪六年十月廿五日，1880 年 11 月 27 日。

南木究尔 大汉子 喇嘛 抄来六年欠马褥钱四百文

散计 喇嘛 抄来六年正月廿九日[1] 取欠钱贰百文

嘎尔当 喇嘛 抄来七年正月十六日[2] 取欠靴子烟钱 六百文

甲木英 喇嘛 抄来七年正月[3] 内取欠干面钱二百六十文

取清油四斤 郭字烟一包 玉兰烟一包

取黑白糖四包

铁麦尔 抄来七年正月十一日[4] 取欠清油钱八百五十文

大喜碟立各

秃明 尼尔把 抄来七年九月[5] 内取欠清油钱四百文

[1] 六年正月廿九日：光绪六年正月廿九日，1880 年 3 月 9 日。

[2] 七年正月十六日：光绪七年正月十六日，1881 年 2 月 14 日。

[3] 七年正月：光绪七年正月，1881 年 1 月 30 日 ~ 1881 年 2 月 27 日。

[4] 七年正月十一日：光绪七年正月十一日，1881 年 2 月 9 日。

[5] 七年九月：光绪七年九月，1881 年 10 月 23 日 ~ 1881 年 11 月 21 日。

南木究尔推 黄扁脸尖旦 抄来七年九月内取欠 毛袋子 花线烟 银一两

九年正月廿八日[1]兑隆盛西 收货银一两

曾可生吗推 大汉子 抄来七年九月内取借哈尔哈皮条三把

又取头号白铜烟袋一支 三钱 收皮条三把

十年九月廿三日[2]收皮钱三百文

南木究尔老喇嘛 抄来七年九月廿八日[3]取借酒七斤

带篓子一个 共作一两五 八年二月初六日[4]收货银一两五钱

八年二月十一日[5]抄来二号账共借去货银贰两

江布朗 喇嘛 抄来七年九月内取货绿[6]毛袋子一条

敦大个 小喇嘛 抄来七年九月内取借木盘子一个 五钱

取小黑印烟五包欠烟钱一百文

冻大个 麻子 喇嘛 抄来七年十月初三日[7] 取借太平貂袖一付 二两

碟立各尔 会汉话 黑人老将 抄来七年十月[8]内取欠靴子钱三千六百文 上面

九年十月初七日[9]收钱三两六钱 清油 与伊有帖

[1] 九年正月廿八日：光绪九年正月廿八日，1883 年 3 月 7 日。
[2] 十年九月廿三日：光绪十年九月廿三日，1884 年 11 月 10 日。
[3] 七年九月廿八日：光绪七年九月廿八日，1881 年 11 月 19 日。
[4] 八年二月初六日：光绪八年二月初六日，1882 年 3 月 24 日。
[5] 八年二月十一日：光绪八年二月十一，1882 年 3 月 29 日。
[6] 绿：原文作“录”，下同。
[7] 七年十月初三日：光绪七年十月初三日，1881 年 11 月 24 日。
[8] 七年十月：光绪七年十月，1881 年 11 月 22 日～ 1881 年 12 月 20 日。
[9] 九年十月初七日：光绪九年十月初七日，1883 年 11 月 6 日。

公布甲套海气 喇嘛 抄来七年十月内取清油六斤

阿你大 麻子大汉子 尼尔把 抄来七年十月内取麻儿壹斤

呵其尔 黑人 抄来七年十月内取借火药钱八钱五分

收伊账上余银六钱二分 取棉花一斤 五钱 柿饼子一斤 一钱

取麻儿一斤 花线三桄[1] 取白米六升

巴得吗 黑人 抄来七年二月内取借铜盘 木碗 铜勺 炒面钱一两四钱

八年十二月初四日[2]收黄油 牛肚共一两五

阿立布吞 黑人 抄来七年正月内取毡小帽子一顶 一两

清油十三斤 一钱 一斤 一瓶子一个 红湖布贰匹 小皮靴一双

八年九月卅日[3]收牛皮贰张 作三两

共合货钱一 四两 收大头羊皮贰张作七钱 兑小账收货钱四百

八年九月卅日取清油五斤取小布贰匹 取小烟十五包 小青口袋一条

三 三两 九年九月初九日[4]收货钱三千三百文

[1] 桄：量词，一束线叫一桄。

[2] 八年十二月初四日：光绪八年十二月初四日，1883 年 1 月 12 日。

[3] 八年九月卅日：光绪八年九月卅日，1882 年 11 月 10 日。

[4] 九年九月初九日：光绪九年九月初九日，1882 年 10 月 20 日。

阿尔布登 喇嘛 抄来七年正月内取欠油钱一两四钱

屈通木 喇嘛 抄来七年二月内取借酒十斤

旦木气 喇嘛 抄来七年二月内取借洋烟一包 七钱

又取三斤瓶子壹个 十年后五月初七日[1]

收货钱八百文

老增圪冷 抄来七年十月内取小洋烟钱一千文 抄把思皆家账上

圪吗宁 小身圆脸 喇嘛 抄来七年十一月[2]内取香牛皮靴一双

收红皮梭一对 又欠咱酒银贰两二钱 言明还货银

策已的 摇头子 喇嘛 抄来七年十一月取借酒四斤 三两 带瓶一个

吞明的尼尔把承保抄和硕其公家人账上

[1] 十年后五月初七日：光绪十年后五月初七日，1884 年 6 月 29 日。后五月，润五月。光绪十年闰月是五月，不是三月，因此原文应该为后五月而不是后三月。

[2] 七年十一月：光绪七年十一月，1881 年 12 月 21 日 ~ 1882 年 1 月 19 日。

旦把大尔己 醉鬼 喇嘛 抄来七年十月内取扣线四桃 钱

又取棉花四斤 二钱

阿又尔 九年正月[1]内欠米银贰钱

洛布生 阿立不吞一处 九年九月[2]内欠清油银六钱

十年十月[3]收货银六钱

十年九月廿六日[4]取借酒七斤一斤次糖食三个

[1] 九年正月：光绪九年正月，1883 年 2 月 8 日 ~ 1883 年 3 月 8 日。

[2] 九年九月：光绪九年九月，1883 年 10 月 1 日 ~ 1883 年 10 月 30 日。

[3] 十年十月：光绪十年十月，1884 年 11 月 18 日 ~ 1884 年 12 月 16 日。

[4] 十年九月廿六日：光绪十年九月廿六日，1884 年 11 月 13 日。

碟立各　老将　伊弟卒六各代九年十月[1]内又取清油十斤半　一钱
又取一庄靴壹双　一两

阿拉不吞　黑人　九年腊月[2]内欠货银五两
又取清油十八斤　取旧小木东分一个
十年九月廿六日[3]收货银七两　初三日取小骟驼一只　七两
又取一八烟卅包　二　取借小米一斗　七钱
十一年十一月廿二日[4]收货钱八两正

喇嘛　阿立不吞一处来　以登木曾　九年腊月内取黄毛带贰条
又取洋烟壹包　取借小米一斗　错抄

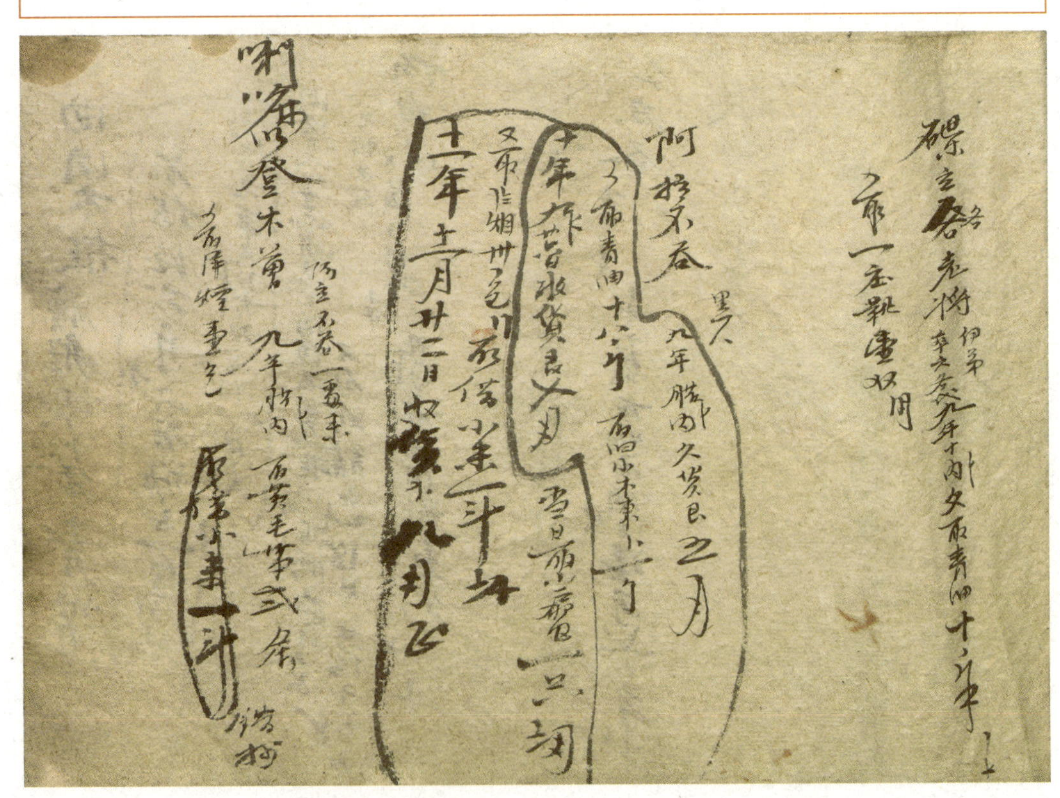

[1] 九年十月：光绪九年十月，1883年10月31日～1883年11月29日。
[2] 九年腊月：光绪九年腊月，1883年12月29日～1884年1月27日。
[3] 十年九月廿六日：光绪十年九月廿六日，1885年12月27日。
[4] 十一年十一月廿二日：光绪十一年十一月廿二日，1884年11月13日。

曲同木推 瘦猴长脸 十年十一月卅日[1]

取借酒六斤 钱 又取瓶子一个 二钱

同治元年三月初十日[2]收皮钱八百文 从小账抄来

同治元年三月十一日[3]取借衣剪一把 二钱 取酒五斤 钱

又取五斤瓶子 一五 一百 共借钱 五 八百

阿由尔 长脸光头 藏乃喇嘛 十年 九月廿八日[4] 取玉兰烟一包 三钱

公丑各 半弟 十年十月十四日[5]取炒面酒货银壹两七钱五分

---

[1] 十年十一月卅日：光绪十年十一月卅日，1885 年 1 月 15 日。

[2] 同治元年三月初十日：1862 年 4 月 8 日。

[3] 同治元年三月十一日：1862 年 4 月 9 日。

[4] 十年九月廿八日：光绪十年九月廿八日，1884 年 11 月 15 日。

[5] 十年十月十四日：光绪十年十月十四日，1884 年 12 月 1 日。

阿拉布呑黑人　十一年十一月十六日[1]
取借黄茶　干炒面钱　烟钱　米钱　六千六百文

光绪十一年正月[2]抄来

当今喇嘛　抄来十年哈尔哈账系五年一号账欠咱银壹钱

哎刻岑小喇嘛　抄来十年哈尔哈账系五年一号账欠咱银一钱

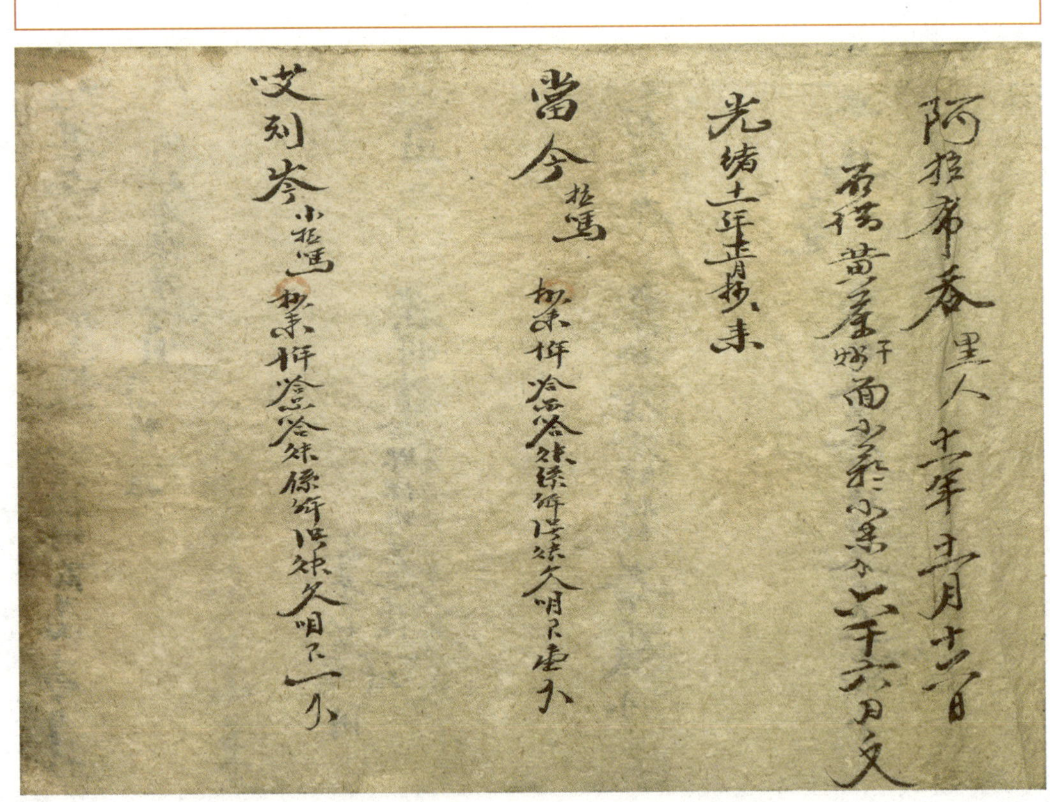

[1] 十一年十一月十六日：1885年12月21日。
[2] 光绪十一年正月：1885年2月15日～1885年3月16日。

呵其尔 甲代青公人 抄来十年[1]哈尔哈账系五年[2]取羊肉十四斤 六分

寄破布帐房一顶 带小杆三根

尔角 抄来十年哈尔哈账系五年取包皮靴一对 言明本年秋后交银一两

公布甲布 抄来十年哈尔哈账系五年欠咱银叁钱

嘎[3]尔生 也尔巴 抄来十年哈尔哈账系五年欠咱银一钱贰分

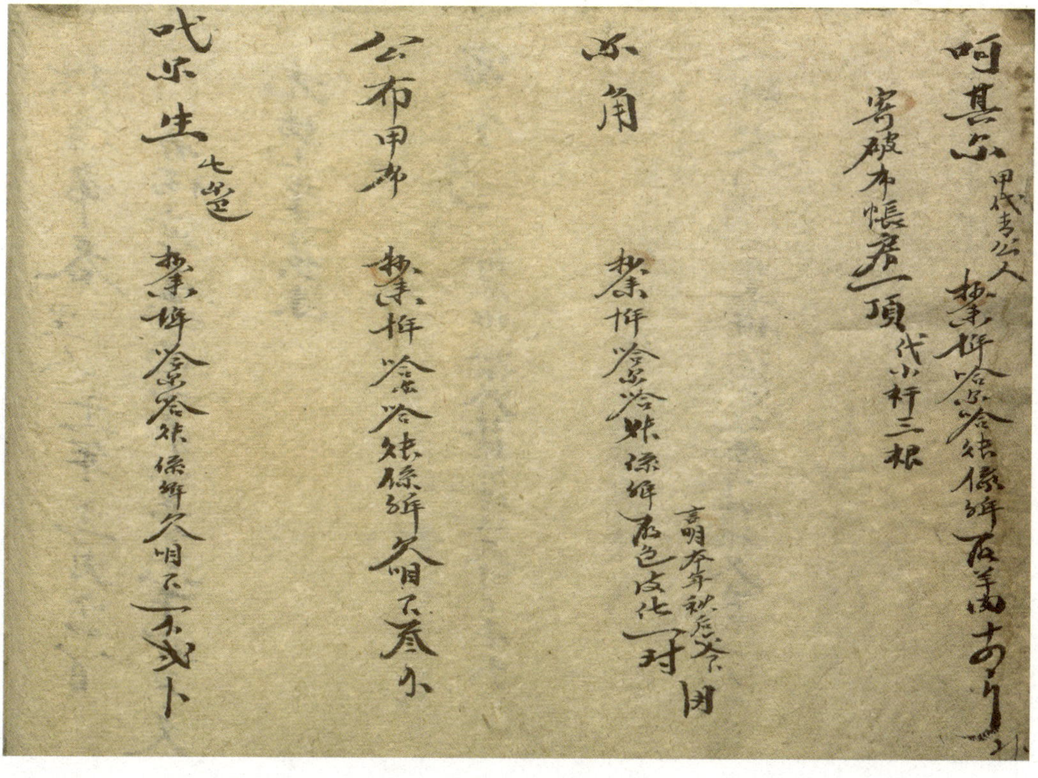

[1] 十年：光绪十年，1884 年 1 月 28 日～ 1885 年 2 月 14 日。

[2] 五年：光绪五年，1879 年 1 月 22 日～ 1880 年 2 月 9 日。

[3] 嘎，原文作“**�油**”，下同。

策林到亲台几

抄来十年哈尔哈账系五年欠咱银四钱

扎来黑人

抄来十年哈尔哈账系五年欠咱银七钱六分

东德各

抄来十年哈尔哈账系六年[1]二号账欠咱银九分

八兔用布

抄来十年哈尔哈账系六年二号账欠咱银壹两四钱

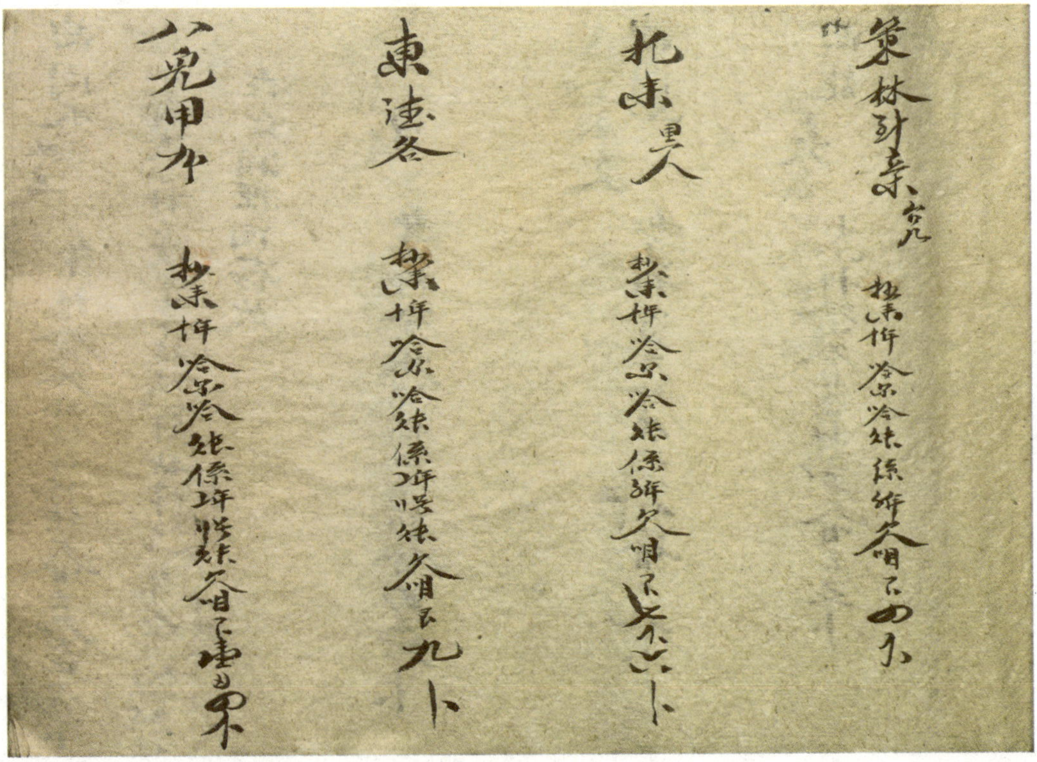

[1] 六年：光绪六年，1880年2月10日～1881年1月29日。

曲同木 喇嘛 抄来十年哈尔哈账系五年一号账欠咱银九两七钱五分

伊偷走了料下破烂[1]山羊皮袄一件 毡纬子一块 大小铜勺子贰把

在后洞里[2]间存放

老曾 抄来十年哈尔哈账系五年三号账欠咱四钱七分

曲同木 套古人 抄来十年哈尔哈账系六年二月廿八日[3]欠咱银九分

曲龙 黑人 抄来十年哈尔哈账系六年二月廿八日欠咱银五分

[1] 烂：原文作“兰”，下同。

[2] 里：原文作“裡”，下同。

[3] 六年二月廿八日：光绪六年二月廿八日，1880年4月7日。

根东也尔巴　抄来十年哈尔哈账系六年三月卅日[1]欠咱银九分

寄放房杆子壹百根　与伊有帖

大哇喇嘛　抄来十年哈尔哈账系六年四月卅日[2]取小米壹斗五升

推喇嘛哎立圪冷　抄来十年哈尔哈账六年一号账存干面卅斤

哦思尔乌拉家喇嘛　抄来十年哈尔哈账六年十月十八日[3]取羊肉三斤

[1] 六年三月卅日：光绪六年三月卅日，1880 年 5 月 8 日。

[2] 六年四月卅日：光绪六年四月卅日，1880 年 6 月 7 日。

[3] 六年十月十八日：光绪六年十月十八日，1880 年 11 月 21 日。

大赖王人 **阿由尔甲** 抄来十年哈尔哈六年一号账十月廿三日[1]取黄茶贰块

大赖王家人 **纳 生** 抄来十年哈尔哈账六年十一月初四日[2]取酒四斤

把尔增 抄来十年过路账五年欠伊银六钱五分五厘[3]

套尔古人 **张师傅** 抄来十年过路账系五年旧账欠咱银三钱八分

[1] 十月廿三日：光绪六年十月廿三日，1880 年 11 月 25 日。

[2] 六年十一月初四日：光绪六年十一月初四日，1880 年 12 月 5 日。

[3] 厘：原文作“尼”，下同。

贡生 也尔巴 抄来十年过路账系五年账欠咱银贰两七钱

秃什公人 却登 喇嘛 抄来十年过路账系四年三月[1]欠咱银九钱五分

吉古六布 抄来十年过路账系四年三月欠咱一八烟廿包

套尔古人 大各巴 喇嘛 抄来十年过路账系四年旧账欠银一钱八分

[1] 四年三月：光绪四年三月，1878年4月3日～1878年5月1日，下同。

纳　旺喇嘛　抄来十年过路账五年欠咱银一钱五分

罗布生喇嘛　抄来十年过路账系五年五月初六日[1]取酒五斤八分

哈拉哈其　抄来十年过路账系五年账欠咱银一钱贰分

当　巴也尔巴　抄来十年过路账五年欠咱银一两九钱

吉　东　抄来十年过路账五年水牌上欠白铁钱贰百文

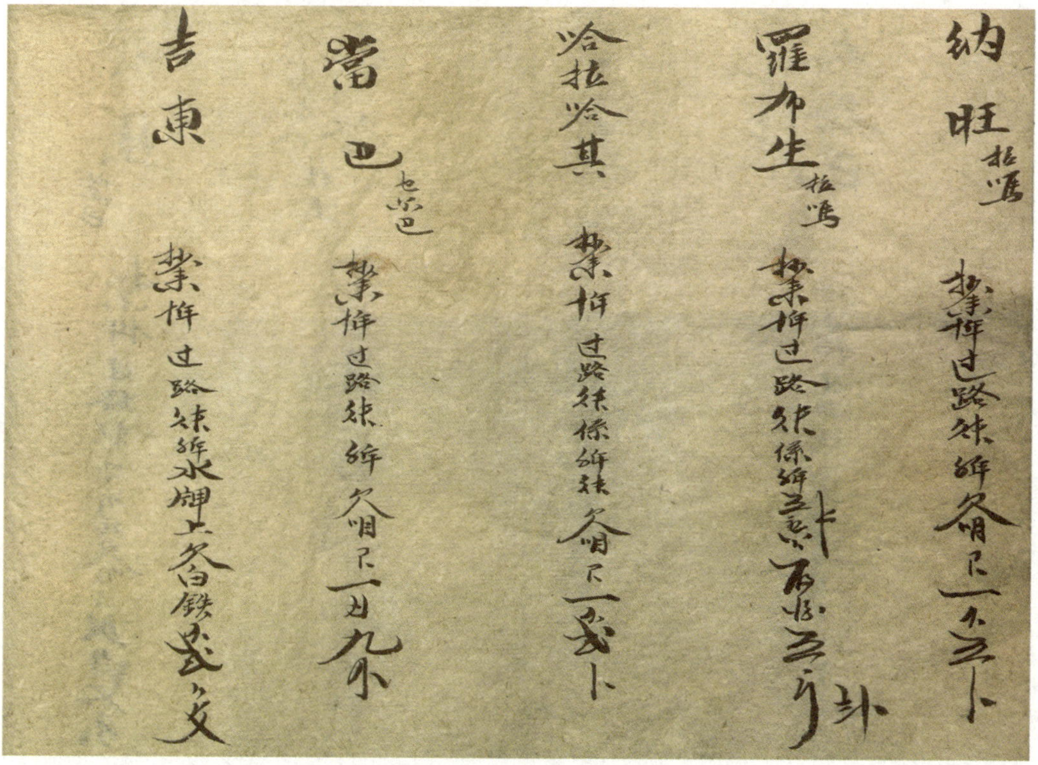

[1] 五年五月初六日：光绪五年五月初六日，1879 年 6 月 25 日。

以登木大喇嘛 抄来十年过路账五年欠咱银壹佰壹拾壹两贰钱七分

公求各喇嘛 抄来十年过路账六年五月十四日[1]取豆瓣[2]子贰升

朋初各喇嘛 抄来十年过路账六年十月十五日[3]欠咱钱贰百九十文

罗布生喇嘛 抄来十年过路账六年十一月廿六日[4]取一八烟廿包

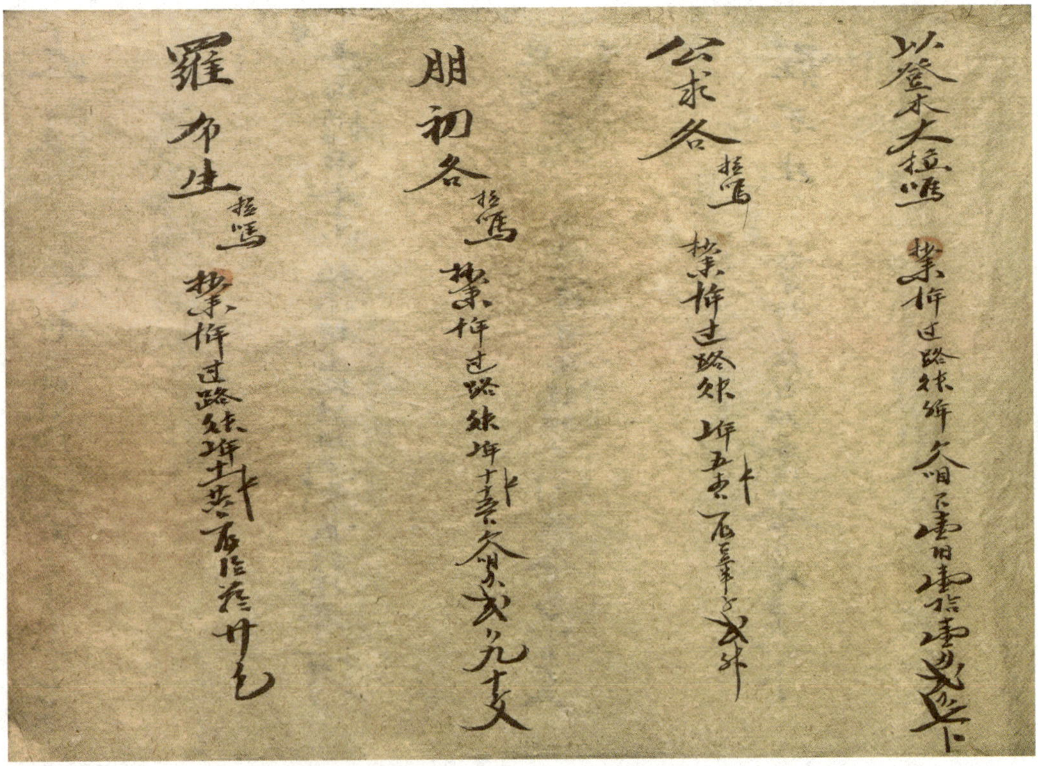

[1] 六年五月十四日：光绪六年五月十四日，1880 年 6 月 21 日。
[2] 瓣：原文作“半”，下同。
[3] 六年十月十五日：光绪六年十月十五日，1880 年 11 月 17 日。
[4] 六年十一月廿六日：光绪六年十一月廿六日，1880 年 12 月 27 日。

大　哇　抄来十年过路账六年十一月廿七日[1]取东生烟一包 二钱

取酒贰斤

当增甲木来　抄来十年过路账六年十一月廿九日[2]取行片带一条

旦增
公求各二人　抄来十年过路账六年十月廿七日[3]取欠咱钱六百文

罗不生 哎林岑　抄来十年过路账六年二月十九日[4]欠咱银壹两零一分

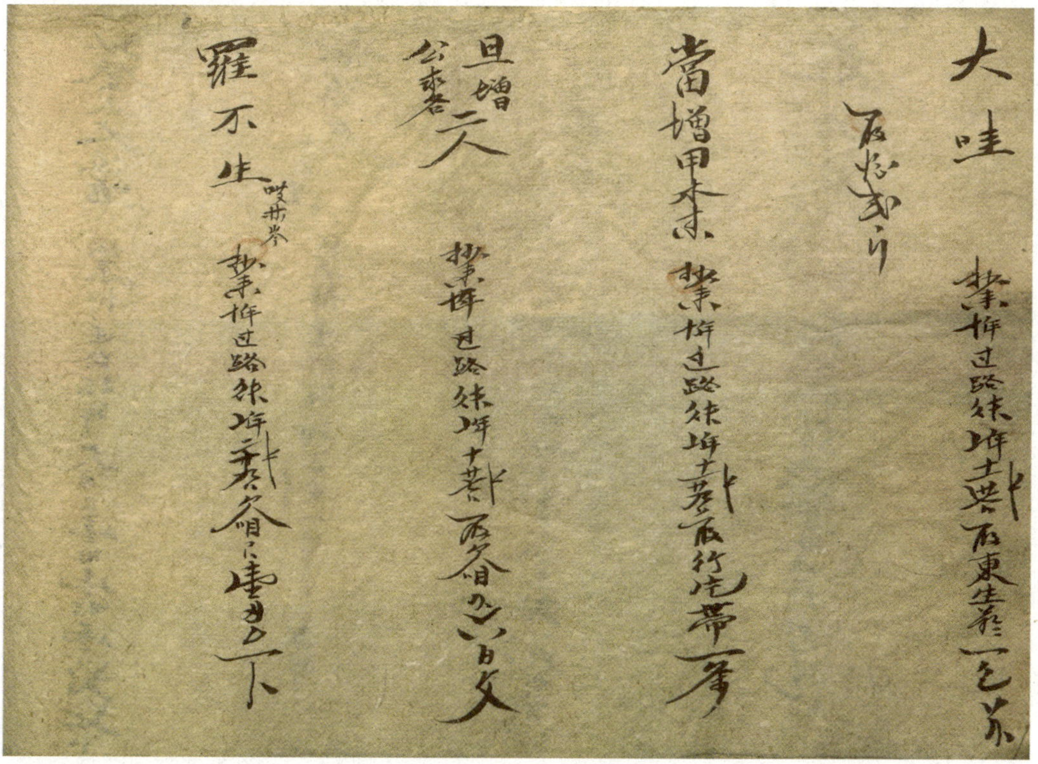

[1] 六年十一月廿七日：光绪六年十一月廿七日，1880 年 12 月 28 日。

[2] 六年十一月廿九日：光绪六年十一月廿九日，1880 年 12 月 30 日。

[3] 六年十月廿七日：光绪六年十月廿七日，1880 年 12 月 1 日。

[4] 六年二月十九日：光绪六年二月十九日，1880 年 3 月 29 日。

罗布生 抄来十年过路账六年五月初一日[1]共欠咱钱贰百卅五文

光绪 十三年正月[2]抄来

公求各 抄来十二年[3]哈尔哈账七年正月廿二日[4]欠咱银壹钱

嘎尔生 到尔己 抄来十二年哈尔哈账七年八月廿七日[5]取腾把鞭一把[6]五二钱

嘎尔旦 抄来十二年哈尔哈账九年二月初八日[7]欠咱银三钱五分

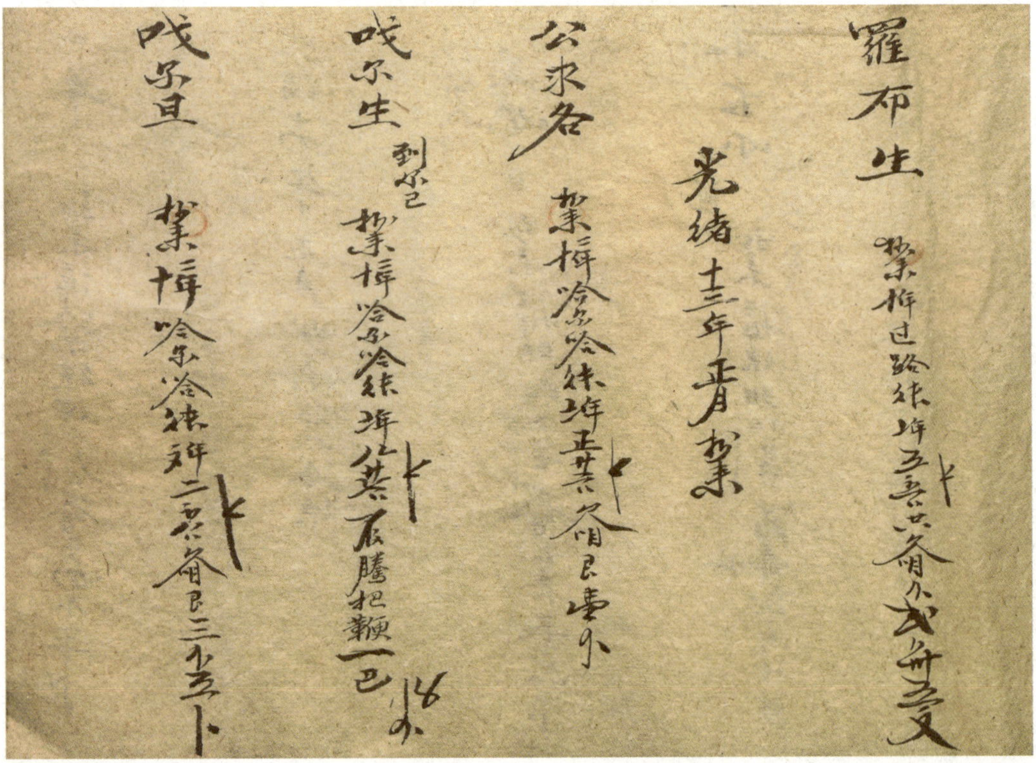

[1] 六年五月初一日：光绪六年五月初一日，1880 年 6 月 8 日。
[2] 光绪十三年：1887 年 1 月 24 日 ~ 1887 年 2 月 22 日。
[3] 十二年：光绪十二年，1886 年 2 月 4 日 ~ 1887 年 1 月 23 日。
[4] 七年正月廿二日：光绪七年正月廿二日，1881 年 2 月 20 日。
[5] 七年八月廿七日：光绪七年八月廿七日，1881 年 10 月 19 日。
[6] 把：原文作"巴"，下同。
[7] 九年二月初八日：光绪九年二月初八日，1883 年 3 月 16 日。

公布 抄来十二年哈尔哈账九年二月初八日[1]欠咱银四钱三分

光绪十四年正月[2]抄来哈尔哈账

秃什公人 **哦思尔** 抄来一十三年[3]账七年正月廿二日[4]欠咱酒银三钱六分

东古尔 也尔巴 抄来一十三年账七年八月初五日[5]取酒贰斤十两

[1] 九年二月初八日：光绪九年二月初八日，1883 年 3 月 16 日。

[2] 光绪十四年正月：1888 年 2 月 12 日 ~ 1888 年 3 月 12 日。

[3] 一十三年：光绪一十三年，1887 年 1 月 24 日 ~ 1888 年 2 月 11 日。

[4] 七年正月廿二日：光绪七年正月廿二日，1881 年 2 月 20 日。

[5] 七年八月初五日：光绪七年八月初五日，1881 年 9 月 27 日。

东德各 黑人 抄来三年一十 七年八月十八日[1]取一八烟廿包

又取酒三斤

旦增 抄来三年一十 哈尔哈账七年八月卅日[2]欠咱银贰两一钱贰分

又取上面廿斤 取毛抓子壹把 四钱

八年十月初八日[3]收兑银贰两零三分

却金 各能 抄来三年一十 账七年九月十六日[4]取冲东生烟三包

[1] 七年八月十八日：光绪七年八月十八日，1881 年 10 月 10 日。

[2] 七年八月卅日：光绪七年八月卅日，1881 年 10 月 22 日。

[3] 八年十月八日：光绪八年十月八日，1882 年 11 月 18 日。

[4] 七年九月十六日：光绪七年九月十六日，1881 年 8 月 10 日。

吗你台儿 抄来三年一十账七年九月廿七日[1]欠咱银一两一钱贰分

纳木己尔 抄来三年一十账七年九月廿二日[2]欠咱银一钱五分

九年五月廿二日[3]收银四钱

哦思尔老喇嘛 抄来三年一十账七年十月十六日[4]取大瓶[5]子一斤 作山羊皮一张

曲通木喇嘛 抄来三年一十账七年十月初十日[6]取酒瓶子一个 八分

取酒一斤 七分

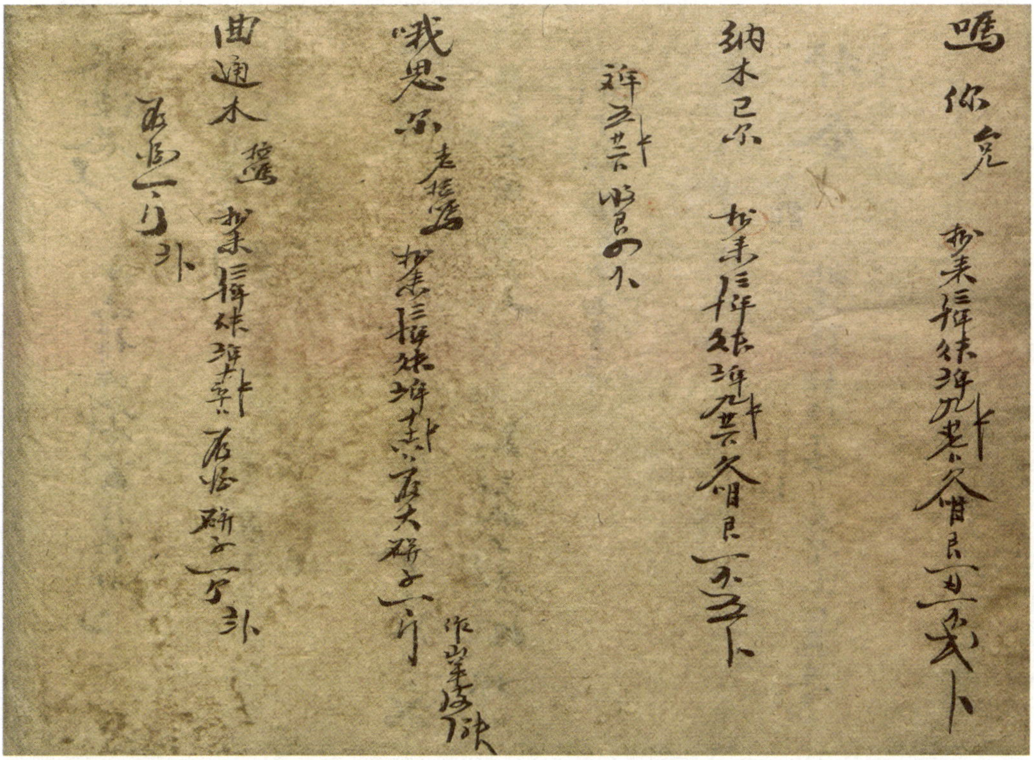

[1] 七年九月廿七日：光绪七年九月廿七日，1881 年 11 月 18 日。

[2] 七年九月廿二日：光绪七年九月廿二日，1881 年 11 月 13 日。

[3] 九年五月廿二日：光绪九年五月廿二日，1883 年 6 月 26 日。

[4] 七年十月十六日：光绪七年十月十六日，1881 年 12 月 7 日。

[5] 瓶：原文作“研”。

[6] 七年十月初十日：光绪七年十月初十日，1881 年 12 月 1 日。

山丹庙人 **群木秋各** 抄来三年一十账七年十二月十六日[1]欠咱银五钱七分

阿麦的 抄来三年一十账八年九月十七日[2]余钱贰百文

乌拉家 **罗不生** 抄来三年一十账八年九月十八日[3]取酒贰斤 共银五二钱

阿公家醉鬼 **掃德巴** 抄来三年一十账八年九月廿七日[4]取酒六斤

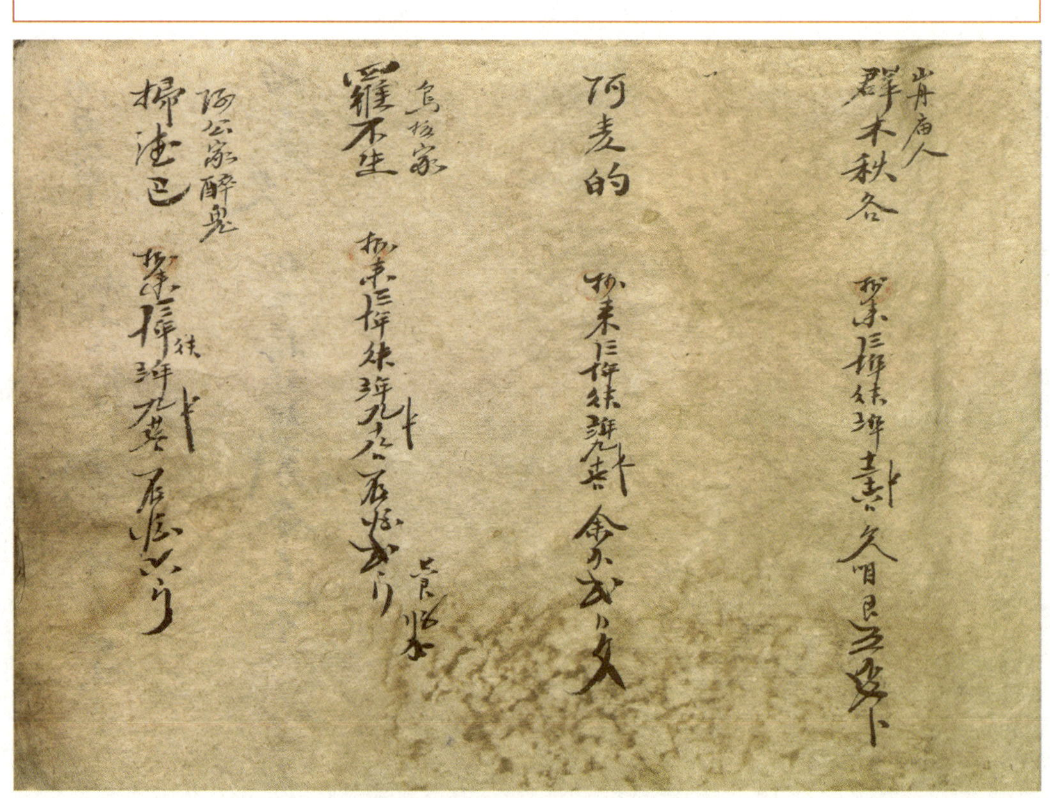

[1] 七年十二月十六日：光绪七年十二月十六日，1882 年 2 月 4 日。
[2] 八年九月十七日：光绪八年九月十七日，1882 年 10 月 28 日。
[3] 八年九月十八日：光绪八年九月十八日，1882 年 10 月 29 日。
[4] 八年九月廿七日：光绪八年九月廿七日，1882 年 11 月 7 日。

阿由尔甲 抄来三年一十账八年正月廿二日[1]欠咱银四钱

的立各女人 抄来三年一十账九年二月初八日[2]欠咱银一钱

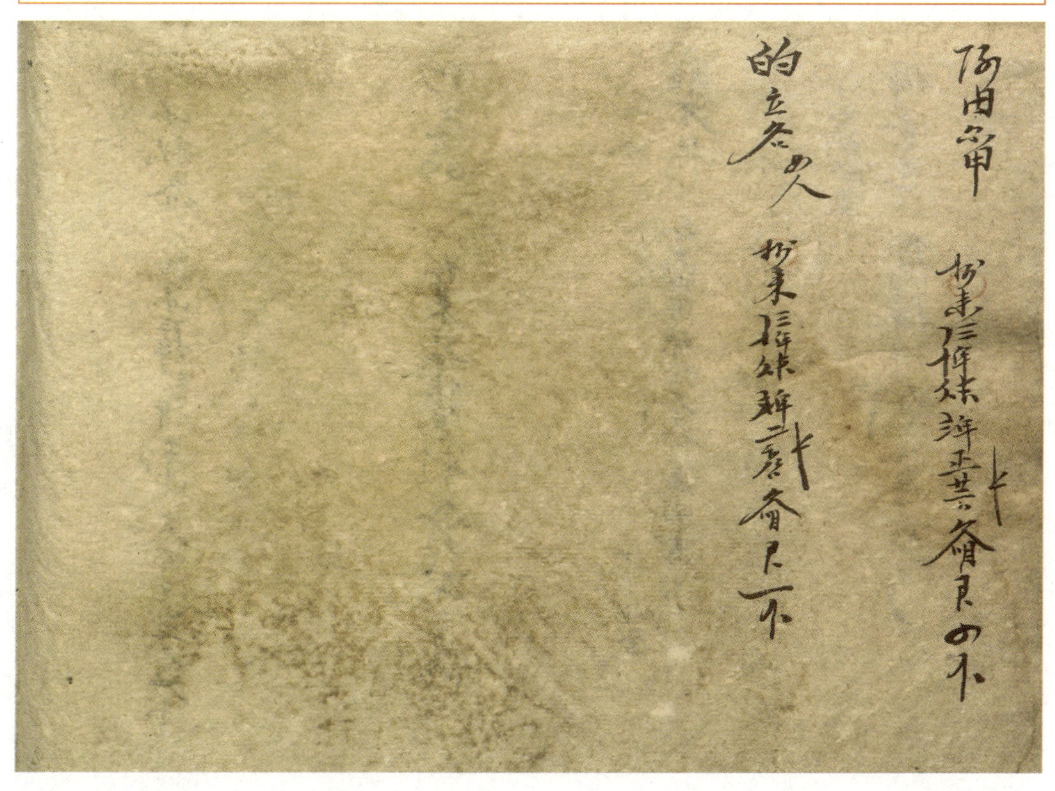

[1] 八年正月廿二日：光绪八年正月廿二日，1882年3月11日。

[2] 九年二月初八日：光绪九年二月初八日，1883年3月16日。

甲公家人

到尔各推 大汉子 抄来六年取借铜锣锅[1]钱三钱

取洋糖三包 钱

卜洛半 弟 麻子 抄来六年欠货银一两五钱

收黄酒上余银一钱 收兑魁盛统货银一两一钱

公布甲扣 麻子 抄来六年欠货钱四钱四分

收兑魁盛统货银三钱

阿由尔喇嘛 大汉子又名布冻 抄来七年十一月[2]内取借木盘子一个 六钱

[1] 铜锣锅：军中用具，锅、锣两用，白天烧饭，夜晚报更。原作“同罗呙”。

[2] 七年十一月：光绪七年十一月，1881年12月21日～1882年1月19日。

公布甲 麻子 黑人 抄来七年十二月[1]内取欠 斜纹布 酒钱 三千贰百文

九年十月初七日[2]兑二号账 收钱三两贰钱

初十日[3]取借香牛皮靴一双 二两 清油十斤 一两五 连篓子

粗藏袷子一匹 四两 冰糖一斤 三百

明己各 黑人 九年九月[4]内欠 驼架 冰糖 银贰两 言定十年春季交还

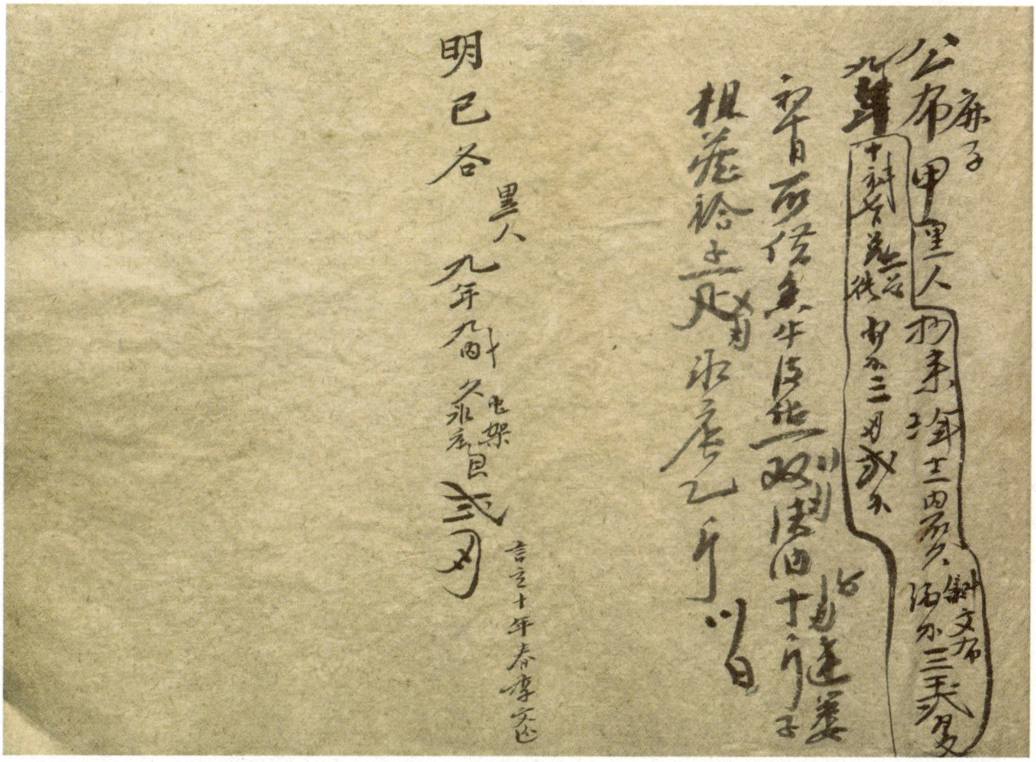

---

[1] 七年十二月：光绪七年十二月，1882 年 1 月 20 日 ~ 1882 年 2 月 17 日。

[2] 九年十月初七日：光绪九年十月初七日，1883 年 11 月 6 日。

[3] 初十日：光绪九年十月初十日，1883 年 11 月 9 日。

[4] 九年九月：光绪九年九月，1883 年 10 月 1 日 ~ 1883 年 10 月 30 日。

喇嘛皆皆家人

七年九月内 十年九月[1]内收钱

农乃吉寺 罗布生尼尔巴手 取借驼架子贰付 一两

取欠账房上纹银四两 出与伊帖一张定秋后一定来交还

八年九月[2]内收纹[3]银四两

究古都尔 黑人 抄来七年十二月内取货钱六百文

阿由世 喇嘛 九年正月[4]内取八斤瓶子一个

[1] 十年九月：光绪十年九月，1884 年 10 月 19 日 ~ 1884 年 11 月 17 日。
[2] 八年九月：光绪八年九月，1882 年 10 月 12 日 ~ 1882 年 11 月 10 日。
[3] 纹：原文作“文”。
[4] 九年正月：光绪九年正月，1883 年 2 月 8 日 ~ 1883 年 3 月 8 日。

望登 喇嘛 圆脸小身 咱叫伊板登 九年十月[1]内取一八烟壹百包 一两

又取帽条壹付 五钱 取清油五斤 一钱 十年十月十六日[2]收货银贰两

浓乃吉洒 罗布生尼尔把 巴乎眼

十年九月廿七日[3]取借驼架子三付 带架杆

取借杂果子钱贰两 取借黄茶一块

共作六两六 十一年九月十五日[4]收色小布五匹 六

收包皮梭三对 六十

下欠咱货钱二一两 又收狐皮一张

旦今 黑人 十年九月廿四日[5]取借黑人木碗[6]一个

抄杂思处账

[1] 九年十月：光绪九年十月，1883 年 10 月 31 日～1883 年 11 月 29 日。

[2] 十年十月十六日：光绪十年十月十六日，1884 年 12 月 3 日。

[3] 十年九月廿七日：光绪十年九月廿七日，1884 年 11 月 14 日。

[4] 十一年九月十五日：光绪十一年九月十五日，1885 年 10 月 22 日。

[5] 十年九月廿四日：光绪十年九月廿四日，1884 年 11 月 11 日。

[6] 碗：原文作“碗”，下同。

望登喇嘛

牛必林大答人 十年九月十六日[1]取货钱贰十文

又取一八烟廿包 十 又取玉烟壹包 取酒贰斤

农乃吉洒

罗布生尼尔把 十一年九月十七日[2]取借

黄毛袋五条 四钱 线穗纹袋二条 五一钱

绿斜皮四张 七钱 黑糖六斤 共四一两

共合货钱五六两 同治四年八月卅日[3]收白布七匹

同日取冰糖壹斤 五百 又取红枣贰斤 五二百 又取白菊壹斤 四百

取黑糖壹斤 四百 共合货钱 二千[4]

[1] 十年九月十六日：光绪十年九月十六日，1884 年 11 月 3 日。

[2] 十一年九月十七日：光绪十一年九月十七日，1885 年 10 月 24 日。

[3] 同治四年八月卅日：1865 年 10 月 19 日。

[4] 二千：此处数字与前面不合。白糖一斤 500，红枣二斤每斤 250，白菊一斤 400，黑糖一斤 400，合计 500+2×250+400+400＝1800。

和硕其公家人

素拉乃叩 伊弟名阿由世叩 抄来六年取借酒七斤 钱

七年二月卅日[1] 取借五寸火镰[2]一把 六钱 共五一两

十年二月初五日[3]伊父三都个老将同幼子

阿由世扣二人取欠驼钱五百文 言明伊秋后来共还二两

奔求各 抄来六年欠咱货钱四百文

江把半 圆脸小身胖子 弟 抄来六年内取借铁镴[4]子一把

取匣子钱五十文 取借次子袷子一匹 取皮靴一双 八百

策己的喇嘛 摇头子 抄来七年十一月[5]内取欠清油四斤 带瓶子一个

吞明承保

[1] 七年二月卅日：光绪七年二月卅日，1881 年 3 月 29 日。

[2] 镰：原文作“莲”，下同。

[3] 十年二月初五日：光绪十年二月初五日，1884 年 3 月 2 日。

[4] 镴：锡和铅的合金，熔点较低，用于焊接铁、铜等金属物件。通常称焊锡，也叫锡镴。

[5] 七年十一月（光绪）：1881 年 12 月 21 日 ~ 1882 年 1 月 19 日。

吞明代 尼尔把大汉子 抄来七年春前除还

锅欠咱上羔皮十一张 又抄来二号账上 七年十一月[1]内

取欠黄茶斜纹布 酒银十一两正

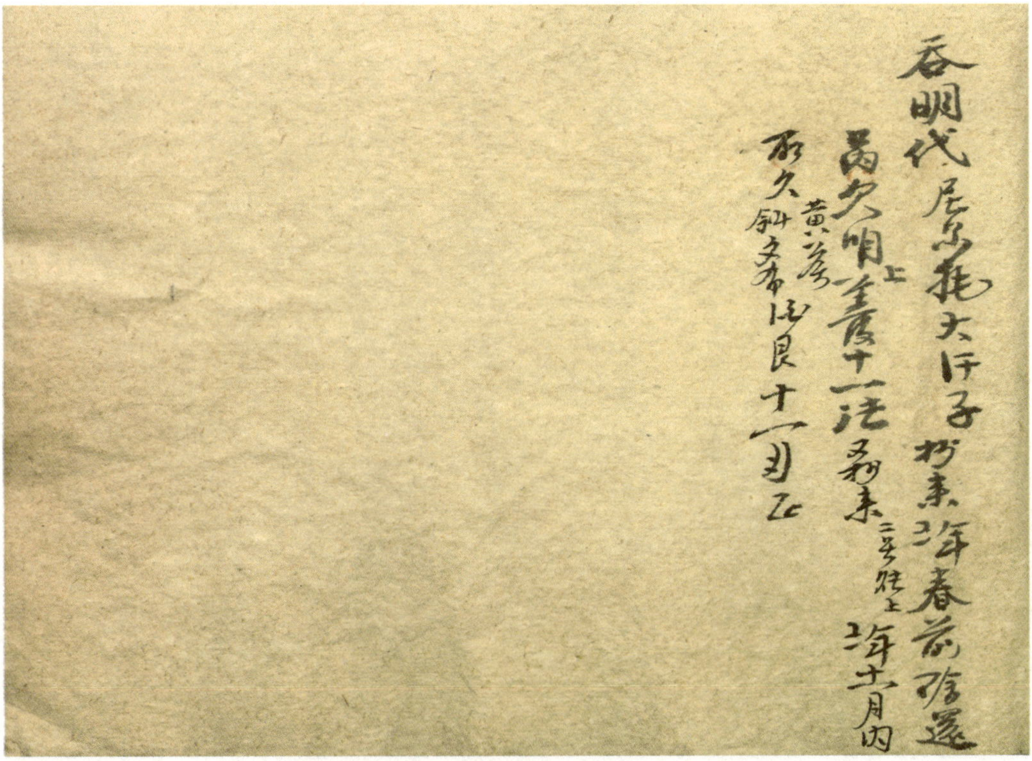

[1] 七年十一月：光绪七年十一月，1881 年 12 月 21 日 ~ 1882 年 1 月 19 日。

大赖公家人

格弄半 弟长脸黑性贩子其 抄来六年取借旧铁酊一付一两

都古尔 黑人 抄来六年欠咱钱一百文

责卜代叩 抄来七年十一月内取欠带子钱三百文

此系大别列和硕人

三计推 抄来七年十一月内取借皮毡一付 七 一两

八年腊月初七日[1]收货银一两七钱

同日取小篓子一个 取清油十斤 取黑糖一斤

三宗共作 八 一两

[1] 八年腊月初七日：光绪八年十二月初七日，1883 年 1 月 15 日。

黑人打各巴 八年腊月初五日[1]欠货银五钱 找驼钱

十年十一月廿五日[2]收货钱五百文

碟的大公人

近麦的到尔计 台基

八年正月初七日[3]取八尺坐褥贰块八钱

打各巴喇嘛 十年十一月廿二日[4]

取借炒面钱一钱四分 取借酒十斤酒篓子一个

又取酒一斤半

[1] 八年腊月初五日：光绪八年十二月初五日。1883 年 1 月 13 日。

[2] 十年十一月廿五日：光绪十年十一月廿五日，1885 年 1 月 10 日。

[3] 八年正月初七日：光绪八年正月初七日，1882 年 2 月 24 日。

[4] 十年十一月廿二日：光绪十年十一月廿二日，1885 年 1 月 7 日。

闹孟卷家人

三计到尔己 胖汉扁脸黑胡子 抄来七年十月内取欠面钱一百文

取借玉兰烟贰包

尔览八兔 抄来七年十月内取借云盯银贰钱

收兑到尔己货银贰钱

大汉子 卜库

巴兔纳素 抄来一号账上七年十一月初五日[1]取斤次糖食十匣钱

取冰糖一斤三斤次糖食一匣取行红毡一条

取酒五斤半连瓶子共二两

伊弟卜洛扣半 弟来言明十年

秋后一定交还

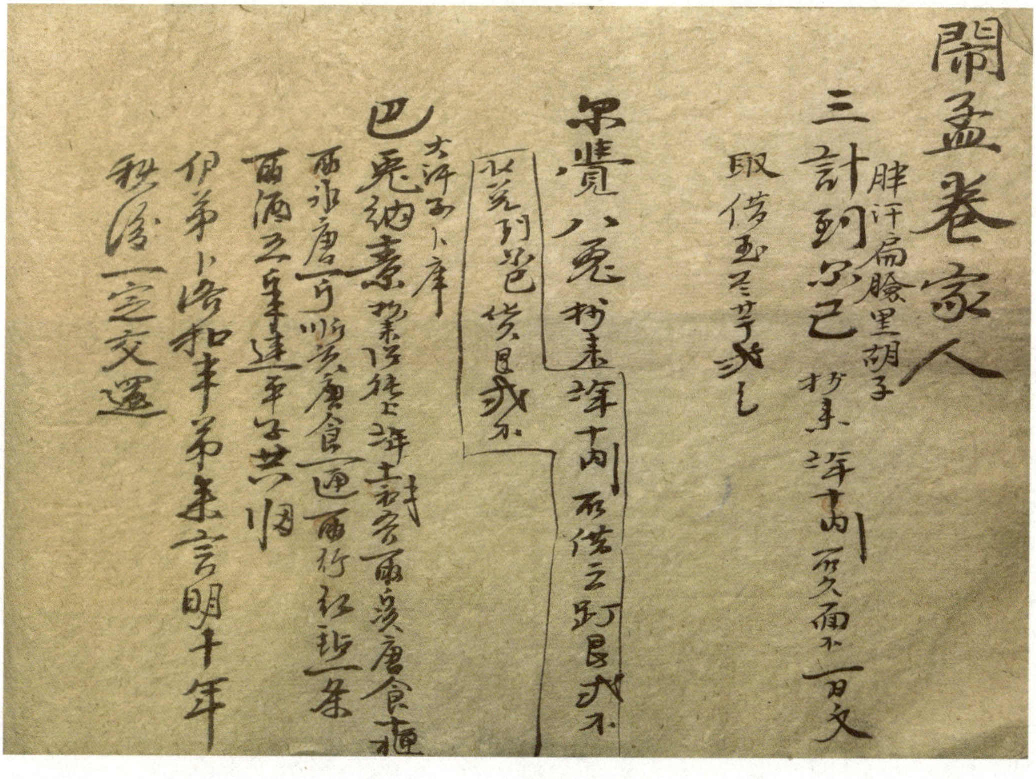

[1] 七年十一月初五日：光绪七年十一月初五日，1881 年 12 月 25 日。

［二号账簿］

同治元年新正吉立
历年老账

王月圆 识注

前言

《同治元年新正吉立历年老账》是同治元正月即1862年1月30日~1862年2月28日建立的，是祥泰隆同治二年即1863年2月18日~1864年2月7日到光绪三年即1877年2月13日~1878年2月1日之间的老账。本账册老账属于基础账簿中底账、流水簿和老账三账之一，相当于现在的总账。

祥泰隆在其长期经营过程中，为详细记录每天的经营情况，建立了种类繁多的账簿。见之于本账册的各类账簿不下十五种，有按照交易对象划分的蒙古账和汉人账，有按照交易商品划分的羊账、驼账和兑钱账，有按照交易区域划分的大和居账、城账、西街账、南街账和四路账，有按照账簿性质划分的老账、浮记账、小账、条帐和暂记账，这些账簿有效地记录和反映了祥泰隆的经营情况。此外，祥泰隆在日常经营过程中，还将一些交易临时记录在水牌上，然后再整理入账。本账册就是对同治二年到光绪三年上述十五种账簿以及水牌账目内容的汇总。

祥泰隆的交易对象涉及社会方方面面的人和机构，既有汉族民众还有蒙古族和回族民众，既有官员、知识分子又有普通民众，既有出家的僧人又有俗家民众，既有官府又有商号和寺庙，既有农民牧民又有木匠、铁匠、石匠、铜匠、泥水匠、皮匠、靴匠、裁缝、厨子、伙计、车官、脚户、放骆驼的、放马的、宰羊的、唱戏的、财主、管家、通事、寺庙僧官、囚犯等各行各业各个阶层的人员，从中可以看到当时社会职业分布情况。交易的对象绝大多数都是男性，只有极少数的女性，反映了当时社会的特点。

祥泰隆账册中蕴含着丰富的内容和信息，从中我们可以一窥当时社会生活百态。兹举两例，以飨读者。例如，本账册有一条目记载“刘国乔，（同治）四年八月初一日至十五日放马十五天共算工钱一百八”，同治四年八月初一日至十五日即1865年9月20日至1865年10月4日，刘国桥放马十五天，得工钱一百八十文铜钱，日工资为十五文铜钱，由此我们大概能了解到当时人们劳动一天所挣工钱多少。这是账目中少有的关于劳动力价格的记载。又如，本账册中有一条目记载，“张文禄……六年取酒贰斤五两。九年又十一月十八日，伊兄手，算钱一千”，同治六年即 1867 年 2 月 5 日 ~1868 年 1 月 24 日之间，张文禄从祥泰隆赊了二斤五两酒。同治九年润十一月十八日即 1870 年 12 月 10 日，张文禄兄长经手将酒钱算了一千文铜钱，一斤酒价格为四百文铜钱，大约相当于于刘国乔放马二十七天的收入，几乎为一个月所得。由此可见，酒是一般人喝不起的。

王月圆

2021 年 12 月 20 日

同治元年[1]新正　　吉　立

历年老账

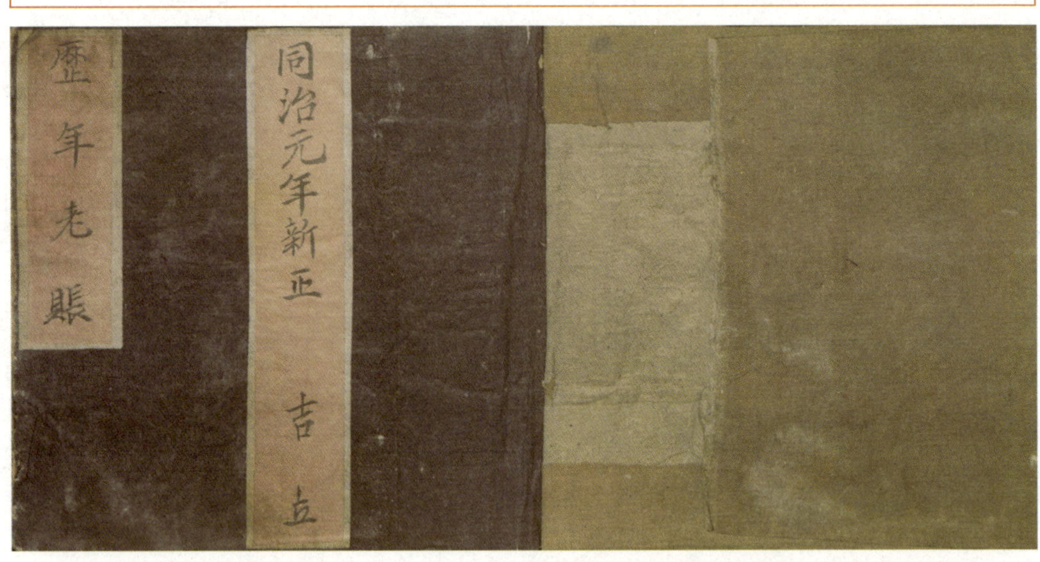

[1] 同治元年：1862 年 1 月 30 日 ~1863 年 2 月 17 日。

清拉喇

抄来三年[1]欠钱[2]八千六百[3]文

朋醋各喇嘛[4] 马尔增扣之弟

抄来[5]年面算欠钱九千八百八十三文

二年[6]账内抄来取清油三[7]五斤[8]

把　兔

抄来三年欠钱三千一百文

又欠棉羯羊[9]九只

瘸草各兔

抄来三年欠钱贰[10]百八十文

四年三月初九日[11]欠钱贰百四十文　九月廿日[12]从收欠钱四百九十二文

[1] 三年：同治三年，1864 年 2 月 8 日 ~1865 年 1 月 26 日。本账册内未加注的纪年均为同治年号，已经注过的纪年不另注，下同。

[2] 钱：原文作“[illegible]”，下同。

[3] 百：原文作“[illegible]”，下同。

[4] 喇嘛：原文作“拉吗”，下同。

[5] 三：原文作“[illegible]”，下同。

[6] 二年：同治二年，1863 年 2 月 18 日 ~1864 年 2 月 7 日。

[7] 清油：原文作“青由”，下同。

[8] 斤：质量单位。清朝时期，1 斤 =16 两，1 两 =10 钱，1 钱 =10 分，折合现在质量单位，1 斤 =590 克。见王力主编 . 王力古汉语字典［M］. 北京：中华书局，2000:1815。

[9] 羯羊：去势的公羊。羯，原文作“结”，下同。

[10] 贰：原文作“弍”，下同。

[11] 四年三月初九日：同治四年三月初九日，1865 年 4 月 4 日。月，原文作“[illegible]”，下同。

[12] 九月廿日：同治四年九月廿日，1865 年 11 月 8 日。

恒泰成 抄来元年[1]欠钱壹千六百[2]四十文

三义成 抄来元年欠钱七百六十九文

裕成公 抄来二[3]年欠咱兑钱贰千文

宝涌成 从字号账抄来二年欠咱钱贰百九十一文

沙金大来 抄来二年 取猪水泡[4]壹个

达 来 囚犯 老账抄来四年[5]欠咱 钱壹千七百文

王 登 从蒙古账抄来元年取清油[6]三斤

马 二 回人 旧账抄来二年八月初九日[7]取青缎小帽壹顶

六年三月十四日[8]取狼娃[9]皮贰张共作钱一[10]百

高文卓 抄来二年取黑茶[11]壹块 六[12]百 十二月廿二日[13]收麦草[14]卅二斤

同[15]日取黄油贰斤 一百

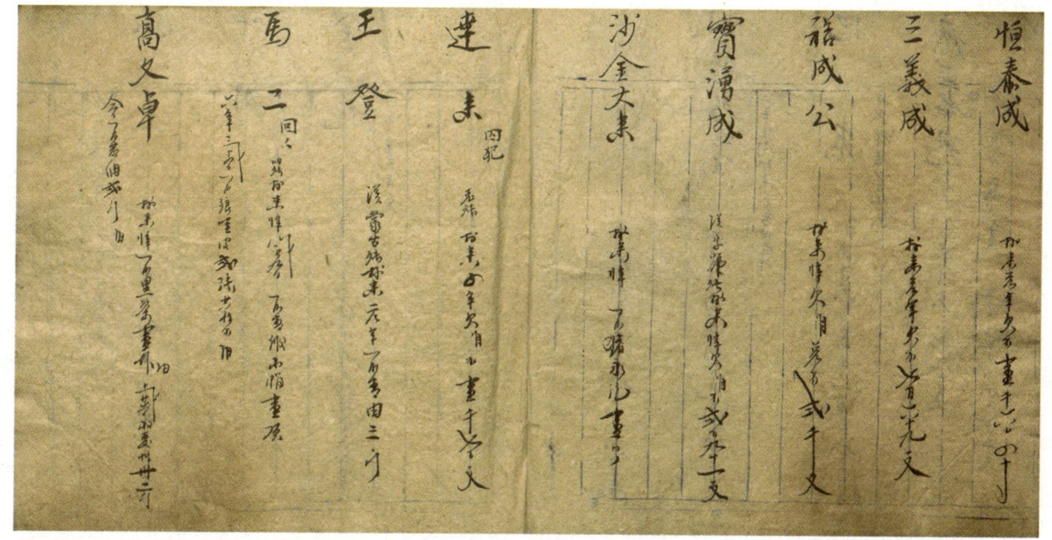

[1] 元年：同治元年，1862 年 1 月 30 日 ~ 公元 1863 年 2 月 17 日。
[2] 百：原文作“ν”，下同。
[3] 二：原文作“〢”，下同。
[4] 猪水泡：猪膀胱，下同。
[5] 四年：同治四年，1865 年 1 月 27 日 ~1866 年 2 月 14 日。
[6] 清油：原文作“青由”。
[7] 二年八月初九日：1863 年 9 月 21 日。
[8] 六年三月十四日：1867 年 4 月 18 日。
[9] 娃：原文作“哇”。
[10] 一：原文作“〡”，下同。
[11] 黑茶：因成品茶的外观呈黑色，故得名。黑茶属于六大茶类之一，属后发酵茶。
[12] 六：原文作“〦”，下同。
[13] 十一月廿二日：同治二年十一月廿二日，1864 年 1 月 1 日。
[14] 草：原文作“艹”，下同。
[15] 同：原文作“仝”，下同。

徐老爷 珍

抄来二年六月廿八日[1]取月白布壹匹[2] 八[3]百 七[4]

八月十一日[5]取砖茶[6]一牙 与公馆用 又取月白布半匹

小 王

抄来二年欠钱四百一十六文 言定拉土十三车

中 对

抄来二年欠钱壹百 文

金 托

抄来元年水牌十二月[7]内取丝裤袋一贰条

收钱壹百文

李 玉 此人去世

二小之子

抄来三年十二月初四日[8]取胰子[9]钱六百五十文

水牌上抄来四年十月初一日[10]取欠茶钱壹千贰百卅文

丁木匠

抄来三年欠钱贰百九十文

呵纳代

从水牌抄来二年六月初三日[11]欠布钱三百廿四文

后收来欠钱三百廿文 同治三年十月初三日[12]

收钱四十一文

二 命

门克手

下欠钱八百 八抄小账

二年八月初七日[13]取木窝子[14]壹个

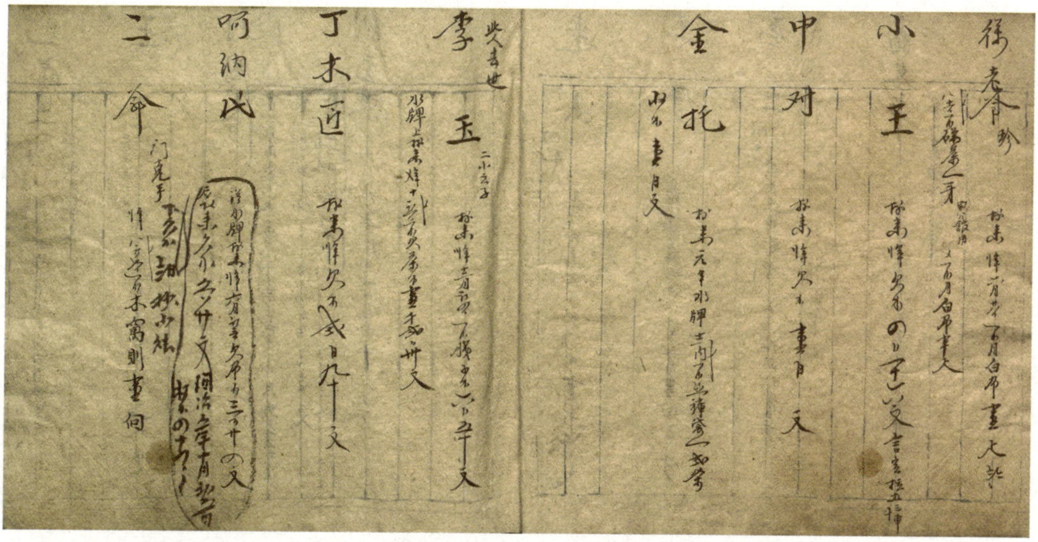

[1] 二年六月廿八日：同治二年六月廿八日，1863 年 8 月 12 日。

[2] 匹：量词，计算布帛类纺织品的单位。《小爾雅》云：倍两谓之疋。二丈为两，倍两四丈也。

[3] 八：原文作“[illegible]”，下同。

[4] 七：原文作“[illegible]”，下同。

[5] 八月十一日：同治二年八月十一日，1863 年 9 月 23 日。

[6] 砖茶：又称蒸压茶，外形像砖一样的茶。

[7] 十二月：同治元年十二月，1863 年 1 月 19 日 ~1863 年 2 月 17 日。

[8] 三年十二月初四日：同治三年十二月初四日，1865 年 1 月 1 日。

[9] 胰子：我国古代发明的一种含有猪胰脏和草木灰成分的洗涤用品。近代习惯用来称呼香皂，即肥皂。

[10] 四年十月初一日：同治四年十月初一日，1865 年 11 月 18 日。

[11] 二年六月初三日：同治二年六月初三日，1863 年 7 月 18 日。

[12] 同治三年十月初三日：1864 年 11 月 1 日。

[13] 二年八月初七日：同治二年八月初七日，1863 年 9 月 19 日。

[14] 子：原文作“则”，下同。

巴尔旦 喇嘛 东的弗之子 水牌抄来二年欠茶钱一百五十文
五年二月十一日[1]收钱一百文

王三 花尔匠之子 二年六月[2]内取鱼白梭袜子一双 三二百

刘国乔 镇番[3]人 水牌抄来二年欠钱八百四十文
三年七月初七日[4]收钱贰百文 四年八月初一日至十五[5]日放马十五天 共算工钱八一百
五年三月初七日[6]收钱五百文 初八日[7]取钱三百文
元年正月卅日[8]收钱贰百六十文[9]

到立木 抄来三年取清油半斤

靳思文 灵邑[10]吕家庄人 从三年汉[11]人抄来取砖钱八千文

拆人各 水牌抄来元年欠钱七千文

赵泰安 从三年浮记账[12]抄来欠咱钱五百文

奔丁 吉兰住 从三年浮记账抄来欠咱钱贰百六十文
四年十二月廿三日[13]收钱一百文

田喇嘛 三年浮记账抄来欠咱钱贰百九十文

[1] 五年二月十一日：同治五年二月十一日，1866 年 3 月 27 日。

[2] 二年六月：同治二年六月，1863 年 7 月 16 日 ~1863 年 8 月 13 日。

[3] 镇畨：镇番，地名，旧县名。在甘肃省中部。清改镇番卫置。1928 年改名民勤。畨，同番。

[4] 三年七月初七日：同治三年七月初七日，1864 年 8 月 8 日。

[5] 四年八月初一日至十五日：同治四年八月初一日至十五日，1865 年 9 月 20 日至 1865 年 10 月 4 日。

[6] 五年三月初七日：同治五年三月初七日，1866 年 4 月 21 日。

[7] 初八日：同治五年三月初八日：1866 年 4 月 22 日。

[8] 元年正月卅日：光绪元年正月卅日，1875 年 3 月 7 日。

[9] 二年欠钱八百四十文，三年七月初七日收钱贰百文，四年八月初一日至十五日放马十五天共算工钱一百八，五年三月初七日收钱五百文，初八日取钱三百文，元年正月卅日收钱贰百六十文，$-840+200+180+500-300+260=0$。

[10] 灵邑：古州名。辖地约在今宁夏回族自治区灵武一带。

[11] 汉：原文作“汗”，下同。

[12] 浮记账：不记入流水的临时账目。

[13] 四年十二月廿三日：同治四年十二月廿三日，1866 年 2 月 8 日。

杨三先生 杨礼之子 三年浮记账抄来欠咱钱贰千七百一十七文

又欠浙绉[1]银一两二钱 十二月初三日[2]收烟碳一千六百六十六斤

又欠绢钱贰百文 书珍手

伏兔来 伊妻手 水牌抄来二年欠线钱一百五十文

诺木兔 比寺口门住 三年浮记账抄来欠咱钱贰千一百文

哼纳尔 三年浮记账抄来欠咱钱贰百六十文

策六 三年浮记账抄来欠钱一百卅文

三计 三年取蹬把皮壹付

五年九月卅日[3]小账下来取黑人[4]情瓶一个

把兔 块头 三年抄来欠咱钱四百八十三文

当增各思奎 三年小账抄来取黑茶壹块又欠钱八百廿文 吉寺上 有利

从四年浮记账抄来五月初二日[5]收兑钱壹千文

李奎 镇番人 从水牌抄来元年欠钱贰百廿一文

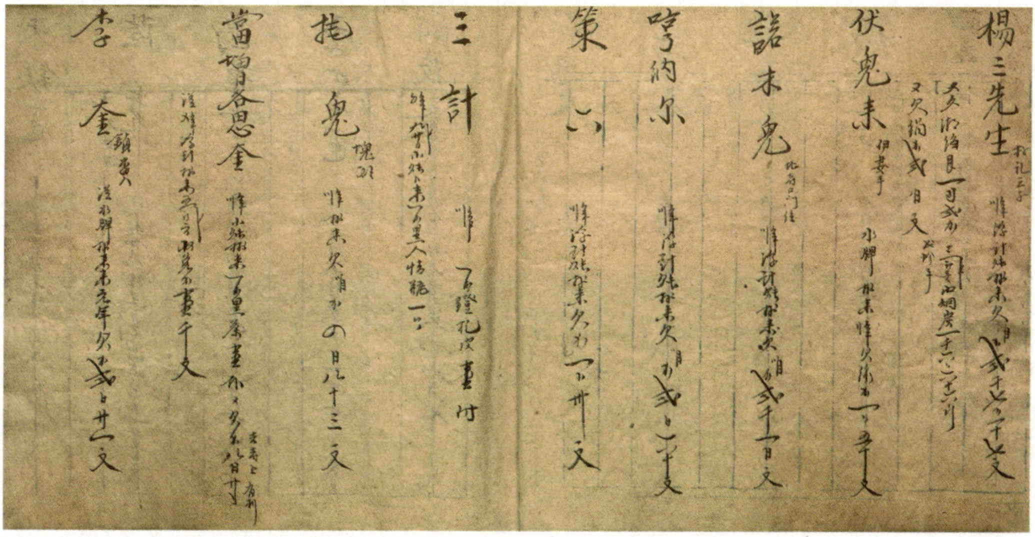

[1] 绉：一种皱纹的丝织品。

[2] 十二月初三日：同治三年十二月初三日，1864 年 12 月 31 日。

[3] 五年九月卅日：同治五年九月没有三十日，可能存在笔误。

[4] 黑人：《绥远通志稿》载："黄教称僧徒曰喇嘛，谓未出家之俗众曰黑人。而俗众之隶属于召寺服役喇嘛者，则又沦为黑徒焉。见胡日查．清代蒙古寺院劳动者——沙纳毕尔的生产生活状况［J］．内蒙古师范大学学报（哲学社会科学版），2007，36(4):10-15。

[5] 五月初二日：同治四年五月初二日，1865 年 5 月 26 日。

朱铁匠 从汉人账[1]抄来三年欠钱五十文

陆 尧肉铺 汉人账抄来四年十一月初八日[2]面算欠钱一千一百文

葛带掌 汉人账抄来三年欠钱四千四百四十七文

李四石匠 汉人账抄来三年欠钱三百廿文

新茂斋 汉人账抄来四年欠咱钱八百七十文

闫裁缝 小账抄来三年取白孟布一匹 收钱四百文

兔沙其喇嘛 水牌抄来四年七月十四日[3]取鱼白广梭贰方

三小尔妻手 水牌抄来三年欠钱一百零五文 取月蓝布三方

四小尔妻手 水牌抄来三年欠钱一百十八文

吉老爷官 四年欠钱贰百五十文

[1] 汉人账：专门记录与汉族人交易的账目。汉人，原文作“汗人”，下同。

[2] 四年十一月初八日：同治四年十一月初八日，1865 年 12 月 25 日。

[3] 四年七月十四日：同治四年七月十四日，1865 年 9 月 3 日。

把泰 五年[1]蒙古账[2]抄来 收余钱壹百八十文

干九尔 哈拉汗人 五年十二月[3]小账抄来取钱六十文

麻喇嘛 旧抄来五年九月初六日[4] 取鼻烟一两

余有 旧抄来 四[5]年 取清油三斤

长发公 抄来五年欠钱壹千六百九十三文

益太乔 抄来五年欠钱贰百六十文

永盛义 抄来六年取兑钱壹千文

曲通木喇嘛 刀头尔商上 抄来六年欠钱壹千六百文

宋昇 抄来八年八月十六日[6] 取月兰布一匹

---

[1] 五年：同治五年，1866 年 2 月 15 日 ~1867 年 2 月 4 日。五，原文作“[illegible]”，下同。

[2] 蒙古账：专门记录与蒙古族交易的账簿。

[3] 五年十二月：同治五年十二月，1867 年 1 月 6 日 ~1867 年 2 月 4 日。

[4] 五年九月初六日：同治五年九月初六日，1866 年 10 月 14 日。

[5] 四：原文作“[illegible]”，下同。

[6] 八年八月十六日：同治八年八月十六日，1869 年 9 月 21 日。

补因的立各尔 八因闹尔古土色尔其家人 三年七月初八日[1]借连连绳壹把

公盖喇嘛 小账抄来四年欠伊钱三百卅二文

策各增 小账抄来四年取清油贰斤

公义成 小账抄来四年收兑钱八千八百文

曾尔计 尔登你拿之叔 小账抄来四年面算欠钱贰千三百六十文

又取白米一斗[2] 八百 闹尔布喇嘛赶[3]十月初九日[4]交钱

王二打尔古 小账抄来五年三月廿三日[5]欠布钱五十七文

张吾 骡子山人 小账抄来四年取一八烟五包[6] 五斤双响炮十五个

尔足 小账抄来欠钱壹百六十文

的尔德布 女人 小账抄来五年五月[7]在外欠钱七十一文

十一月初五日[8]抄 曲同木

草各登 北寺上 旧小账抄来二年十一月廿五日[9]取曲绸钱贰千五百文

计官帖钱五千文

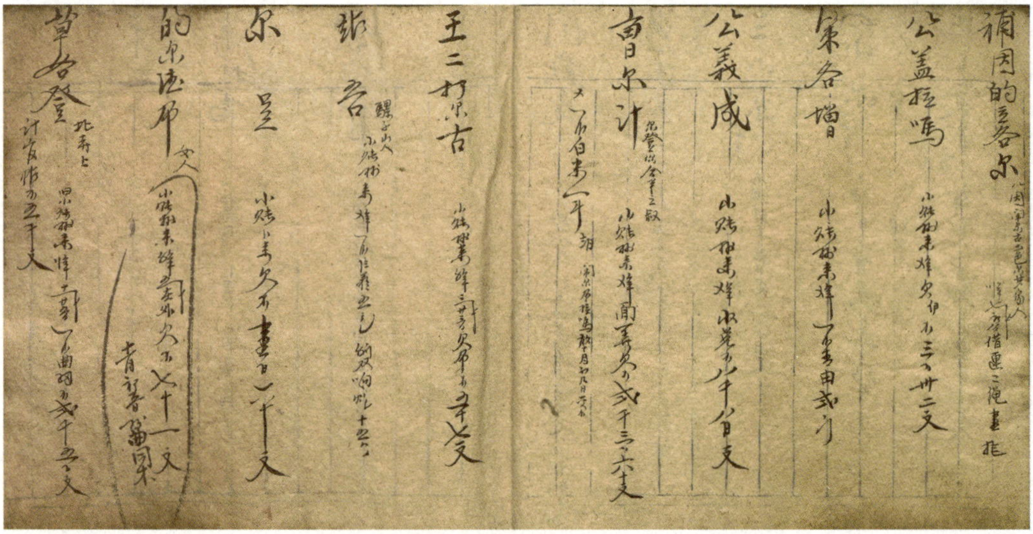

[1] 三年七月初八日：同治三年七月初八日，1864 年 8 月 9 日。

[2] 斗：容量单位。清朝时期，1 石 =2 斛，1 斛 =5 斗，1 斗 =10 升，1 升 =10 合。折合现在容量单位，1 斗 =10000 毫升。见王力主编 . 王力古汉语字典［M］. 北京：中华书局，2000:1812.

[3] 赶：原文作“敢”。

[4] 十月初九日：同治四年十月初九日，1865 年 10 月 28 日。

[5] 五年三月廿三日：同治五年三月廿三日，1866 年 5 月 7 日。

[6] 包：原文作“ “, 下同。

[7] 五年五月：同治五年五月，1866 年 6 月 13 日 ~1866 年 7 月 11 日。

[8] 十一月初五日：同治十一月初五日，1866 年 12 月 11 日。

[9] 二年十一月廿五日：同治二年十一月廿五日，1864 年 1 月 4 日。

吕　忠　　抄来六年欠钱四百卅文

程天相　　抄来三年欠钱壹千贰百文

邵大汉　　抄来三年五月十八日[1]取曲沃烟五十包

永　记　　抄来三年十月廿二日[2]取兑钱六百文

王自功 戏上　　抄来五年欠马钱壹千四百廿七文

托尔计 喇嘛　　抄来五年取清油六斤　收钱五十文

李　福　　抄来五年欠钱壹百六十文

李喇嘛 二小之子　　抄来五年欠钱贰千六百九十五文

策尔甲　　抄来五年欠钱一百五十文

雷　枝　　抄来五年欠马钱五百七十五文

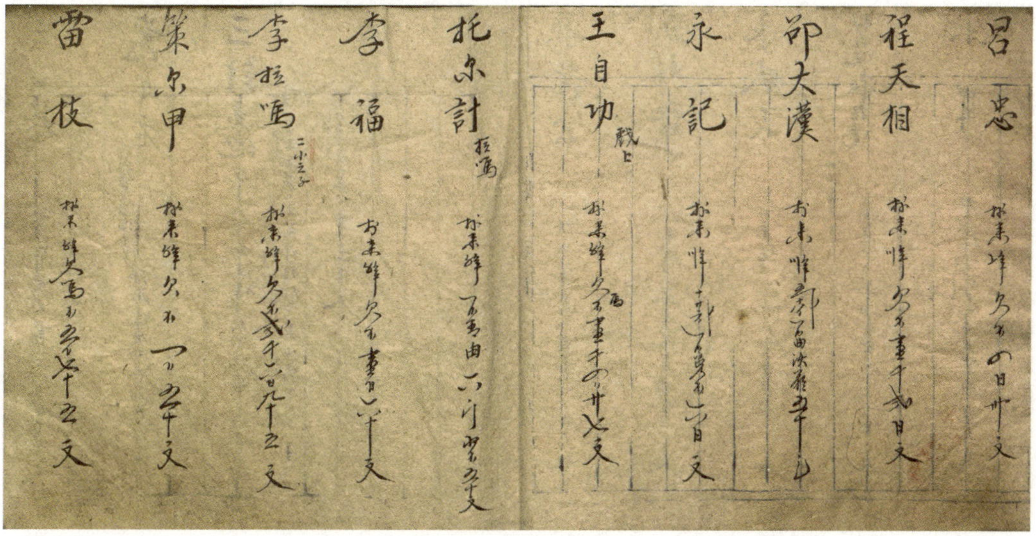

[1] 三年五月十八日：同治三年五月十八日，1864 年 6 月 21 日。

[2] 三年十月廿二日：同治三年十月廿二日，1864 年 11 月 20 日。

收

立各其 放马的 抄来五年欠钱壹千零[1]廿三文

靠尔老 必斜其八因诺尔古人 抄来六年欠钱七千一百零七文

三计麦他布 抄来六年欠钱六千三百文

七年十二月廿三日[2]收黄茶[3]贰块 五 六百 九年九月十二日[4]收钱贰百文

十年九月初十日[5]兑钱账上收钱三百文

唐宁尔 抄来六年欠钱壹千零一十六文

沙拉布 喇嘛 抄来六年欠钱三百五十五文

告先生 抄来六年欠钱九十六文

把登木甲 抄来六年欠钱七百零七文

十一月初七日[6]收麦草十个

马成 回回[7] 抄来七年欠钱四千七百四十三文

六月廿二日[8]收熟羊肉一斤半 又收羊绒五斤

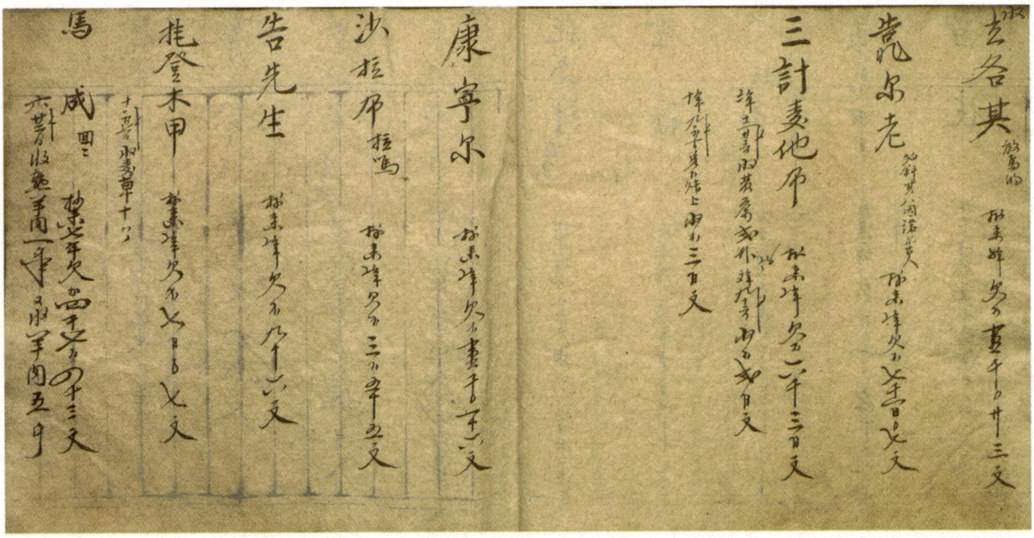

---

[1] 零：原文作“D”，下同。

[2] 七年十二月廿三日：同治七年十二月廿三日，1869 年 2 月 4 日。

[3] 黄茶：茶叶的一种，冲泡时茶叶茶汤变黄。

[4] 九年九月十二日：同治九年九月十二日，1870 年 10 月 6 日。九，原文作“文”，下同。

[5] 十年九月初十日：同治十年九月初十日，1871 年 11 月 22 日。

[6] 十一月初七日：同治六年十月初七日，1867 年 12 月 2 日。

[7] 回回：回族。

[8] 六月廿二日：同治六年六月廿二日，1867 年 7 月 23 日。

满泰女人 抄来七年[1]面算欠钱贰百七十文

尔登你转达 抄来六年浮记账欠钱壹千文

青 都台儿[2] 抄来七年欠钱四十文

甲木羊五自尔 抄来七年欠钱贰百文

王骚胡[3] 抄来七年二月[4]内欠钱一千四百廿六文

李 厚 抄来八年取转钱贰百文

浮记账 抄来九年[5]取白米贰升 贰年三月十二日[6]取小米一升

张 康 抄来七年欠钱六十文

王四打尔古 抄来八年欠钱贰百九十四文

银各尔甲 抄来五年欠钱四千一百七十文

宗平尔麦林 抄来五年欠钱八百一十九文

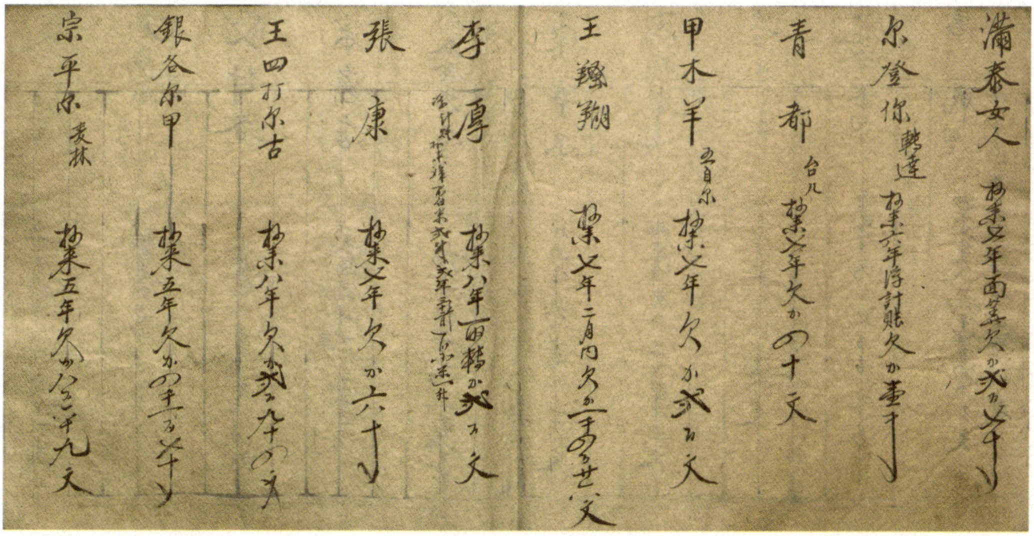

[1] 七年：同治七年，1868 年 1 月 25 日 ~1869 年 2 月 10 日。

[2] 台儿：台基，账册还写作台吉，蒙古王公的爵位名号，下同。

[3] 骚胡：原文作“[illegible]”，《康熙字典》未查到此两字，疑为商号自造字。

[4] 七年二月：同治七年二月，1868 年 2 月 23 日 ~1868 年 3 月 23 日。

[5] 九年：同治九年，1870 年 1 月 31 日 ~1871 年 2 月 18 日。

[6] 贰年三月十二日：同治贰年三月十二日，1863 年 4 月 29 日。

大　喜 通事[1] 抄来五年欠钱五百七十贰文

八衣尔 厨房 抄来五年欠钱壹千贰百文

兑钱账抄来 三年二月初三日[2]收钱一千贰百文

七什各 抄来五年欠钱清油贰斤

宋家店 抄来五年欠钱壹千五百文

套各套木尔 抄来五年欠钱壹千贰百文卅五文

马　通 回回 抄来七年欠钱贰千七百文

马　梁 回回 抄来七年欠钱三千八百文

抄来八年八月十贰日[3]收白葡萄贰斤

北公爷家站五 你尔巴[4] 抄来八年浮记账上欠钱一千四百九十六文

八　兔 抄来水牌欠钱八千文

把兔纳素 喇嘛 抄来欠钱壹千贰百卅文

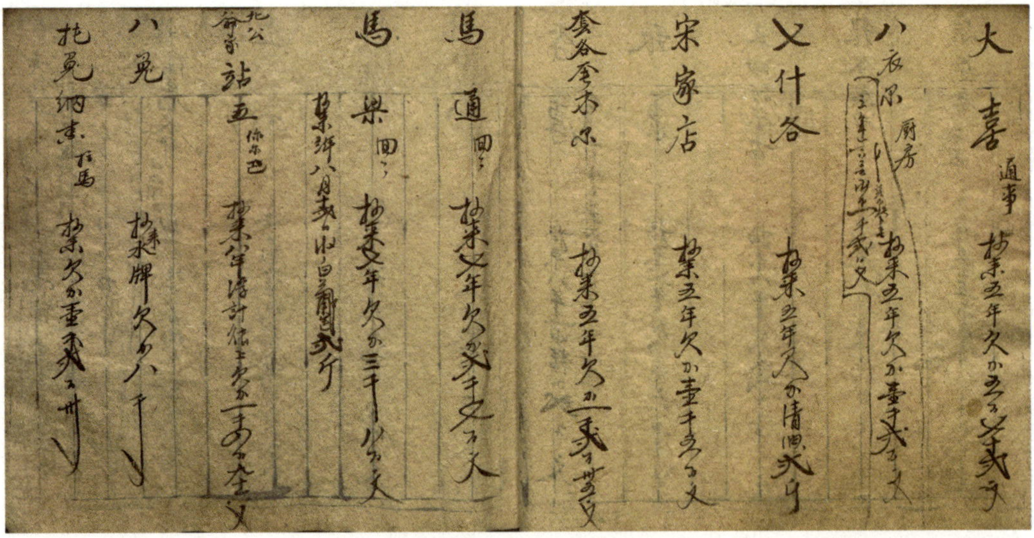

[1] 通事：翻译人员。

[2] 三年二月初三日：同治三年二月初三日，1864 年 3 月 10 日。

[3] 八年八月十贰日：同治八年八月十二日，1869 年 9 月 17 日。

[4] 你尔巴：尼尔巴，蒙古地区佛教寺庙的僧职名，别名办事喇嘛，负责办理庶务、会计事项。

艮

库吉立各 立力食之弟 抄来七年欠钱三百廿五文

又取钱廿文 八月卅日[1]取白米贰升

四年六月廿二日[2]收钱五百文

小徐老命 西花园门上 抄来七年取借钱 三百文

王 四 抄来七年欠钱六十文

小徐先生 抄来七年欠钱贰千三百卅文

张乎尔 抄来七年欠钱七十三文

岢拉不通 抄来六年取黄茶三块 三三百

打兰太 水牌上抄来欠钱八十文

沙拉娃子 水牌上抄来欠钱壹百文

甲木素 水牌上抄来欠钱一百四十文

把旦台基 水牌上抄来欠钱六十三文

[1] 八月卅日：同治七年八月卅日，1868 年 10 月 15 日。

[2] 四年六月廿二日：同治四年六月廿二日，1865 年 8 月 13 日。

张维祥 平邑[1]人 抄来八年欠布钱九十二文

徐昌喜 徐七以尔之子 八年取线钱 五十文

丰盛永 源永茂住任贤 抄来八年欠钱三百五十文

复兴斋 老余 抄来六年欠咱九十钱[2]六百文

万乎尔 本营人 与官赶车人 抄来八年五月廿七日[3]取米面钱三百九十文

宋　六 宁夏北营人 磨房 抄来八年兑钱账上欠钱贰千九百文

尔足八衣尔 后库上先生 抄来八年兑钱账上 欠钱一千三百一十文 官

又取绵羊一只 官 三一千 又欠钱五百七十四文

收兑钱壹千文 官 元年二月十一日[4]取砖钱五百文 今麦的先生手

兔思兔布 抄来八年兑钱账上收余钱一千一百文

刘　治 本旗人 抄来八年兑钱账上取欠钱九百一十文

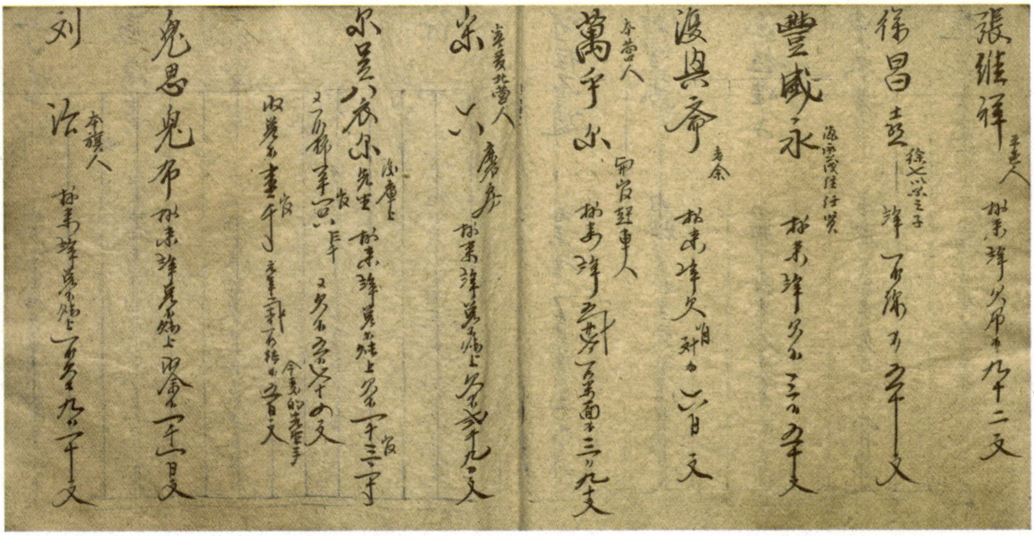

[1] 平邑：今山东省临沂市平邑县。

[2] 九十钱：名为铜钱一千文，实收九百文。按此名为六百文，实欠五百四十文。九十，原文作“文十”，下同。

[3] 八年五月廿七日：同治八年五月廿七日，1869 年 7 月 6 日。

[4] 元年二月十一日：同治元年二月十一日，1862 年 3 月 11 日。

方培师镇番人 抄来七年支账上长支钱贰千三百七十五文

马汉贵回回 汉人账抄来八年面算欠咱钱十一千贰百四十八文

袁登科中卫人 汉人账抄来七年欠钱六千零八十七文

张　林本营人 汉人账抄来六年欠钱壹千四百八十二文

任　四镇番人 汉人账抄来七年面算欠钱贰千七百五十二文

九年[1]汉人账上取布钱六百九十文

翟天祥宁夏北营人 汉人账抄来七年欠钱九百文

马　库回回 汉人账抄来五年欠钱贰千零六十文

马万德回回 汉人账抄来四年欠钱壹千一百六十文

七年取砖茶一块 八年十月廿五日[2]取纹银[3]二两[4]七钱五分[5]

当日收城靴钱贰千文 收余钱贰百七十六文

抄来同治五年收钱四百四十文

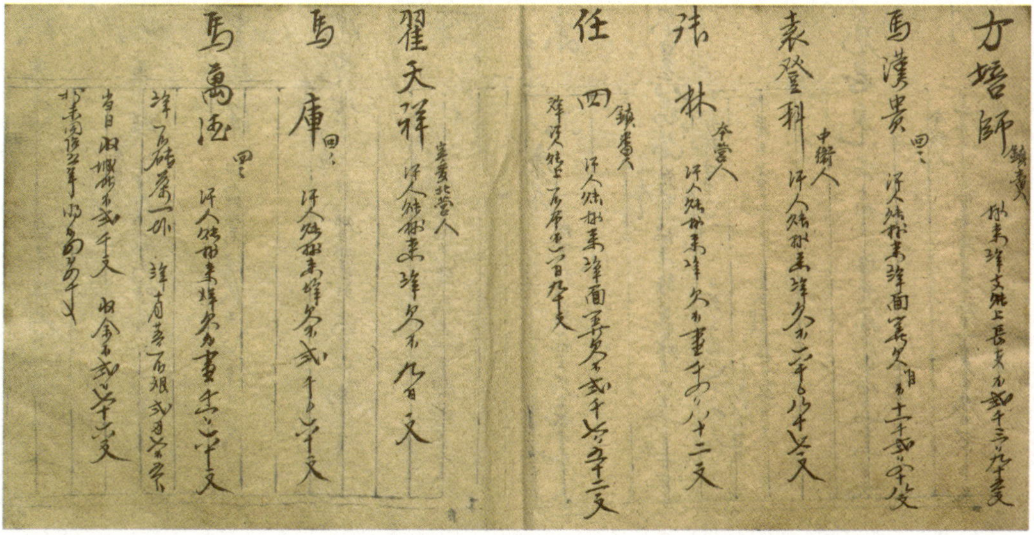

---

[1] 九年：同治九年，1870 年 1 月 31 日 ~1871 年 2 月 18 日。

[2] 八年十月廿五日：同治八年十月廿五日，1869 年 11 月 28 日。

[3] 纹银：原文作“文艮”，下同。

[4] 两：原文作“[illegible]”，下同。

[5] 分：原文作“[illegible]”，下同。清朝货币为银本位制，两是主单位。两以下依次为钱、分、厘、毫，均为十进制。

钱万镒 镇畨人 汉人账抄来五年欠钱一百四十四文

钱寿娃 宁夏人 汉人账上抄来五年欠钱六百文

李枝保 汉人账抄来七年欠钱七十文

沈先生 本旗人 铜[1]匠 汉人账上抄来八年欠钱六百文

陈　四 京都人 与官赶车的 汉人账上抄来八年欠钱一千九百四十五文

曾克娃子 裁缝 汉人账上抄来八年欠钱一千三百文 十年十二月廿三日[2]收钱一千文 元年十二月廿七日[3]收钱三百文

恒盛毡房 抄来八年兑钱账上欠钱八百零五文

[1] 铜：原文作“同”，下同。

[2] 十年十二月廿三日：同治十年十二月廿三日，1872年2月1日。

[3] 元年十二月廿七日：光绪元年十二月廿七日，1876年1月23日。

官

水牌抄来二年八月[1]取月蓝布二匹 马班弟 刀玄木 张连 三人手

水牌抄来二年五月[2]取新板凳一条 根东手

又七月廿三日[3]取白皮 月蓝 布贰匹 黄先生 吉打尔古 手

三年七月廿四日[4]取丹豆绿莲[5]枝碟子二个 刀玄木手

又四月初四日[6]取小月蓝布贰匹 五十三尔[7]手

四年十月十四日[8]取棉花三斤 堆厅上 打尔古俱知

又六月十二日[9]取小蓝布壹匹吉老爷 五十三尔手

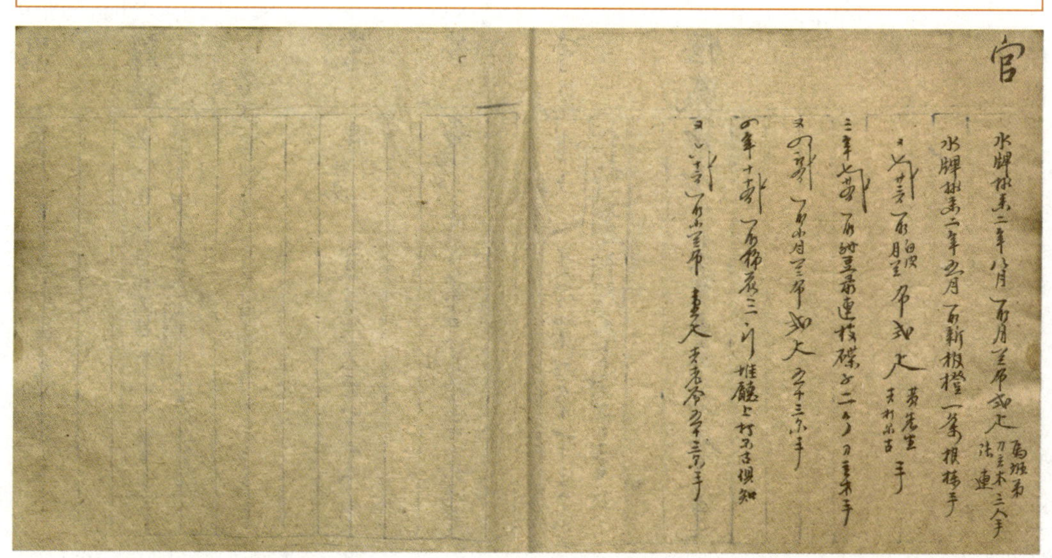

[1] 二年八月：同治二年八月，1863 年 9 月 13 日 ~1863 年 10 月 12 日。

[2] 二年五月：同治二年五月，1863 年 6 月 16 日 ~1863 年 7 月 15 日。

[3] 七月廿三日：同治二年七月廿三日，1863 年 9 月 5 日。

[4] 三年七月廿四日：同治三年七月廿四日，1864 年 8 月 25 日。

[5] 绿莲：原文作“录连”，下同。

[6] 四月初四日：同治三年四月初四日，1864 年 5 月 9 日。

[7] 五十三尔：人名。

[8] 四年十月十四日：同治四年十月十四日，1865 年 12 月 1 日。

[9] 六月十二日：同治四年六月十二日，1865 年 8 月 3 日。

根东 十一年[1]浮记账上抄来五年欠钱一百文

韩积玉 十一年浮记账上抄来五年欠钱一千五百文 八年八月廿五日[2]收钱五百文 下欠钱一千 抄支账

城里庙上 **立各德布** 喇嘛 十一年浮记账上抄来六年欠钱四百一十六文

当把 喇嘛 抄来十年[3]欠钱三百一十四文

和硕商上 **站吾** 文布 十一年浮记账上抄来八年旧欠钱壹千贰百五十文

北寺上 **打尔已** 你尔巴 十一年浮记账上抄来七年欠钱四百一十文

吾兰纳安 十一年浮记账上抄来七年欠钱三千文

官商上 **公秋各** 沙拉各冷 己身 十一年浮记账上抄来八年旧欠钱五千九百廿文

周帽匠 抄来十一年欠钱四十四文

八音闹而古人 **三计甲** 台几 死了 十一年账来六年欠钱壹千文

---

[1] 十一年：同治十一年，1872 年 2 月 9 日 ~1873 年 1 月 28 日。
[2] 八年八月廿五日：同治八年八月廿五日，1869 年 9 月 30 日。
[3] 十年：同治十年，1871 年 2 月 19 日 ~1872 年 2 月 8 日。

尔　足　保什户　擦汗布录各住　十一年账抄来旧欠钱五百文

当旦尔　你尔巴　死了　抄来六年欠钱六千贰百廿二文

哦其尔　哈拉哈人　抄来六年　取清油四斤半

把兔　白面人　又名中奔　抄来七年旧欠钱壹千六百一十贰文

呵木古弄　古人尔太人　辖　十年欠钱　贰　百　文

沙拉布　喇嘛　抄来十年欠钱一百二十文

站吾喇嘛　吉兰太人　元年八月[1]面算欠钱九百七十五文　抄来九年欠钱　四百五十文

那木克　恼尔计女人之子　抄来十年旧欠钱三千七百文

二年九月廿五日[2]收山母羊一只　从四年兑钱账抄来收钱二千文　抄浮记

各尔生　抄来九年旧欠钱贰千四百文

打各把　文布　老君庙住　抄来十年欠钱五十文

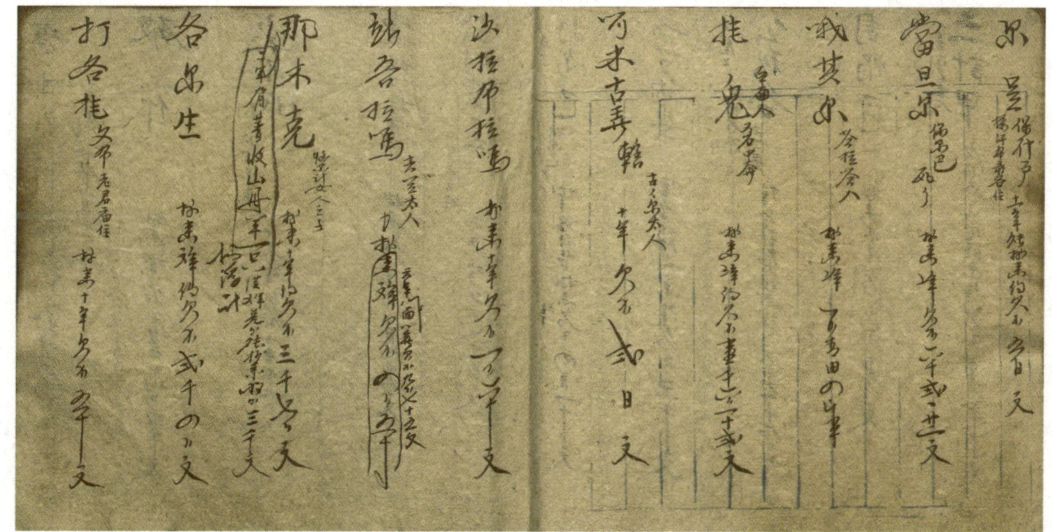

[1] 元年八月：同治元年八月，1862 年 8 月 25 日 ~1862 年 9 月 23 日。

[2] 二年九月廿五日：同治二年九月廿五日，1863 年 11 月 6 日。

吾自尔 打尔汗 抄来十年旧欠钱二百四十文

元年八月廿九日[1]收钱一百八十文

破　什 抄来七年欠钱壹千一百五十文

少不代 红才之弟 抄来七年欠钱壹千九百文

当增 喇嘛 抄来七年欠钱八百九十一文

公增大喜 以登木之侄[2] 抄来七年欠钱六十五文

古尔甲布 抄来七年欠钱四十一文

大　喜 抄来七年欠钱二百文

大喜丁木其 吾拉家人 抄来五年欠钱一千文

以西打不乎 抄来四年欠礼子钱二百文

到立木 阿各乃 抄来八年旧欠钱七百八十文

同治五年正月十八日[3]收钱七百八十文

[1] 元年八月廿九日：光绪元年八月廿九日，1875 年 9 月 28 日。

[2] 侄：原文作“姪”，下同。

[3] 同治五年正月十八日：1866 年 3 月 4 日。

曲通木 你尔巴 抄来七年旧欠钱壹千一百文

当增各冷 东不兔人死了 抄来六年旧欠钱六千三百四十文

纳素兔 抄来八年收余钱二百卅文

纳 安 喇嘛 抄来六年欠钱三百五十文

纳木思尔 吾拉家 抄来七年旧欠钱一千八百卅文

当把老婆子 抄来六年旧欠钱壹千五百文

恼尔计 布 老婆子之子 抄来七年欠钱贰百卅文

闹木大来 抄来六年欠钱六十文

大喜喇嘛 抄来六年欠钱七十五文

哎又什 抄来八年取白面十斤 □头十个

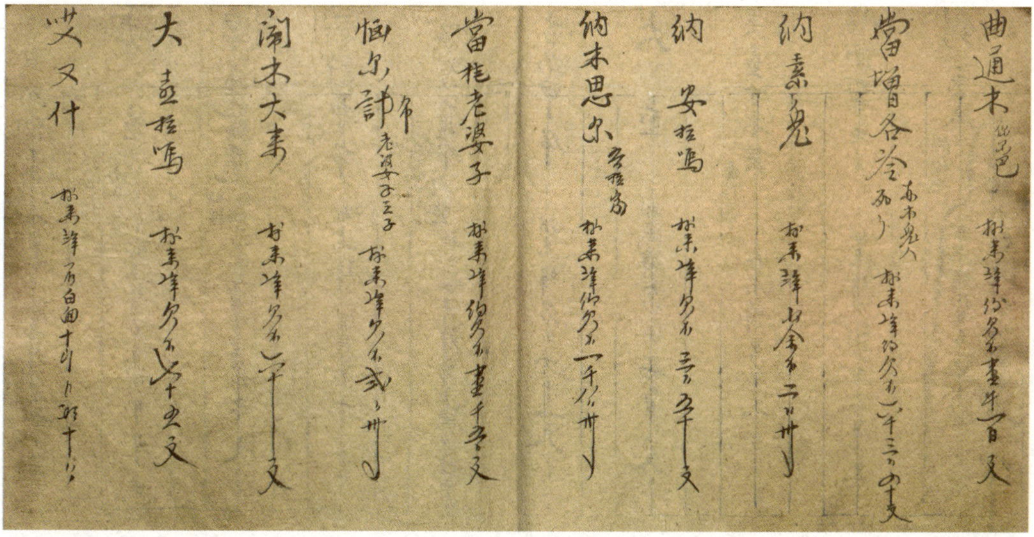

呵其尔纳素 朝各计姐夫 此人去世 抄来七年欠钱贰千二百文

古立 哈尔青之子 抄来七年取白面廿斤

早得巴 你尔巴 城里死了 抄来欠钱壹千五百文

三计甲布 抄来八年取一八烟十包

当增沙拉布 八以尔小舅[1]子 喇嘛 死了 抄来九年欠钱七百五十文

拆林甲布 抄来八年欠钱贰百七十三文

嘎[2]尔木 抄来八年欠钱贰百四十文

八因 打立之弟 抄来十年欠钱三百文 元年七月廿四日[3]收钱三百文 同日取清油一斤

八兔 我其尔之弟 旧借三斤瓶子一个 抄来八年欠钱一百七十文

古尔甲布 念经账 素木兔人 抄来八年欠钱三千一百五十贰文

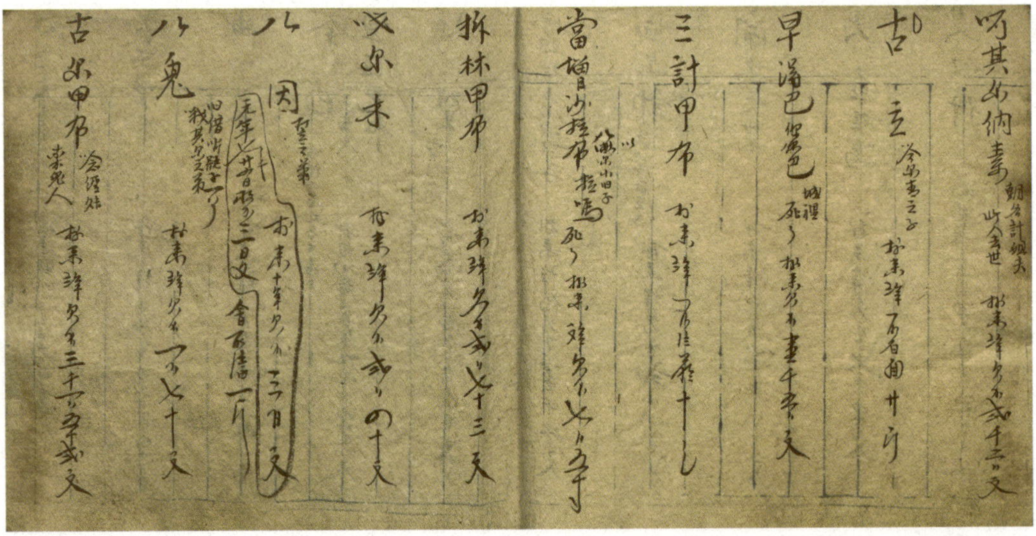

[1] 舅：原文作“旧”，下同。

[2] 嘎：原文作“丷乂”，下同。

[3] 元年七月廿四日：光绪元年七月廿四日，1875 年 8 月 24 日。

八因大来　抄来八年取黄米壹升

古而甲布　素木兔人　抄来八年欠钱壹百五十文

曲金　抄来八年取黄米一升

金巴　城里大庙炮各去寺上
早德巴　二人　死了　抄来八年欠钱九千五百文

七登　吾拉家　抄来七年收余钱五百文

麦他布　抄来九年欠钱一百零八文

嘎尔增　喇嘛　抄来九年欠钱一千六百八十文

同秃各尔　于住套力人　抄来九年欠钱壹千二百廿文

哎立各曾喇嘛　打尔汗　死了　元年[1]抄来欠钱八百一十四文

搽汗喇嘛　通事[2]　抄来元年欠钱一千三百六十九文

[1] 元年：同治元年，1862 年 1 月 30 日 ~1863 年 2 月 17 日。

[2] 事：原文作“市”，下同。

东旗人

哎麦其 抄来七年五月十三日[1]面算欠钱八千零三十一文

十六日[2]取红羽绅贰方 四百 青回绒一方半 四百 红哈拉贰方 四百

后四月十七日[3]取白面四十斤 取钱十五文 挂面五把[4] 取黄米五升

一八[6]欠布钱贰百六十文 六月十二日[5]收兑钱贰千文

烟十包 砖茶半块 廿二日[7]取紫茧绸一件

七月初九日[8]收九十钱贰千文 初十日[9]取鱼白布一匹 又取钱九十文

挂[10]面五把 八四[11]皮靴一双 十七日[12]取白米三升 收黄茶一块

又收钱四百文 元年正月十六日[13]收齐口[14]母驼[15]一只 二八千

二月十五日[16]面挽取现货钱贰千五百文 收退黑茶一块 四七

又收退白米一斗五升 八百 又收退白面卅斤 二六

欠钱五十文 七月廿八日[17]收钱五十文

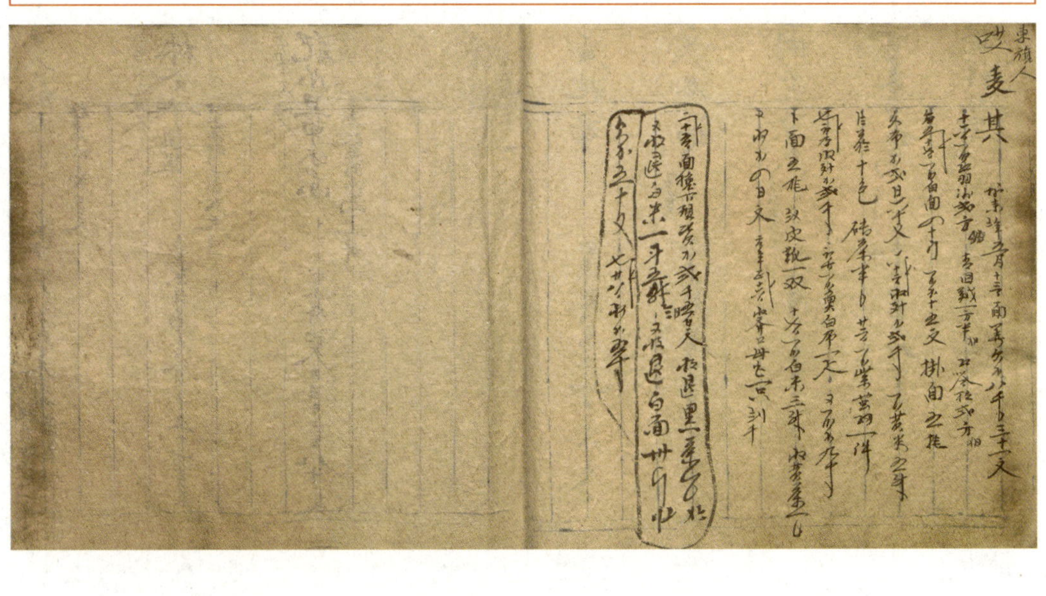

[1] 七年五月十三日：同治七年五月十三日，1868 年 7 月 2 日。
[2] 十六日：同治七年五月十六日，1868 年 7 月 5 日。
[3] 后四月十七日：同治七年后四月十七日，1868 年 6 月 7 日。后四月，闰四月。
[4] 把：原文作“[illegible]”，下同。
[5] 六月十二日：同治七年六月十二日，1868 年 7 月 31 日。
[6] 一八：原文作“[illegible]”，烟的规格。下同。
[7] 廿二日：同治七年六月廿二日，1868 年 8 月 10 日。
[8] 七月初九日：同治七年七月初九日，1868 年 8 月 26 日。
[9] 初十日：同治七年七月初十日，1868 年 8 月 27 日。
[10] 挂：原文作“卜”，下同。
[11] 八四：原文作“[illegible]”，皮靴的规格。下同。
[12] 十七日：同治七年七月十七日，1868 年 9 月 3 日。
[13] 元年正月十六日：光绪元年正月十六日，1875 年 2 月 21 日。
[14] 齐口：牲畜长牙满口。
[15] 驼：原文作“它”，下同。
[16] 二月十五日：光绪元年二月十五日，1875 年 3 月 22 日。
[17] 七月廿八日：光绪元年七月廿八日，1875 年 8 月 28 日。

北寺上人
工东的布 喇嘛 抄来九年旧欠钱一千五百文 内计 放旧曲绸皮袄一件
放旧毛掸[1]旧刀子火镰[2]二件
抄来收钱贰百文

南面三道湖人
林合八 站盖 抄来十年面算欠钱十五千六百文
又抄来收白大布贰匹

南面三道湖人
把尔旦甲木素 抄来九年旧欠钱三千三百八十文
寄放黄羽沙马褂[3]一件

宁夏北营人
余林甲 口袋[4]匠 从元年[5]汉人账抄来十一年欠咱钱六千文
九月初八日[6]取白安架扇壹付

本营人
段尚成 从元年汉人账抄来面算欠咱钱五千四百零九文
贰年十二月十一日[7]收青草四十个

本营人
穆若金 从元年汉人账抄来七年旧欠咱钱廿千文

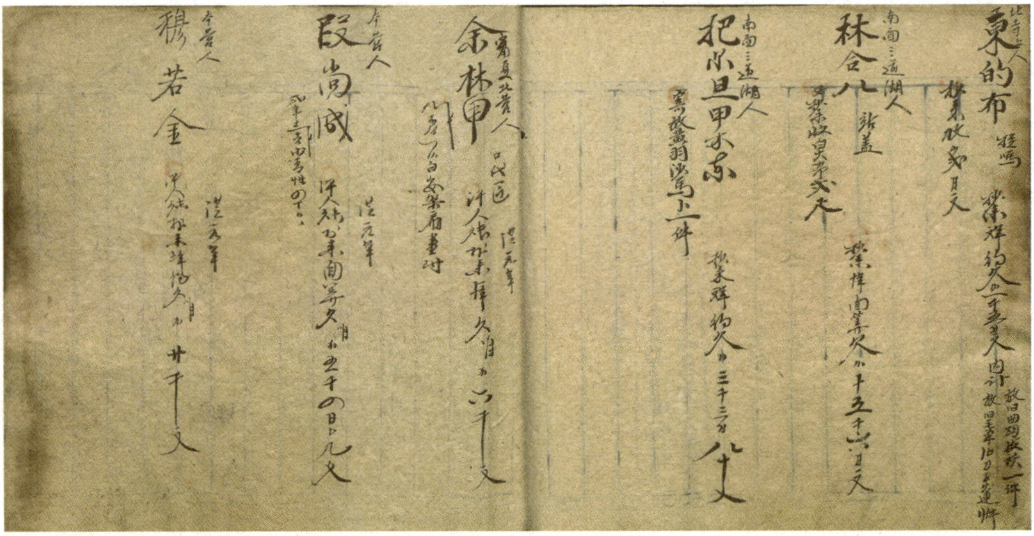

[1] 掸：原文作“单”，下同。
[2] 镰：原文作“连”，下同。
[3] 褂：原文作“卜”，下同。
[4] 袋：原文作“代”，下同。
[5] 元年：同治元年，1862 年 1 月 30 日 ~1863 年 2 月 17 日。
[6] 九月初八日：同治十一年九月初八日，1872 年 10 月 9 日。
[7] 贰年十二月十一日：同治二年十二月十一日，1864 年 1 月 19 日。

方培寅 镇畨人 从元年 汉人账抄来旧欠咱钱八千五百文

一十一斤二 五十八

九月廿一日[1]收谷草一百一十个 同日取钱五十文 廿二日[2]收谷草一百零八个 八 五十

廿二日取钱贰千文 十月十八[3]日取钱一百文 葫油三斤 一百三

面挽下余伊钱一六千五四[4] 廿四日[5]取钱六百五十四文 又取钱壹千文

友恒西 镇畨的 从元年 汉人账抄来欠咱银贰两一钱一分

三年二月十八日[6]收银贰两一钱一分

陈茫林 平邑城北门上人 汉人账抄来欠 咱银一两九钱八分

伊钱三百卅文

二合成 孝邑[7]人 杨文权 王大易 从元年 汉人账抄来七年欠咱钱四百五十文

钮登云 孝邑桑树园人 从元年 汉人账抄来七年欠咱钱七百零七文

任永安 孝邑合狐村 从元年 汉人账抄来十年欠咱银壹 钱 短平[8]

宋国梁 孝邑 从元年 汉人账抄来欠平银[9]贰钱

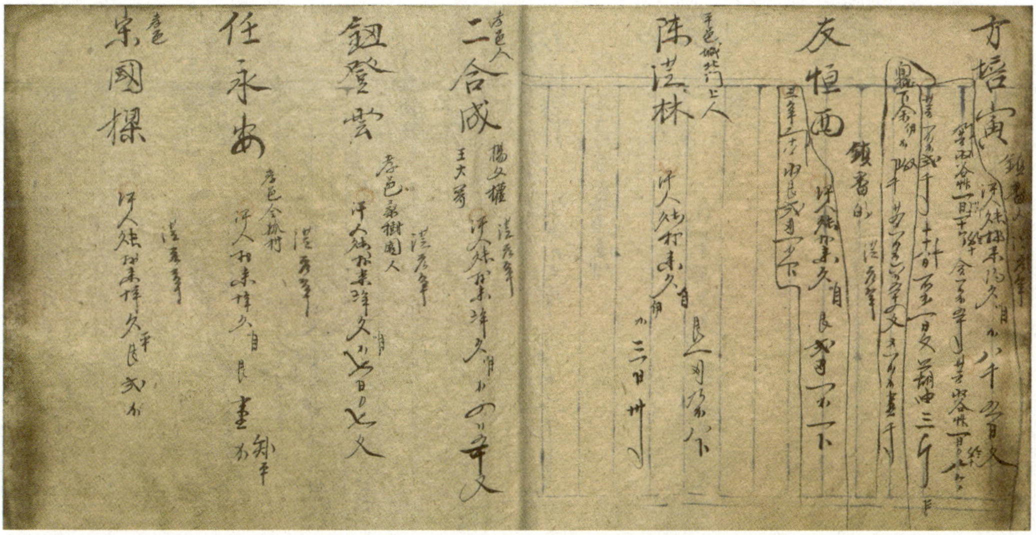

[1] 九月廿一日：同治元年九月廿一日，1862 年 11 月 12 日。
[2] 廿二日：同治元年九月廿二日，1862 年 11 月 13 日。
[3] 十月十八：同治元年十月十八，1862 年 12 月 9 日。
[4] 数字不合。方培寅欠钱 8500 文，九月廿一日收谷草 110 个，每个 58 文，同日取钱 50 文，廿二日收谷草 108 个，每个 58 文，廿二日取钱 2000 文，十月十八日取钱 100 文，葫油 3 斤，每斤 130 文，余钱 −8500+110×58−50+108×58−2000−100−3×130=1604 文。
[5] 廿四日：同治元年十月廿四日，1862 年 12 月 15 日。
[6] 三年二月十八日：同治三年二月十八日，1864 年 3 月 25 日。
[7] 孝邑：今山西省辖县级市孝义市，吕梁市代管。
[8] 短平：不同商号之间平码大小不一，折算成祥泰隆本平而缺少的银两。
[9] 平银：折算成祥泰隆本平的银两。

义和阁 灵州 从元年 汉人账抄来八年欠 银卅贰两五钱四分
钱十八千八百八十文

永寿店 平邑人雷玉山 吴城 从元年 汉人账抄来欠咱钱 一百零八千六百九十四文
十年四月[1]从家 接来泰景手 收钱七千九百四十文
又收兑 彭有年 钱十八千五百文 下欠咱钱 八十贰千贰百五十四文
二年 世已在家 收钱七十千文 下短之钱如数算在驼账[2]草料钱
两清

彭有年 平邑东良庄人 从元年 汉人账抄来欠咱钱四十八千六百卅文
四月[3]从家 接来 泰景手 收钱四十五千文 世已使过

李 清 和 平邑西游驾人 从元年 汉人账抄来欠钱贰百文

梁居泰 此人去世 平邑南湖人 从元年 汉人账抄来欠钱五百文
抄二年流水

邓清换 平邑西游驾人 从元年 汉人账抄来十年欠钱六百文 加头钱

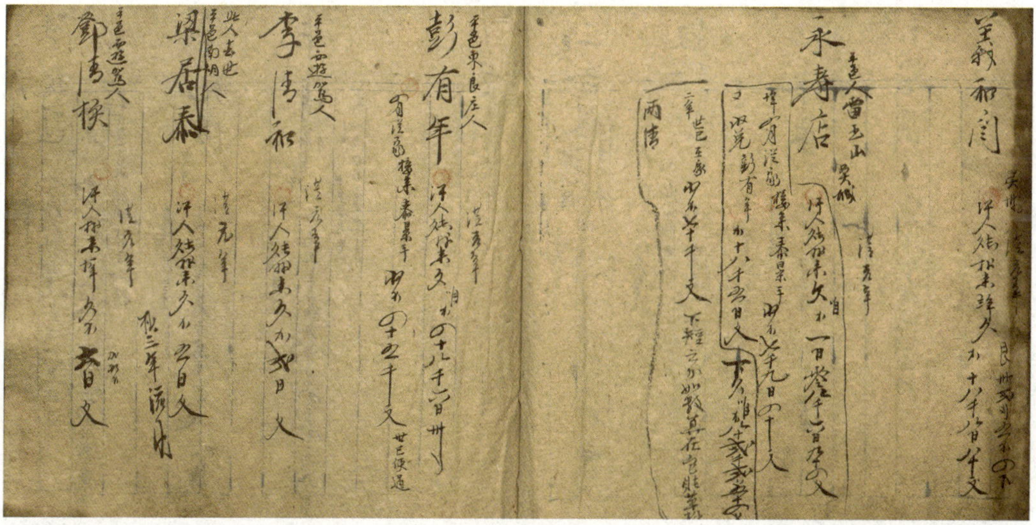

[1] 十年四月：同治十年四月，1871 年 5 月 19 日 ~1871 年 6 月 17 日。
[2] 驼账：记录骆驼的账簿。驼，原文作“它”，下同。
[3] 四月：同治元年四月，1862 年 1 月 30 日 ~1863 年 2 月 17 日。

宁夏张镇桥人 从元年
陈锡匠 汉人账抄来欠钱六百卅文
又抄来伊子手欠钱七百廿二文 十一年三月十一日[1]收钱贰百五十文
三年六月十六日[2]收四两[3]锡酒壶[4]一把

张元清 皮匠 从元年
抄来十年欠钱九十五文 抄浮记

牛佳祥 汉人 从元年
抄来十一年支账上 欠长支钱 四千零四十五文 死了
吉其各弄与
二年九月[5]内收钱壹千文

宁夏打凹口人 老号马掌柜知 从元年
徐福麟 从汉人账抄来 十一年 元年正月 长支钱贰千三百七十文

宁夏人
张自福 泰颐和回人 从元年
汉人账抄来一一年欠钱三千七百一十二文

王巴兔 王半中之子
元年兑钱账抄来欠钱三百四十八文

钱 寺 麻子故了
元年抄来欠钱一千文
三年二月初六日[6]收做席一桌

[1] 十一年三月十一日：同治十一年三月十一日，1872年4月18日。
[2] 三年六月十六日：同治三年六月十六日，1864年7月19日。
[3] 四两：原文作"𰀀"。
[4] 壶：原文作"乎"，下同。
[5] 二年九月：同治二年九月，1863年10月13日~1863年11月10日。
[6] 三年二月初六日：同治三年二月初六日，1864年3月13日。

李　四 之子　元年抄来欠钱一百廿文

徐卓枢 伊父账上　元年抄来欠钱一千七百八十文
抄来三年取洋大曲一桶[1]又取红布贰方[2]

郭　良　元年欠钱四百九十文

张　成　元年欠钱一千六百八十一文

马三喜 回回　抄来二年欠钱贰千贰百卅四文 酒钱

珠尔公河 堆子上　二年欠钱三百六十文

杨二先生 东门上　三年欠钱八百卅文

打立木甲 台儿　抄来六年欠钱六千六百文

什各都尔 保什户　抄来元年欠钱五百文

沙各都尔　抄来旧欠钱六百一十文

打立木甲 大木尔　抄来旧欠钱贰千二百文

[1] 桶：原文作“甬”，下同。
[2] 方：面积单位，一丈见方。

群平尔　抄来欠钱七百文

巴因老将　抄来欠钱九百文

公盖拉木　抄来旧欠钱七百文

徐五　宰羊　三年账抄来欠钱壹千文

徐翠　宰羊　三年账抄来欠钱九百六十贰文

天兴合　周善文　三年抄来欠钱贰千贰百文

嘎不增　八因之子　三年欠钱一千文

金　己　八因之兄　元年账抄来欠钱五百文

呵拉不己乎　元年账抄来欠钱三百六十文

巴尔都尔　元年账抄来欠钱一千四百文

别立各兔　元年欠钱四百文

唵纳尔　元年欠钱五百文

三木牙　元年欠钱三百五十文

地屋　七年欠钱七百五十文

西麦各　七年欠钱六百文

克什各大来　五年欠钱一千文

衣西　六年欠烟钱一百文

生盖 尔业你支二甲　六年欠钱 三百五十文

的立各　七年欠钱六百文

孙东喇嘛[1]　七年欠钱贰百文

南寺 老弟 哈拉哈气　抄来六年欠钱一千贰佰卅文

骡子山人 巴兔尔哦其尔　抄来六年欠钱贰千四百七十二文

骡子山人 的立各尔辖　抄来十年旧欠钱贰百卅文

南面 土不业 台几　抄来元年欠钱一千四百文

嘎尔旦 喇嘛　抄来四年欠钱 一千三百廿三文

八因四即 台几　抄来九年欠钱一千零五十五文

八兔纳素 台几　抄来七年欠钱八百廿文

[1] 喇嘛：原文作“拉木”，下同。

孟克 二爷家　抄来九年欠钱九百五十文

小杨　抄来浮记账欠钱九十七文

罗二　抄来浮记账欠钱三百四十文

周姓　抄浮记账欠布三百五十文

李存义 镇番人　抄来二年浮记账钱四百七十文

哦恼代 打尔古　抄来欠钱五百廿文 抄前

高老爷　抄来二年二人欠钱一千一

靳彩　五年六月廿九日[1]从兑钱账抄来收钱三百八十文 张小原取去

吉福子 厨子　抄来二年欠钱五百七十文

王四 妻　抄来欠钱贰百七十文

大来 厨子　抄来欠钱二百卅五文

巴兔 张八兔妻兄　抄来欠钱三百八十文

张妈妈 张恕之母　抄来二年欠钱三千一百文 伊子张恕还

同治八年七月廿九日[2]收钱三千一百文

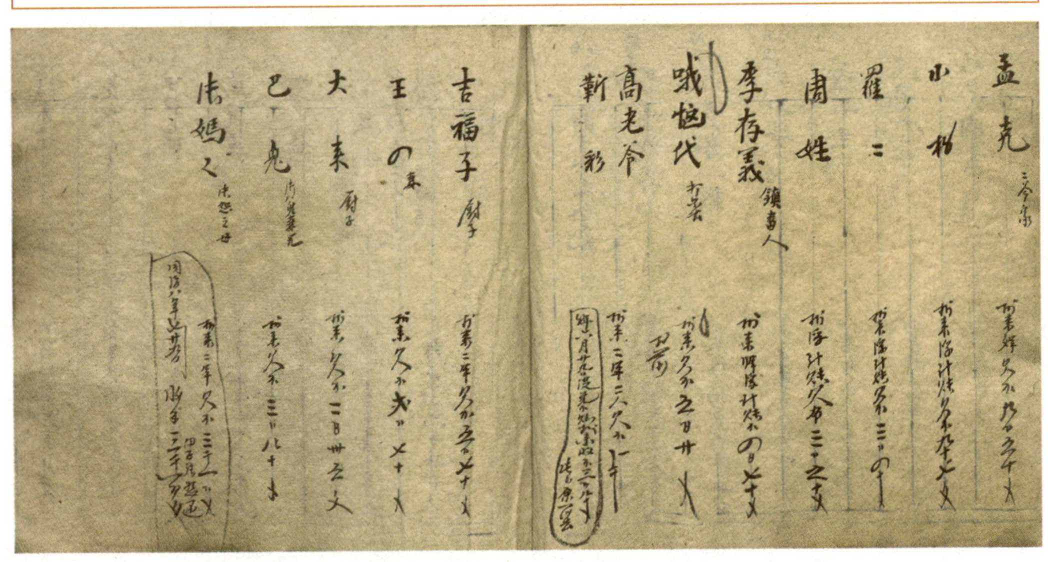

[1] 五年六月廿九日：同治五年六月廿九日，1866 年 8 月 9 日。

[2] 同治八年七月廿九日：1869 年 9 月 5 日。

罗不生 堆子上 抄十一年欠钱贰千零一十文
花代掌 元年欠钱二千文
昌禄 十年欠钱七百廿六文
张先生 述棵 十年欠钱三百一十文
王栋 九年欠钱一千文
来保尔 城里管马圈 八年欠钱三千贰百五十五文
一十一[1]冬收钱二千文
徐千 伙[2]房 八年欠钱六百廿二文
张狗娃 斗行[3] 十年欠钱七百文
许廷贵 镇番人 九年欠钱一千三百廿七文
纳安 八年欠钱一百文
张喇嘛 旧欠钱七十三文
你马 口肯弟 十年欠钱四百零六文
那立木辖 八年欠钱四百六十四文
抄同治六年小账
西西女人 八年欠钱四千五百文

[1] 一十一：同治十一年，1872 年 2 月 9 日 ~1873 年 1 月 28 日。
[2] 伙：原文作“火”，下同。
[3] 斗行：粮食商行。斗，中国市制容量单位，十升为一斗，十斗为一石。

赵来女人　十年欠钱八百六十文

孙鞋[1]匠　抄来十年欠钱贰千三百七十二文

王　福　抄来欠钱七十六文

方四八则　抄来八年欠钱一百零八文

花木九尔 通事　抄来十年欠钱五千八百六十五文

张全才 城里故了　抄来十年欠钱一千一百文

徐　有　抄来六年欠钱贰千零八十六文

吉　申　抄来五年欠钱一千四百文

余老爷　抄来元年欠钱五千四百文

黄打尔古　抄来一年一十欠钱三百五十文

王老爷 账上　抄来十年欠钱二千四百文

吉老爷 打尔古　抄来十年欠钱贰千八百文

哦　恼 打尔古　抄来元年欠钱三千五百六十文

杨老四　抄来二年取香油一斤

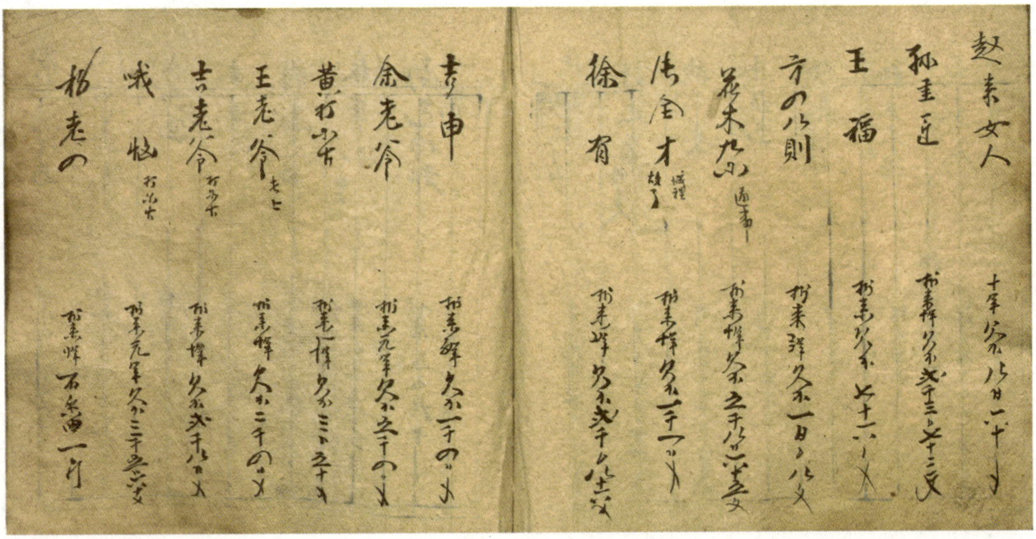

[1] 鞋：原文作“圭”，下同。

当当尔喇嘛　抄来二年欠钱贰千零廿文

你德尔嘎尔哇　那扎各尔气佣[1]人　抄来二年欠钱　五千五百文

嘎尔吗　抄来元年欠钱廿文

青平尔　抄来取砖茶一牙

哦弄大西　八音闹尔古人　塔尔通之子　抄来取花线八桄[2]　五十

五年五月十五日[3]收钱四百文

眷平尔　喇嘛　抄来欠钱三百七十文

尚巴坤都　抄来欠钱九十文

玉明甲　抄来二年欠钱五百卅文

青巴兔　档册房[4]　先生　抄来二年欠钱九百零贰文　五新

老余　回[5]回　茶客　二年四路账　抄来欠钱三千贰百七十文

又收黑茶贰块

姜胡而　庄盖　暂记抄来欠货钱一百文

三元而　阿闹之子　暂记抄来欠货钱四百七十六文

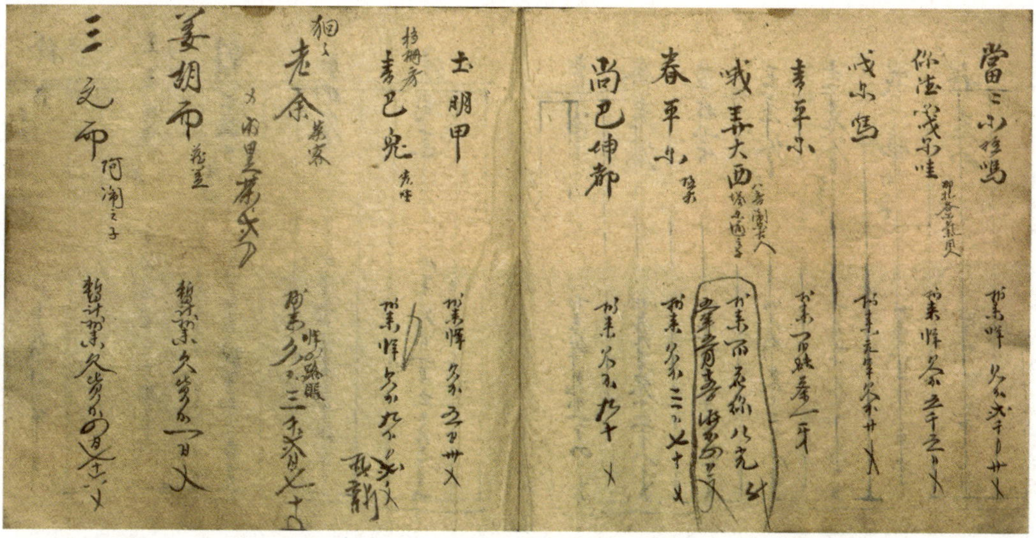

[1] 佣：原文作“用”，下同。

[2] 桄：量次，一束线叫一桄。原文作“光”，下同。

[3] 五年五月十五日：同治五年五月十五日，1866 年 6 月 27 日。

[4] 档册房：清代官办的集中保存档案的机构。

[5] 回：原文作“𢌿”。

徐　秀 老爷　四年欠钱八百一十文

王三先生 老爷　四年取袜子钱三百九十五文

韩二依子 库伦上　四年欠钱一千三百五十文

孙四爷　四年取绿豆半升

沈铜[1]匠　四年欠银一两五钱欠钱三百卅文

小　包　四年欠钱贰百廿文

老　余 宋家店　四年欠咱钱三千七百七十文

田　庆　四年欠钱一百五十文

丰盛店 镇畨人谢兴周　四年欠钱一千一百五十文

李文升 五年八月十九日[2]收猪肉四斤　四年欠钱一百七十八文

张珠光　四年欠钱一千三百文

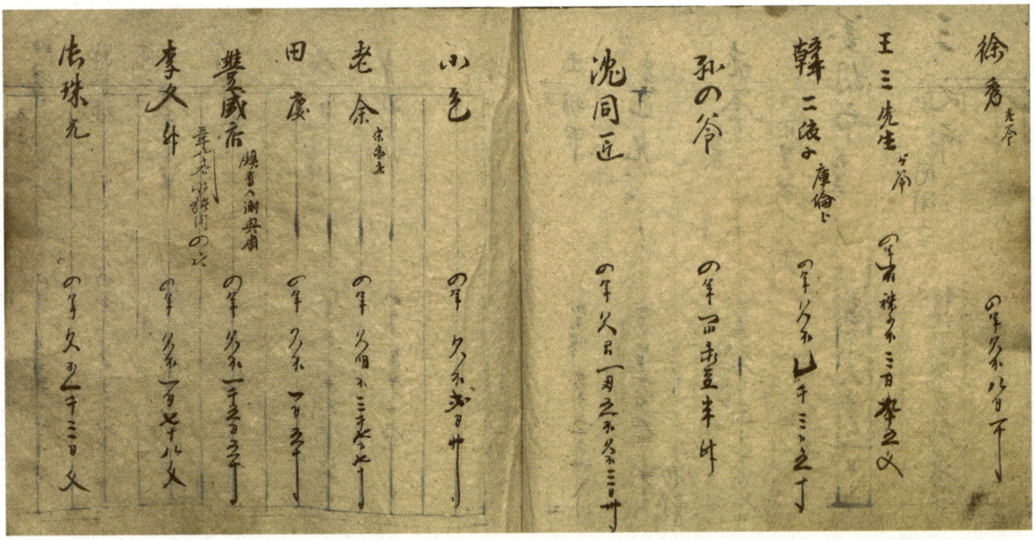

[1] 铜：原文作“同”，下同。

[2] 五年八月十九日：同治五年八月十九日，1866 年 9 月 27 日。

小　李石匠　　四年欠钱贰百卅文

孙裁缝　　四年欠钱三百八十文

官店曾乎必先其　　四年欠布钱三百五十七文

刘裁缝[1]　　四年欠钱七百廿文

巴　兔丰中之女　　四年欠钱十一千八百五十文

青都台几　　四年欠布钱九十文

[1] 裁缝：原文作“才逢”。

同治五年六月初八日[1]**从水牌抄来**

唐　四 麻子 广盛通住过　取白米五升

隆平尔 喇嘛[2]　取欠布钱五十文

到尔木 策林　欠花线钱壹百廿三文

吉立各 女人　欠货钱壹百七十文

书林子　取白米三升又欠米钱十八文

小　冯　欠靴[3]子钱贰百七十文

孙师爷　取绿[4]豆半升

巴　拜 喇嘛　欠钱壹佰文

站　吾　欠钱壹千零五十文
又取挂[5]面六把

香　连　欠回绒线钱三佰文

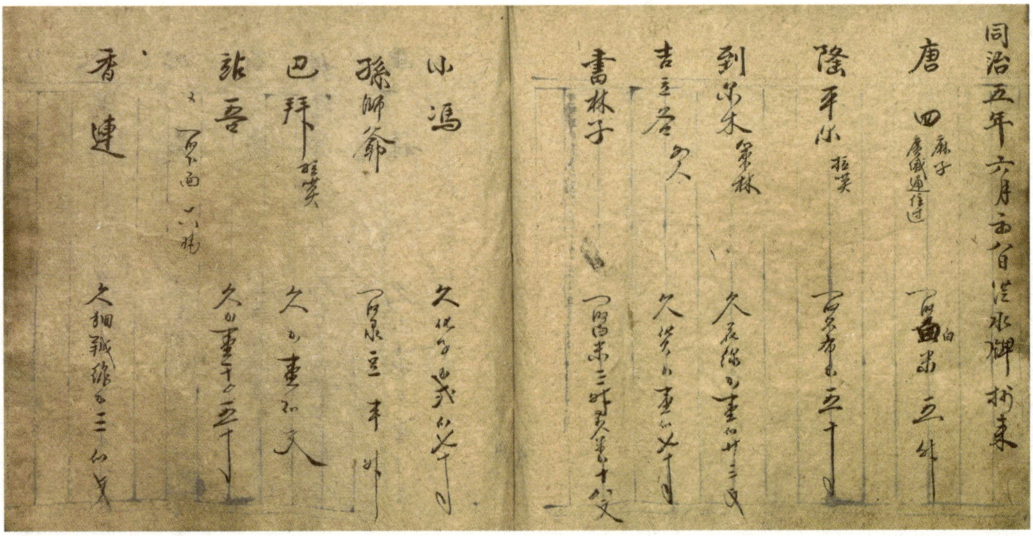

[1] 同治五年六月初八日：1866 年 7 月 19 日。
[2] 喇嘛：原文作“拉嘆”，下同。
[3] 靴：原文作“化”，下同。
[4] 绿：原文作“录”，下同。
[5] 挂：原文作“卜”，下同。

徐四老爷　取天尖茶[1]一斤　黑茶三斤

金先生　欠钱八十文　取黑茶一块　四百二

以喜　取黄米一升　小米一升

代长　取清油壹斤

杨得各喇嘛　欠钱叁百六十五文

画秣　欠钱壹百壹十文

旦巴台基　欠哈拉钱叁佰文

布因　取干烟四包

又取挂面五把　又取欠槐子钱廿文

三己你尔巴　欠钱七十文

元各　取广布十方半欠钱廿文

又收钱贰百廿文

方顺　九年九月初十日[2]欠钱　一佰六十二文

十年五月廿二日[3]取白布六方半　元年四月初七日[4]欠布钱贰百廿文

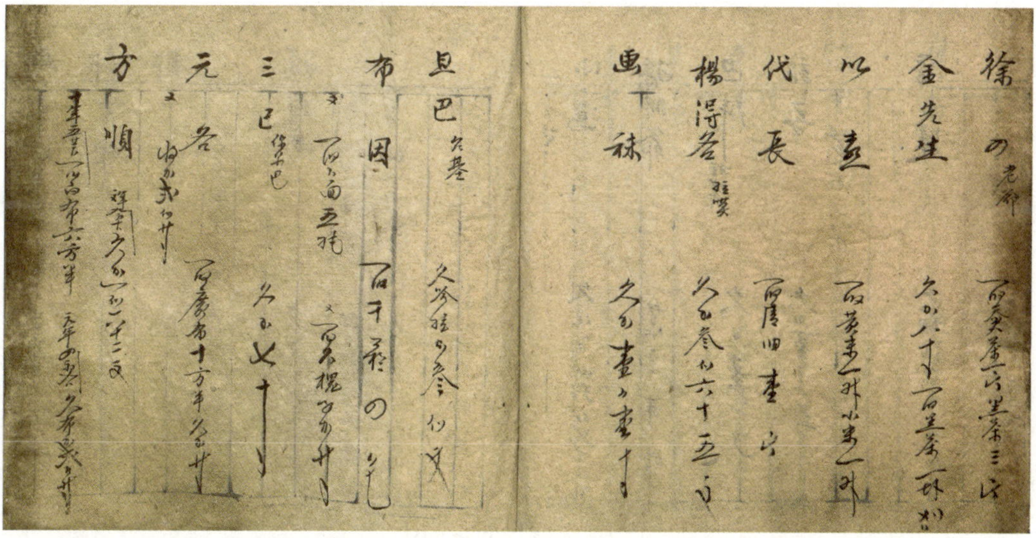

[1] 天尖茶：黑茶的一种，产于湖南省安化县。

[2] 九年九月初十日：同治九年九月初十日，1870 年 10 月 4 日。

[3] 十年五月廿二日：同治十年五月廿二日，1871 年 7 月 9 日。

[4] 元年四月初七日：光绪元年四月初七日，1875 年 5 月 11 日。

五　太爷　元年九月卅日[1]取黑铁五斤

郝掌柜　四月十三日[2]取欠袜底钱四十五文

郑　三　四月初八日[3]取石蓝广布壹匹　一千

又取广布五尺[4]　又取大花金面扣一付

孙头尔　取广布三方半

二月十六日[5]取白布一匹　收糖月饼三斤

二年收月饼钱贰佰文

党掌柜　李少爷伙计　四年从小暂记账抄来欠咱钱一千贰百文

那木克　四年抄来兑钱账余钱三千文　抄前账

打各巴　羊尔己　四年从条账抄来欠钱三千八百七十三文

公　都　放驼的　从汉人条抄来　四年欠钱一千二百卅文

打　巴　喇嘛　从汉人条账抄来四年　欠钱五千四百五十文

五年　收钱一千文　伊寄钱咱失遗赔的

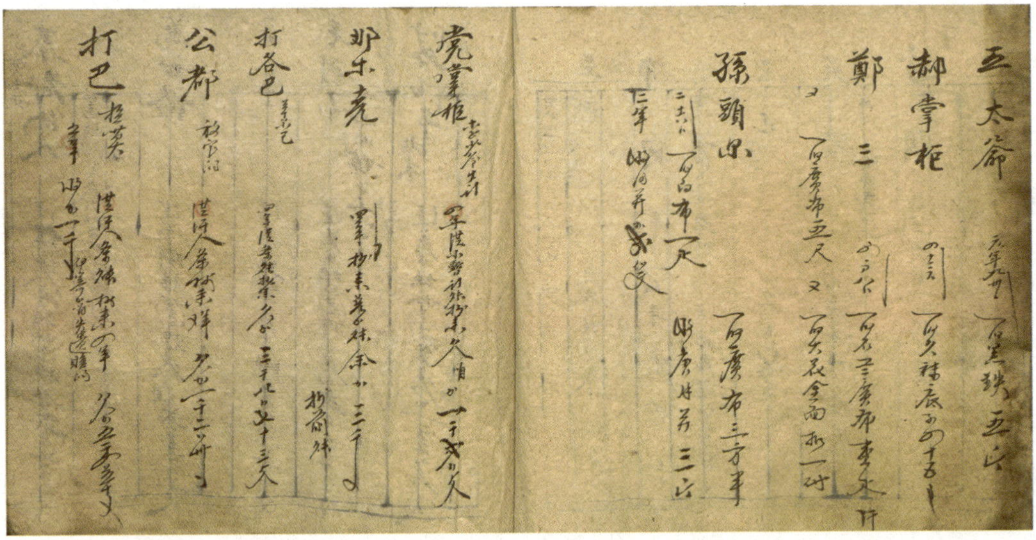

[1] 元年九月卅日：同治元年九月卅日，1862 年 11 月 21 日。

[2] 四月十三日：同治元年四月十三日，1862 年 5 月 11 日。

[3] 四月初八日：同治元年四月初八日，1862 年 5 月 6 日。

[4] 尺：长度单位。清朝时期，1 丈 =10 尺，1 尺 =10 寸，1 寸 =10 分。有裁衣尺、量地尺和营造尺之分，这里是裁衣尺。折合现在长度单位，1 尺 =35.5 厘米。见王力主编．王力古汉语字典［M］．北京：中华书局，2000:1810。

[5] 二月十六日：同治元年二月十六日，1862 年 3 月 16 日。

公把　从兑钱账抄来收钱贰千文

三盛开甫　从兑钱账抄来收钱五百七十文

李生美　从兑钱账抄来收钱三千文

曲通木喇嘛　从兑钱账抄来欠供钱一千文

通木的俊你尔巴　从兑钱账抄来收钱贰千文

邵连辉　从兑钱账抄来收钱一百六十文

王茂生　从兑钱账抄来收钱一百八十文

柴娃子　从兑钱账抄来收钱一千文

七年抄来

李保　六年从汉人账抄来四年欠钱贰百廿文

王者辅　从四年大和居账上取宁城钱五千文

郭小娃子　四年抄来汉人账欠钱一千零五十文

李伙计　五年抄来汉人账欠长支钱一千三百文

永顺成　五年汉人账抄来欠钱五百文

镇武庙 四年汉[1]人账存伊钱贰百卅文

黄金先生 四年 旧欠伊钱三仟贰百文

张明直 从六年汉人账抄来 在城 取口蘑[2]菇一斤 五百

唐伙[3]计 四年 收钱八百八十九文

徐大禄 抄来四年 欠钱三千零八十文

李天福 抄来四年 欠钱七千九百文

仲对李成子 抄来七年 欠钱三百文

古立 抄来七年 欠取白面廿斤

青巴兔 抄来七年 欠钱贰千八百卅五文

铁得布麦林 抄来三年 欠本钱八千四百文 一十一年起利 欠利钱一十三千八三

那木托尔 六年抄来旧账 欠钱五百文

东都喇嘛 抄来旧账 欠钱六百廿文

商公 抄来旧 欠钱五百文

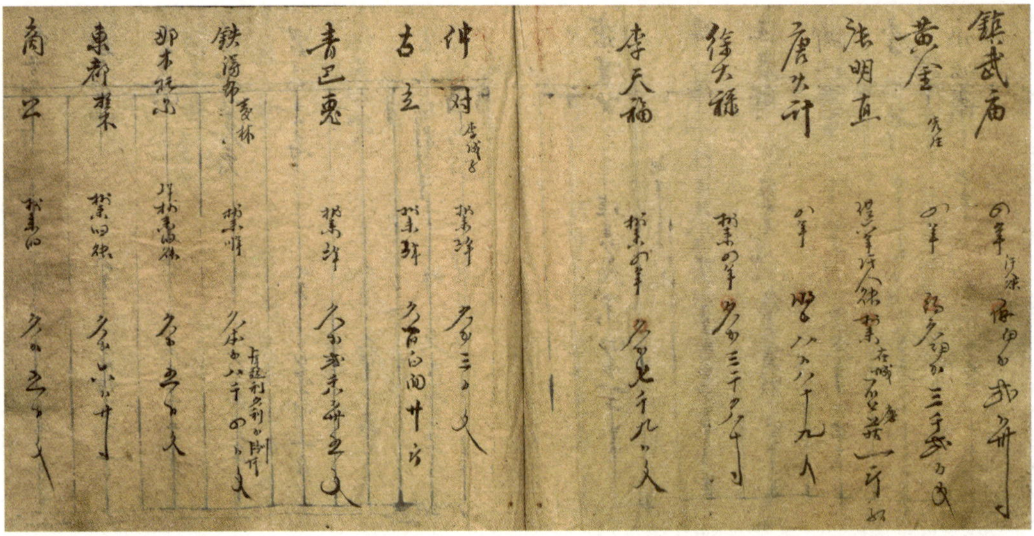

[1] 汉：原文作“汙”，下同。
[2] 蘑：原文作“磨”，下同。
[3] 伙：原文作“火”，下同。

打各巴 文布　抄来七年　欠钱五十文
马各四尔　四年　取帽结[1]子一个
王力尔　四年　欠钱三百五十五文
吕克什克兔　四年　欠钱贰百五十文
君家吉寺　四年　取棠叶一斤
纳安各冷　四年　欠靴子钱三百文
当中喇嘛　五年　欠钱三百五十文
李喇嘛　五年　取酒半斤
恼尔布 喇嘛　五年　余钱一百文
抄各代　五年　欠钱贰千三百一十文
阎天命　抄来 汉人小账　欠咱钱六百五十文
穆掌柜 汉文回回 大黄庄　抄来四年　欠咱钱六千一百九十文
刘天寿　抄来四年　欠钱七百七十文

[1] 结：原文作"吉"，下同。

曲老爷 大营上 抄来四年欠咱钱六百五十文

鲁先生 抄来四年欠钱三百五十文

叶 萍 五年七月廿一日[1]取青广布贰方 六十 抄来四年欠钱三千零六十文

八玉纳素 抄来四年欠伊钱八百贰十七文

夏天朝 新城脚户[2] 抄来四年欠咱钱一千三百文

老 田 五年欠钱一百五十文

吗你妻 五年欠钱贰百七十文

赵相公 五年欠钱贰百文

老 郭 五年欠钱贰百文

徐相公 五年欠钱四百五十文

杨恕政 四年取砖[3]钱五千文

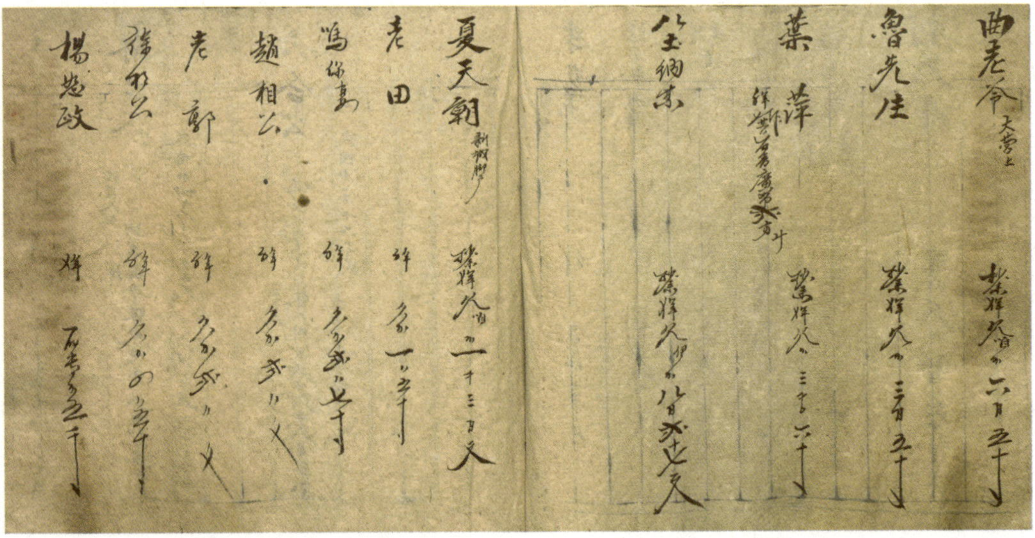

---

[1] 五年七月廿一日：同治五年七月廿一日，1866 年 8 月 30 日。

[2] 脚户：旧称赶着牲口供人雇用的人。

[3] 砖：原文作“专”，下同。

王六 五年 取砖钱一千八百文

苏二爷 从汉人账抄来去年[1]七年账欠咱钱五佰八十五千文
又欠咱钱四十六千八百廿五文 又欠伊银五佰八十两九钱四分

六合公 从汉人账抄来去年七年欠咱银贰百贰十贰两五钱
又欠咱钱三十六千文

孔林兄 从汉人账七年抄来旧欠咱钱八十六千文

马喜元兄 从汉人账抄来七年旧欠伊银四十九两六钱八分
又欠咱钱八十三千零六十五文

乔祯龙 从汉人账抄七年来旧欠麻绳钱一千三百文

[1] 去年：同治七年，1868年1月25日～1869年2月10日。

从七年移来兑钱账

康　君　四年账　余伊钱六百文

套尔的布　四年账　欠咱钱一千贰百五十文

王　宽（王锡照之子）　四年账　欠咱钱三千文

王继业　五年抄来　存伊钱四千文

张明玉　四年账　存伊钱贰千文

方广立　四年账　存伊钱壹千文

张起标　四年账　欠伊钱八百五十文

智掌柜　四年账　存伊钱三千文

刘克让　四年账　存伊钱贰千文

吴维元　四年账　存伊钱壹仟五百文

王掌柜　四年账　存伊钱四千文

的立各（也尔巴）　四年账　存伊钱七千文

老余店　四年账　存伊钱贰千文

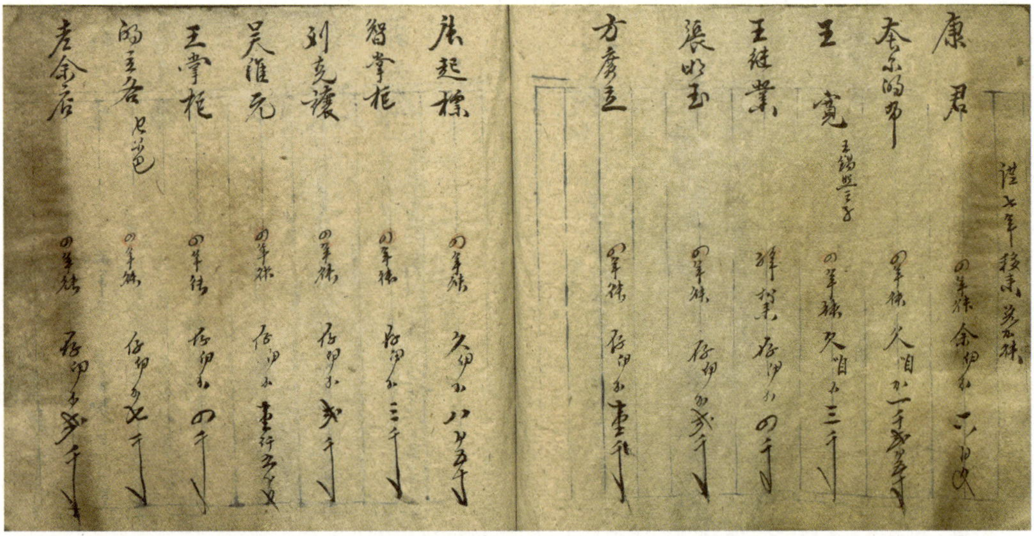

八固尔 站盖　四年账 欠咱钱玖仟文

穆先生　五年羊账 收钱贰千文

张文禄　五年账 欠钱五百文
六年取酒贰斤五两 九年又十月十八日[1]伊兄手算钱一千 抄兑钱

罗不生　六年 存伊钱六百廿文

仲庆永　六年 欠钱一千四百文

万成合　六年 存伊钱一千六百五十三文

张顺斋 靴铺　六年 存伊钱贰千零六十四文
又欠咱布钱贰千七百文 □天顺斋

以　西　六年 存伊钱一千四百文

史毡房　六年 存伊钱一千文

草尔汗 你尔巴　六年十一月十九日[2]收钱十千文

[1] 九年又十月十八日：同治九年又十月十八日，1870 年 12 月 10 日。又十月，润十月。

[2] 六年十一月十九日：同治六年十一月十九日，1867 年 12 月 14 日。

七年从小条账抄来

三己皂德巴　四年　余伊钱四千九百五十文

胖木的 你尔巴　五年　余伊钱五百廿文

阿拉布吞 喇嘛　五年　欠咱钱贰百文

曲通木 古弄巴　四年　欠咱钱一千四百七十文

龙乎尔 喇嘛　四年　欠钱一千五百文

木古代 土各思之小舅[1] 又余伊钱六百文　五年取水晶眼镜一架 银四两

艮布 之妻　五年　欠咱面钱一千三百文

或尔或乃　六年　欠钱六十文

东古尔 口肯　六年　欠钱壹百文

尔足老将　六年　余伊钱贰百廿贰文

格立各 你尔巴　六年　欠钱六十文

生盖　六年　欠酒钱贰百廿五文

阿守尔　六年　欠钱四百四十文

[1] 舅：原文作“旧”。

青德木 六年 欠钱四百七十五文

大把 喇嘛 六年 欠银三钱八分

尚巴 艾林青 六年 欠钱五百文

青都 女人 六年 欠钱六百五十文

李连保 从小账 欠 钱贰千九百四十文

同治十年[1]浮记抄来欠钱贰千文

高老爷 从小账 欠湖布钱贰千零七十文

汤有运 从小条账 欠咱 银 贰两贰钱

钱四千三百廿贰文

张福全 从小条账 欠钱十贰千四百九十贰文

又欠钱五千七百廿五文 又欠银十三两壹钱贰分

金掌柜 从小条账抄来 取洋糖[2]贰斤

孙猴尔 从小账抄来 欠钱壹千六百文

[1] 同治十年：1871 年 2 月 19 日 ~ 1872 年 2 月 8 日。

[2] 糖：原文作“唐”，下同。

俞　有（南靴匠）　抄来条子账欠钱四千七百五十文

周老爷（次妻）　抄来条子账欠钱四百廿文

吉立各尔　抄来小账欠钱壹百五十文

张保尔　抄来小账欠钱贰佰廿文

徐来荣　抄来小账欠钱贰佰廿五文

姚裁缝[1]　抄来小账欠钱十千零八佰七十九文
又 取蓝布十五匹 又 取棉线三两
又取白麻绳五根 又收蓝布五匹

周先生（洪店）　抄来小账欠纹银[2]五两九钱三分
又 欠钱 八千八佰文 又抄来十年浮记账上
欠钱七千五百八十文

老　陈　抄来小账欠钱壹千四百一十五文

包　华　抄来小账欠钱九佰七十文

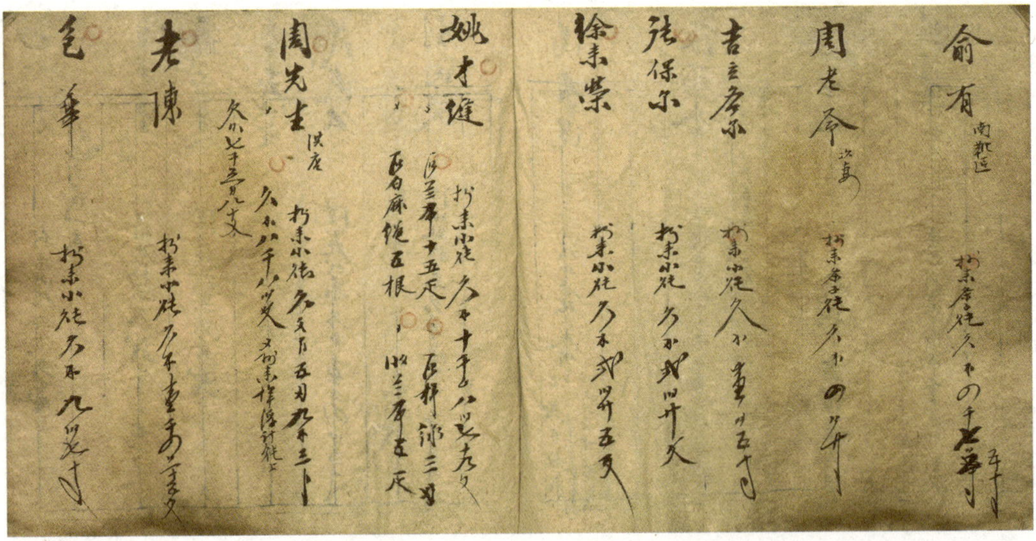

[1] 裁缝：原文作“才缝”，下同。
[2] 纹银：原文作“文良”，下同。

袁　才　抄来小账欠钱贰千贰佰廿文
又借去大口袋[1]一条

王先生（清远人）　从小账抄来欠钱贰千零五十文

聂玉秉　从小账抄来欠钱贰千贰佰文

多玉善　从小账欠钱四佰五十文

茂盛公　从小账抄来欠钱壹千四佰五十文
抄十年西街账

刘向交　从小账抄来欠钱壹千三佰五十文

小　孙　从小账抄来欠钱贰佰五十文

富余林　从小账抄来欠钱壹千四佰五十五文

史　德　从小账抄来欠钱贰十六千三佰五十文

袁　喜（染房）　从小账抄来欠钱贰佰八十文

王守一　从小账抄来欠钱三佰文

[1] 口袋：原文作“口代”，下同。

马三保　从小账抄来欠钱贰千八佰九十文

多先生 聚义成住　从小账抄来欠兑钱七千文

武魁则　从小账抄来欠钱壹佰零五文

老张 镇畨人　从小账抄来欠钱贰佰七十文

王天福　从小账抄来欠钱四佰卅文

王禄　从小账抄来欠钱壹千五佰文

李清和　从小账抄来欠钱三佰文　死了

富有莲　从小账抄来欠钱壹佰文

徐成业 狗子　从小账抄来欠钱壹千八佰五十文　抄年十条账

长顺和　从小账抄来欠钱一佰五十文

老赵 □□用的　从小账抄来欠钱壹佰六十贰文

冯代掌　从小账抄来欠钱六千贰佰六十四文　十文

老朱 泥水匠　从小账抄来欠余钱壹千文

李先生　从小账抄来欠钱贰千四佰七十文

公盛王 伙计[1] 从小账抄来欠钱五佰廿文

聚兴王 从小账抄来欠咱 银三两六钱 钱贰千四佰四十文

马七 回回 从小账抄来欠咱钱壹千七百五十文

青巴兔 本营人 从小账抄五年欠咱钱壹拾千零四百卌贰文

吾子尔 喇嘛 城内住 从小账抄五年欠钱五佰文

藏吾 从小账抄五年 欠钱五佰六十文

哈托尔布因 紫泥湖住 从小账抄五年 欠钱八千五佰八十文

阿闹代 妻手 下堆厅上 从小账抄五年 欠钱七千文

南寺上 当巴 喇嘛 从小账抄五年 欠钱一千零一十文

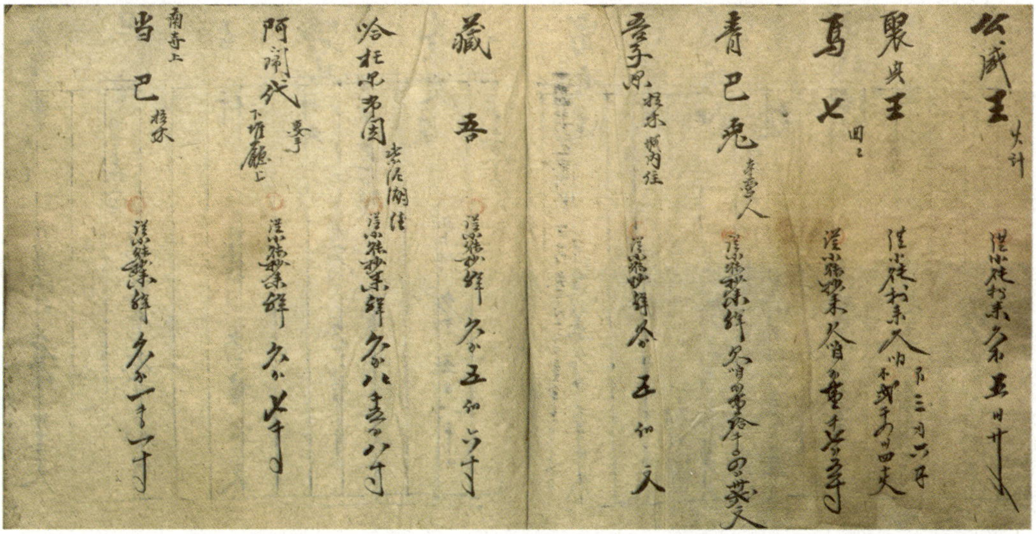

[1] 伙计：原文作“火计”，下同。

策德布 先生　从小账抄五年欠钱四千零七十五文

旦　增 喇嘛　李政之小舅　从小账抄五年欠钱贰十四千八百卅文

古　什　抄来五年　欠钱壹　佰　文

嘎尔旦 坤都　抄来六年　欠钱叁千文

又取清油[1]一斤半

艾林庆 喇嘛　抄来六年　欠钱　五百一十文

东花园大爷　抄来旧　欠钱一佰一十五文

布固的立各尔 老汉　抄来旧算　欠钱贰百一十文

南寺上

八尔雪 喇嘛　抄来六年　欠钱　贰千七百一十文

策　林　抄来六年　欠钱五千一佰卅文

庆平尔 辖　抄来六年　欠钱一千四百文

[1] 清油：原文作“[illegible]”。

东的布　抄来六年　欠烟钱一百六十文

焦尔登各　抄来六年　欠钱贰千八百五十文

打尔木贾兰　李政手　抄来六年　欠货钱七千一百五十文

阿拉不计乎　站盖　抄来六年　欠钱六千六百卅文

尔　足　坤都　六年　欠钱五佰文

详　生　抄来七年　欠钱一千文

靠尔老　抄来六年　欠钱八百五十文

恼各思尔　抄来六年　欠钱一千三百八十文

大　喜　抄来六年　欠钱贰佰五十文

兔布登　抄来六年　欠货钱六千零五十文

哦登包尔 抄来六年 欠钱贰千文 错源大邢

八兔纳来 教场梁上 七年 余钱贰佰文

门扣 本营人 七年 欠钱四千三百五十九文

打布化相宗 七年 欠钱贰百七十文

艾林青 喇嘛 七年 欠钱五佰文

沙拉 张东 七年 欠钱三百九十文

元羔尔 七年 欠钱一千文

通立各 坤都 取□□贰两 七年 欠钱三千九百六十六文 寄放黄米一口袋

三计麦得乎　七年　欠钱壹千一百七十文

瘸喇嘛[1]　布固之弟　七年腊月廿七日[2]　取五分衣钱十五尺　廿五

又取黑糖一斤　又取黄南坎布钱四百文　又取布钱五十文

又取黑糖半斤　又取香广布一方　一五　又取花线三桄[3]　八十

又取蓝布五方　一十二年[4]收钱六百廿文　欠钱二千　收兑福义成钱二千

继　喇嘛　取黄茶半斤

草各兔哈半　七年　欠钱贰千五百五十文

也各九尔喇嘛　城内　七年　欠钱一千一百廿文

又收银子钱一千叁百卅文　取钱壹千文

通金尔　七年　取生生烟一包

阿立布四尔　七年　取清油十贰两

代　林　五土纳素之妹　女人　七年　欠钱贰千八百六十文

尔得你八兔　七年　欠钱贰千零一十九文

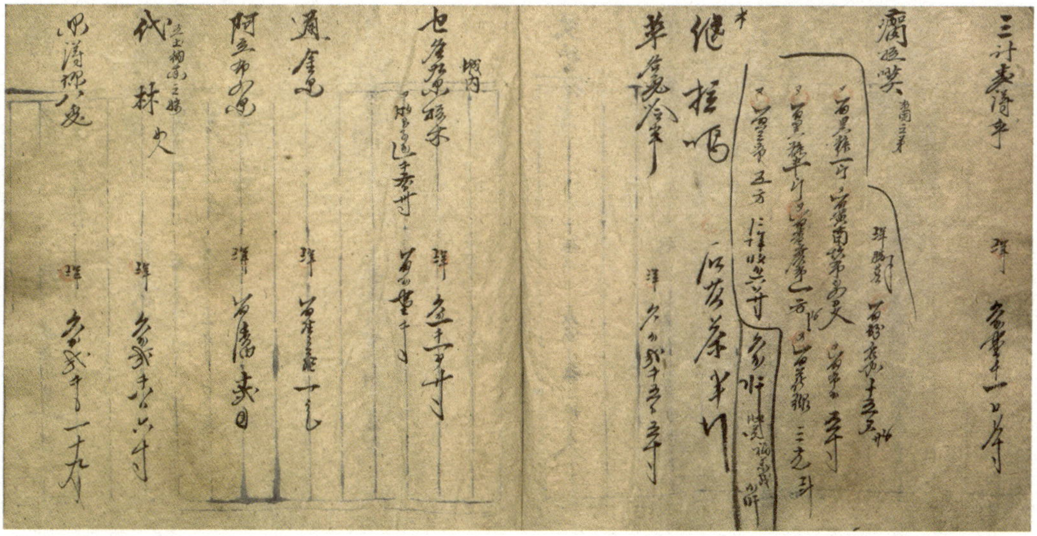

[1] 喇嘛：原文作“拉嗼”，下同。

[2] 七年腊月廿七日：同治七年腊月廿七日，1869 年 2 月 8 日。

[3] 桄：量词，一束线叫一桄。原文作“光”，下同。

[4] 一十二年：同治十二年，1873 年 1 月 29 日 ~1874 年 2 月 16 日。

讨 庆

又取生生烟一包　八年 借去川壶[1]一把[2]

麦得布 与加兰放驼　从小账抄来取黑茶一块

又取生生烟一包 生生烟一包 取钱一百文

又取砖茶一牙 二 黄油 五斤 黑茶一块

又取生生烟贰包

尔兰八衣尔 喇嘛　抄来取挂面 五斤

余先生　旧账抄来欠钱五佰零五文

王生春　旧账抄来欠钱一千四百五十文

又收大曲子卅七墩　三三十

胡世富　欠钱四千八百八十文

王 英　欠钱贰千七百卅七文

十年六月初五日[3]收钱九百文 又收钱贰百文

---

[1] 川壶：一种铜制的盛水的壶。壶：原文作“乎”，下同。

[2] 把：原文作“巴”，下同。

[3] 十年六月初五日：同治十年六月初五日，1871 年 8 月 20 日。

解兴周　旧账抄来　欠钱九千五百五十文

张　二（京人戏班）　旧账抄来　欠钱一千六百九十文

李尧法　旧账抄来　欠钱五千六百九十文

义生毡房　旧账抄来欠钱九千七百九十七文

马　升（回回）　旧账抄来欠咱钱九十三千九百七十五文

王三尔（裁缝京都人）　旧账抄来欠咱钱五千六百卅文

官保尔　旧账抄来欠钱八千五百八十文

十年腊月廿三日[1]收挂钱尔四付

海流尔　旧账抄来欠钱三百七十五文

十年腊月初七日[2]收钱三百七十五文

以　喜　旧账抄来欠钱九千五百九十文

富皂保尔　旧账抄来欠钱六　百　文　故

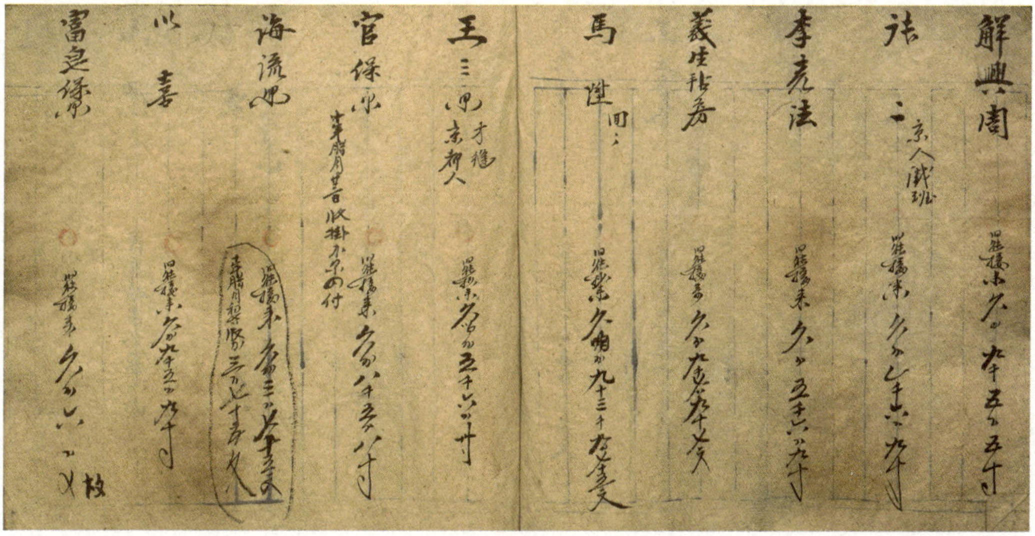

[1] 十年腊月廿三日：同治十年腊月廿三日，1872 年 2 月 1 日。

[2] 十年腊月初七日：同治十年腊月初七日，1872 年 1 月 16 日。

赵义新　旧账抄来欠钱一千一百五十文

王以礼　从旧账抄来欠钱贰千四佰廿文

闹　庆　从旧账抄来欠钱一千一百廿文
又抄来收面酱钱一千四百文　又取布钱六百廿文

银　布　从旧账抄来取白米贰斗

段麻子　镇番人　从旧账抄来面挽净欠钱四千四百一十文

王三省　从旧账抄来欠钱四百四十九文

张掌柜　土四人　从旧账抄来欠咱银贰两

平邑人
郝掌柜　从旧账抄来欠钱五千五百五十文　死了

袁河　旧账抄来欠咱钱五千文

包运盛兄　浮记账抄来取白糖一斤　吉糖一斤
抄来十年浮记账上欠钱一千一百文

李福禄回回　汉人账抄来欠钱廿五千八百五十贰文
从城账上同治十二年收钱五千贰百文

赵苍　同治十一年腊月初一日[1]同梁泽说哈言明交钱十千文今年交钱五千明年二月交钱五千
让钱十三千零六十文　汉人账上抄来欠钱廿三千零六十文
十一年腊月初六日[2]收钱五千文

李普　汉人账抄来欠咱钱壹千五百文

高红　汉人账旧账抄来欠钱贰千三百八十六文

徐邦荣　汉人账抄来欠钱四千一百八十二文

赵泰宠　汉人账抄来欠咱银三两三钱　冲

钱裁缝　汉人账抄来欠钱五千二百九十文

[1] 同治十一年腊月初一日：1872 年 12 月 30 日。

[2] 十一年腊月初六日：同治十一年腊月初六日，1872 年 1 月 4 日。

李名世　汉人账抄来欠钱七千零廿三文　死了

哈　兴　汉人账抄来欠钱十二千九百廿文

马　升　汉人账抄来欠钱一千一百九十文

董朝阳　汉人账抄来欠钱贰千贰百八十文

郭师爷　汉人账抄来欠钱贰十二千文

苏掌柜　抄来兑钱账收兑钱十七千八百文

吕积福　从兑钱账抄来欠咱钱壹千零六十文

张慱[1]娃　住通三盛铜铺　从兑钱账抄来欠硼砂钱壹千叁百文

周饭馆子　从兑钱账抄来欠咱钱一千八百五十文

王国器　从兑钱账抄来存伊钱十一千壹佰八十文

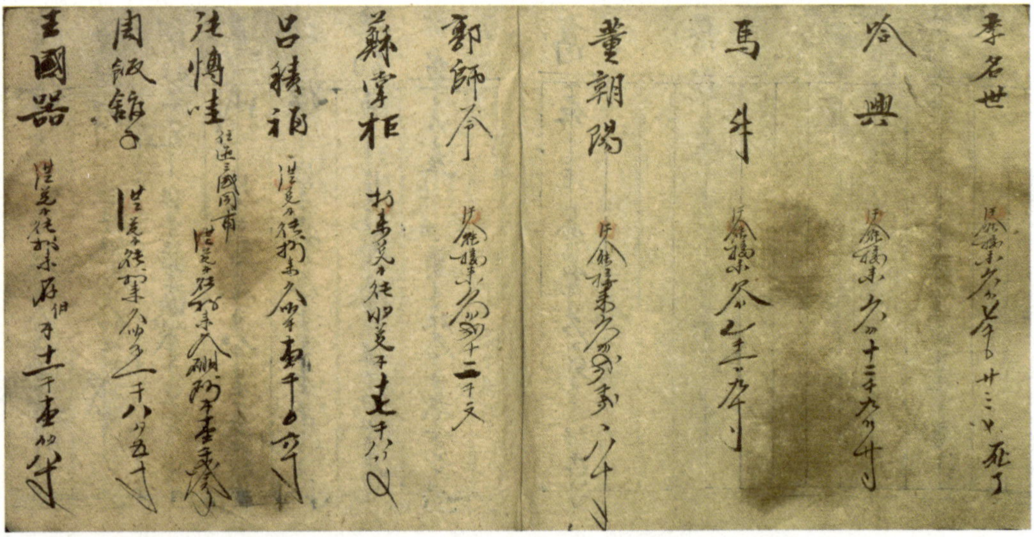

[1] 慱：tuán，古通“团”。

连保　从兑钱账抄来欠银子壹千一百卅文

吕世祥　从兑钱账抄来欠咱钱贰百文

阿拉不已　从兑钱账抄来收伊余钱五百文

马成（回回）（三）　从兑钱账抄来欠咱钱八千壹百五十文

杨娃　从兑钱账抄来欠咱砖钱壹千文

三的布　从兑钱账抄来欠咱钱五千六百九十五文

公布大喜（也尔把）　抄来兑钱账欠咱钱贰百一十六文

德兴店（马四）　从兑钱账欠咱钱贰十七千文
又欠银壹钱贰分

赵祥　从兑钱账抄来收余钱七百廿七文

敬盛永（马六回回）　从兑钱账抄来欠咱钱 贰千叁佰七十文

纳安（艾木其）　（兑钱账）抄来旧账欠伊钱贰千六百五十文

毛油匠　从兑钱账抄来收余钱四千文

杨三　从兑钱账抄来收余钱壹千文

张佐　从兑钱账抄来收余钱壹千文

康宁尔 从兑钱账抄来欠咱钱壹千叁百五十五文

梭梭地（大老爷家管家 也尔把） 从兑钱账抄来欠咱钱壹千五百文

大老爷 从兑钱账抄来欠咱烧酒银叁两七钱贰分

宋家店 从兑钱账抄来欠兑钱六百卅文

金　喜（回回） 从兑钱账抄来取兑钱五十壹千文

老　高 从兑钱账抄来欠咱钱叁千八百卅文

以　喜　喇嘛 从兑钱账抄来收余钱贰千文

五子尔（喇嘛） 从兑钱账抄来收余钱七千文

（包头）**忠义西** 从四路账抄来欠钱五百廿　五文

（北地）**永和德** 从四路账抄来欠钱一千七百卅五文

庆和成 从四路账抄来欠伊钱一千五百文

苏　元 从兑钱账抄来收余钱一千九百文

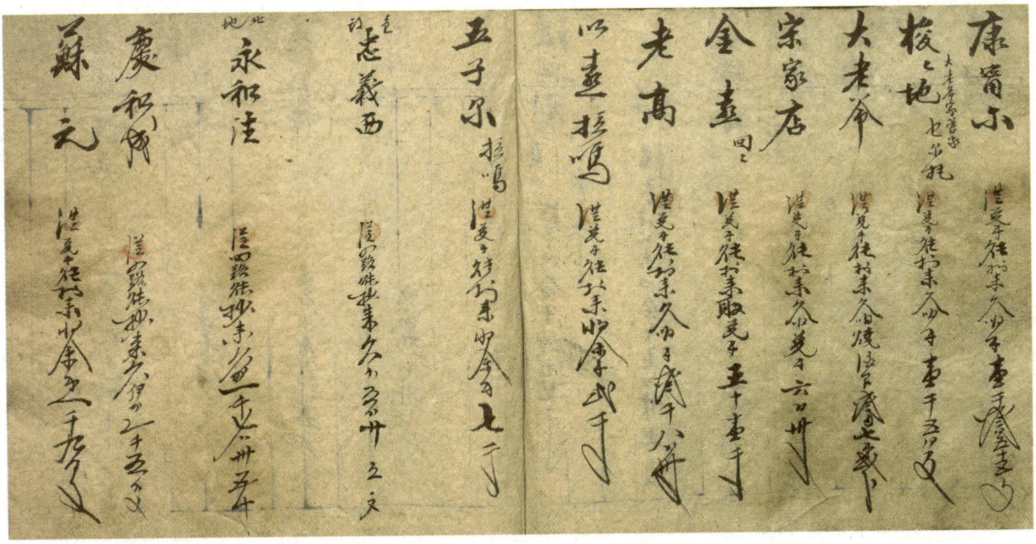

泰

长兴皮房　抄来欠钱贰千文

复盛来　兑钱账抄来欠钱贰千四百廿文

天泰和　兑钱账抄来欠钱贰千贰百八十二文

德兴张　欠钱贰百廿文

长盛皮房　南街账抄来欠咱钱四千七百四十文

公义成 老郭　南街账抄来欠咱钱十一千四百八十贰文

万兴店　南街账抄来欠咱钱壹千文

全裕毡房　南街账抄来欠咱钱十四千一百七十五文

兴盛店 西宁府河洪回回　南街账抄来欠咱钱四十贰千贰百四十文

又欠伊银八钱叁分

复盛和　南街账抄来欠咱钱叁千七百五十文

复太魁　西街账抄来欠咱钱五百文

义盛公　西街账抄来欠咱钱贰千四百六十五文

复盛奎　西街账抄来欠咱钱五百廿文

福盛义　西街账抄来欠咱银四十两零七钱三分

又欠伊钱九千八百文

段掌柜　从小账抄来欠咱钱叁千六百四十文

兑银叁两八钱

赵泰宏　从汉人账抄来欠咱银叁两三钱　账□记账

隆盛源　抄来南街账十年欠兑钱三千文

可可立各什　抄来十年账净欠钱叁千壹百文

陈先生　郝营上　抄来十年账净钱贰千七百廿五文

穆老爷　德宽　抄来旧年账欠钱壹百五十九文

八兔门克　抄来旧年欠钱叁千五百四十文

德生明 刘立德 抄来十年账净欠钱壹拾贰千文

将乎尔 胖天达 抄来十年账欠货钱贰千四百文

元老爷 喜 抄来十年账上存伊钱叁百卅五文

又取去小猪娃一口

陈万银 抄来旧账十年欠钱壹千一百文

全盛店 抄来旧年净欠钱壹千五百四十二文

同心协 抄来旧账净欠钱叁百文

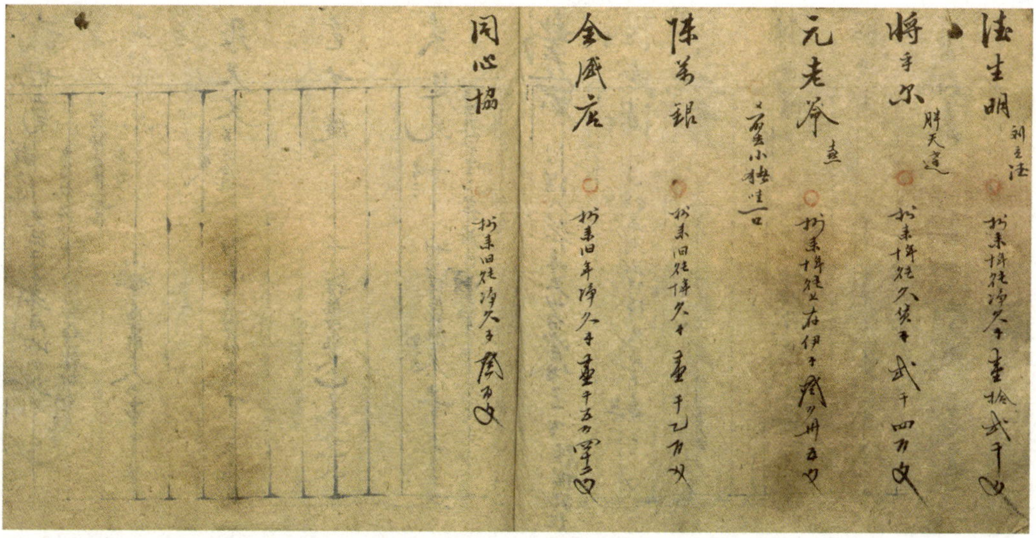

武世南 裁缝 光绪二年五月[1]收钱贰千文 山后收

有旧账该咱钱 抄十年浮记账伊账上

王八衣尔 本营人 光绪三年[2]抄来 同治

抄来十年浮记账上欠钱壹千文

张天文 镇畨人 万顺合住 抄来十年浮记账上欠钱十千零五百八十文

包裁缝 抄来十年浮记账欠钱一千五百卅一文

宋廷文 老三 抄来十年浮记账上欠钱十一千零九十五文 面算

当日取生生烟贰包 二百九

吴世南[3] 裁缝 抄来十年浮记账上欠钱廿五千贰百五十文

取衣针一包 取钱十三千五百文 收缝四幅帐房工一顶 桓用

光绪二年五月收钱贰千文 九年十二月初五日[4]收钱一千文

三年三月收做蓝布大夹袄一件

谢掌责 三

钱四千贰百五十九文 抄来十年浮记账上 面算欠

十二月廿四日[5]收麻儿五斤 三百

杨万年 抄来十年浮记账上欠 银十三两九钱五分

钱五千六百五十文

徐先生 乳名小狗尔 徐貌之侄 抄来十年浮记账上欠 银五两九钱四分

钱贰千四百卅文

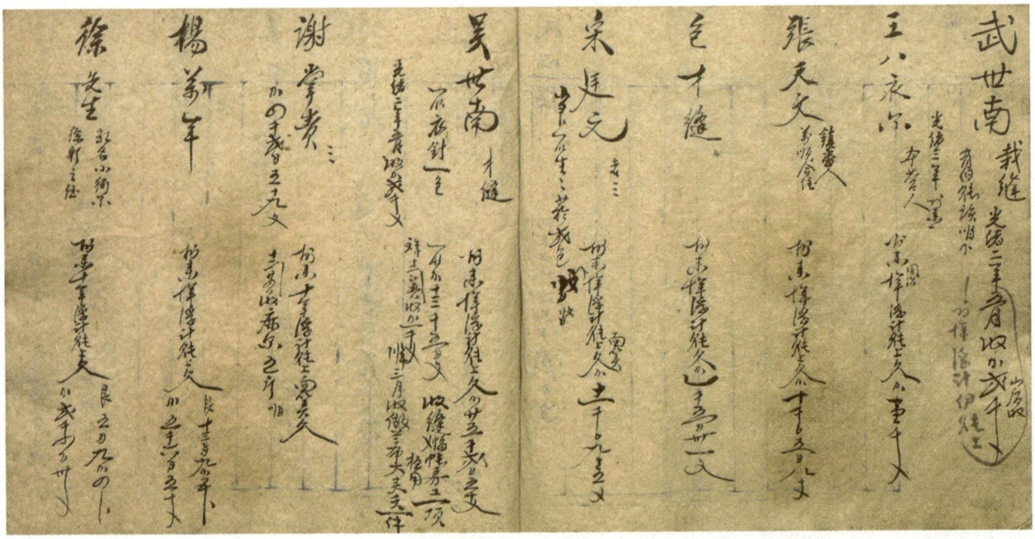

[1] 光绪二年五月：1876 年 5 月 23 日～1877 年 6 月 21 日。

[2] 光绪三年：1877 年 2 月 13 日～1878 年 2 月 1 日。

[3] 吴世南：疑为前文“武世南”。

[4] 九年十二月初五日：同治九年十二月初五日，1871 年 1 月 25 日。

[5] 十二月廿四日：同治十年十二月廿四日，1872 年 2 月 2 日。

官厅工 抄来十年浮记账上取麦子五石[1]银五八两合银
收银卅两 收白孟布廿四匹 收银贰两

裴世英 抄来十年浮记账上欠钱六百卅六文
银八两五钱七分

王先生 聚成公往 抄来十年浮记账上欠钱七百廿五文

同真合 永兴公分 抄来十年浮记账欠银六钱六分

七升尔 抄来十年浮记账上欠钱四千六百廿文
收灰纹布一件

李天福 孝邑人 抄来十年浮记账上欠布银十一两六钱七分

协聚森 抄来十年浮记账上欠洋曲灯[2]银一钱二分

胡世武 抄来十年浮记账上欠钱九百九十文

来虎而 小黄 十年浮记账上欠钱八千五百文

刘木匠 十年浮记账上十一年十二月
面算欠钱三千三百文 二十年 收了

[1] 石：容量单位，10 斗等于 1 石。
[2] 洋曲灯：火柴。

刘大善 同治十年浮记账上面算欠钱贰千一百卅五文

胡先生 镇畨店 十年浮记账上欠钱子钱三百文

吴豆腐 十年浮记账上欠钱贰千八百文
收豆腐十斤七十 取酒半斤二五 二百

靳先生 十年浮记账上欠钱三千三百七十五文

靳伙计 十年浮记账上欠钱五百六十文

周成忠 十年浮记账上欠钱三千四百六十五文
收柴火贰驴

周老爷 十年浮记账欠广条金钱一千四百文

公义馆 十二年浮记账上欠羊钱八百文

徐大哥 十二年浮记账上欠羊钱四千五百文

吴代掌 十二年浮记账上欠钱一千七百六十文

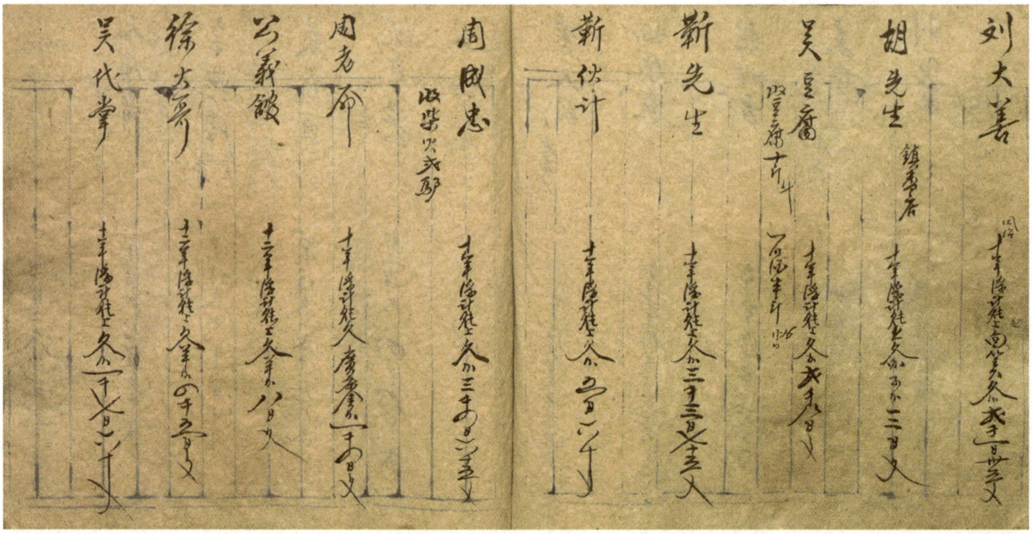

蒋先生　十年浮记账上欠钱一千贰百七十文

天顺斋　抄来一十一年欠钱七百五十文

定兴隆（靴铺　范大）　抄来十年欠钱八千三百廿文

朱锡匠　抄来一十一年欠钱贰千七百文

沈自英　抄来十年欠钱四千四百文

赵永庆　抄来七年欠钱贰千五百八十文

王万年　抄来存钱一千六百文

取钱一千二百文

（凉州）永盛昌（常掌贵来山后　卖张已来）　抄来一十二年（十年上来）四路账上欠　付义和长涌泉店银贰两九钱　去年付钱四千贰百文　部院票钱三千　常兄用药钱二一千　庄客具有

广生恒

祥泰恒（凉州的）　抄来八年（四路账）旧账上欠脚银卅玖两

泰和厚　抄来十年（四路账）欠伊银十三两三钱五分

成亨泰　抄来年十旧账欠伊钱贰千文

昌记　抄来年十旧账欠伊银十两

泰和居　抄来年十二四路账欠伊银十八两三钱八分
钱十七千三百文

万泰诚　吕家的　抄来年十二四路账欠咱钱六千四百八十文
伊银一两贰钱一分

万泰育　吕家的　抄来年十二四路账欠钱十五千七百卅五文
闫三手在账房上欠

三合锦　抄来年十二四路账欠伊银贰两贰钱二分

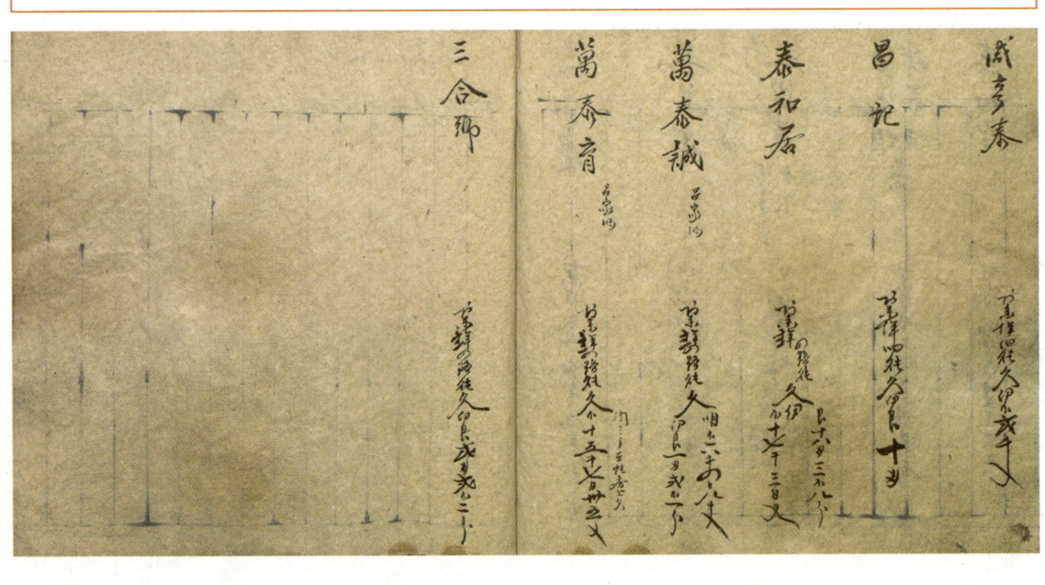

［三号账簿］

同治十三年吉立 凉甘新旧卖货底账

屈娜　识注

前 言

《同治十三年吉立凉甘新旧卖货底账》是祥泰隆同治十三年正月初六到腊月十五即 1874 年 2 月 22 日到 1875 年 1 月 22 日之间关于凉州、甘州交易的底账，凉州就是现在的甘肃武威，甘州就是现在的甘肃张掖。其中也夹杂同治十年即 1871 年 2 月 19 日 ~1872 年 2 月 8 日之间出凉、甘州税金及开销，十二年即 1873 年 1 月 29 日 ~1874 年 2 月 16 日出凉、甘州税金及四月初一日卖过货花底。底账属于基础账簿中底账、流水簿和老账三账之一，是营业时的即时记录，起原始凭证作用。

通过本账簿，我们可以了解如下几个方面的情况。

第一，祥泰隆在当时凉州、甘州经营货品比较固定且单一，主要做店铺批发生意。

祥泰隆在凉州、甘州地区经营涉及面窄，交易不够活跃。仅从本账簿的记录来看，祥泰隆在凉州、甘州地区经营的商品范围虽然涵盖衣、食、享受、其他生活资料四大类别 40 余种，但是主要以衣为主，其中梭布居多。同治十三年收各类布匹 22 次合银大约 1300 两。其他商品大多只出现过一次，比如：水烟、水烟袋瑛子、冰糖、青短靴、兰洋呢、蘑菇、白皮布、包头麻纸、花线等。交易不够活跃，本账册往来钱货交易仅 100 多笔，总金额 2000 多两。

祥泰隆凉州、甘州经营业务主要做店铺批发生意，集中收购凉州、甘州地区销路好的货物，然后零售或批发给其他商号及个人。本账册记录了同治十三年与凉州、甘州发生生意往来的商号和个人 28 个左右。与祥泰隆有生意往来的个人客户约占 35%，商号客户约占 65%。

第二，凉州、甘州地区商品交易受季节影响较大。

本账簿虽然记录了同治十三年正月初六到腊月十五即公元 1874 年 2 月 22 日到公元 1875 年 1 月 22 日之间关于凉州、甘州日行货的底账。但实际发生交易仅 14 天，集中在春秋换季时分。分别是正月初六、正月二十一日、二十二日，二月初四、二十八日，六月二十，七月初二日、初九、十八日、二十日，八月十八日、二十五日、二十九日，腊月十五日。

第三，通过本账簿可以初步了解当时的赋税情况。

本账簿先后出现了厘金、税、城防、捐输等税款记录，展现了当时赋税名目众多。鸦片战争之后，清政府陷入了内忧外患的境地，国库亏空，财政陷入困难，厘金税便在此时产生。厘金税其实就是商业税，可以付现钱，也可以以货抵（本册中多次出现以布抵）。捐输，即由士民报效，向国家捐献财物，政府对捐输人给予奖励。这种捐输银在名义上称捐输，但实际上并非自愿捐输，而是官府按地丁田亩摊派给粮户、商民，并带强制性的一种赋税银。

第四，银贵钱贱。

在鸦片战争前夕，银一两所换制钱已达一千二三百文，最高达一千六百文，较清初年一千文已增加近 2/3。鸦片战争后，一方面由于此前导致银贵钱贱的原因并未消除，另一方面随着国内贸易的扩大，对白银的需求增加，也对银钱比价产生了影响。更重要的是，在新的历史条件下，由于西方侵略者的掠夺和巨额战争赔款，以及大量倾销产品和鸦片贸易合法化所导致的外贸逆差的扩大，使白银外流的情况更甚。本册 18 页最后一条记录显示：一两银子可换制铜钱 3000 文，显然达到了银钱置换顶峰。

这是一本记录商号交易的底账，也是一本记录历史的底账。

屈　娜

2021 年 12 月 20 日

同治十三年[1]吉立

甘凉[2]
新旧卖货底账[3]

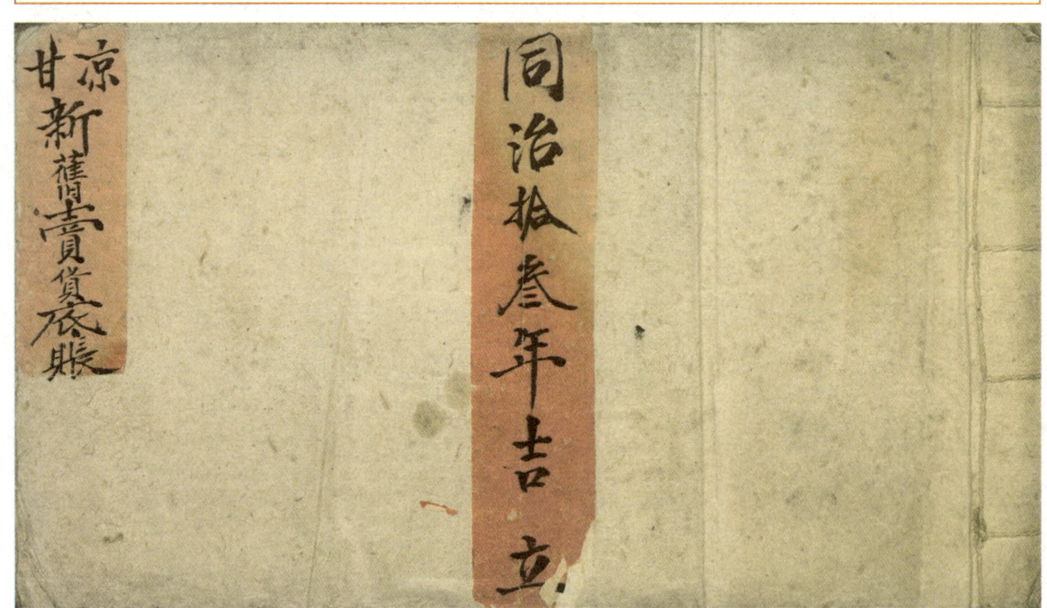

[1] 同治十三年：1874 年 2 月 17 日 ~1875 年 2 月 5 日。
[2] 凉：凉州，今甘肃武威；甘：甘州，今甘肃张掖。
[3] 底账：亦称草流，是营业时的即时记录，起原始凭证作用。

收 三四[1]获鹿[2]白布四卷 九二[3] 合银[4] 一二一四四百十两[5][6]

三四[7]

收 四三获鹿白布贰[8]卷 九二 合银 五八八八十两[9]

收 三三获鹿白布贰卷 九二 合银 六零七二十两

收 三四四色获鹿蓝布贰卷 一零两五 合银 七一四十两

收 四十孟县[10]白布贰卷 六钱[11] 合银 四八十两

收 四五孟色布贰卷 七钱 合银 六三十两

收 四二三色冠县[12]蓝布四卷 七五钱 合银 一二六百十两

四三[13]

收 四二冠县紫布壹卷 八钱 合银 三四四十两

收 四十冠县大红布壹卷 八钱 合银 三二十两

收 三十行唐[14]白布八卷 七二钱 合银 一七二八百十两

内有一卷短一匹

收 四二京庄白布贰卷 七钱 合银 五八八十两

四一[15]

收 四一冠县月蓝布贰卷 七五钱 合银 六一五十两

收 四二孟县月蓝布壹卷 七钱 合银 二九四十两

[1] 三四：指一卷布里有三十四匹。

[2] 获鹿：今石家庄鹿泉区。

[3] 九二：原文作“[illegible]”。每匹布价格为九钱二分银子。

[4] 银：原文作“[illegible]”。

[5] 两：原文作“[illegible]”，清朝货币为银本位制，两是主单位。两以下依次为钱、分、厘、毫，均十进制。

[6] 数字不合，每卷有布 34 匹，四卷合计 136 匹，每匹价格 0.92 两，合计 125.12 两，而非 121.44 两。

[7] 对下面四三的更正。

[8] 贰：原文作“弍”。

[9] 数字不合，每卷有布 34 匹，二卷合计 68 匹，每匹价格 0.92 两，合计 62.56 两，而非 58.88 两。

[10] 盂县：今河南省焦作市孟州。

[11] 钱：原文作“[illegible]”。

[12] 冠县：今山东聊城冠县。

[13] 对下面四二的更正。

[14] 今石家庄行唐县。

[15] 对下面涂改文字四一的确认。

收三六行唐白布 壹卷 二 七钱 合银 二五九二 十两

收二九原色洋标布四匹 二 三两[1] 合银 一二八 十两

收二六原色洋标布十一匹 三两 合银 三三 十两

收五九杂色斜纹布廿九匹 五 三两 合银 一零一五 百 两

收色洋标布五匹 五 三两 合银 一七五 十两

收色湖布十桶[2] 七钱 合银 三五 十两

收杂色南府梭十桶[3] 四钱 合银 四十 两

收白莒布五拾九匹[4] 六钱 合银 三五四 十两

收三副 毛单廿块[5] 五 三钱 合银 七两

收绿[6]麻绳十八条

一三零二四六 千百十两[7]

---

[1] 三两二：为洋标布一匹的价格，下同。

[2] 桶：原文作“甬”，量词，每桶布有多少匹不等，下同。本条每桶有布五匹。

[3] 桶：原文作“甬”，本条每桶有布十匹。

[4] 疋：同匹。量词，计算布帛类纺织品的单位。《小尔雅》云：倍两谓之疋。二丈为两，倍两四丈也。

[5] 块：原文作“圤”。《集韵》曰：圤，匹角切，音璞。块也。

[6] 绿：原文作“录”，下同。

[7] 一千三百零十二两四六：1302.46 两，对前述各笔交易累加结算数额，经验算，账面各笔支出累加与此数相合。

凉州 十一年 新正月初六日[1] 卖货花底

入卖 和盛店 桃红小梭 四桶共四拾匹 四钱[2] 合银壹拾六两 除用银 二四钱

廿一日[3]

入卖 聚顺和 丈五元青水蓝 粗斜纹布贰匹 二四两 合银 捌两四钱

二月初四日[4]

入卖 世隆奎杂色 扣梭五桶八匹 共五拾八匹 七四钱 合银 贰拾七两贰钱六分

廿八日[5]

入卖 双兴公 四三获鹿 色布壹卷 两二[6] 合银 四拾两零八钱 拨水湿银三钱

同日[7]

入卖 源成丰 五丈杂色斜纹布 贰拾五板 二四两 合银 一佰零五两 满拨银五钱

同日

入卖 天成亨 六二标白 布 壹板 共合银 四两

七月初二日[8]

入卖 和盛店 行唐真 青布贰卷 计八十[9] 两一五[10] 合银九拾贰两

此宗祥泰老号之布

---

[1] 十一年新正月初六日：同治十一年新正月初六日，1872年2月14日。
[2] 四钱：为小梭单价。
[3] 廿一日：同治十一年新正月廿一日，1872年2月29日。
[4] 二月初四日：同治十一年二月初四日，1872年3月12日。
[5] 廿八日：同治十一年二月廿八日，1872年4月5日。
[6] 两二，一两二钱，一匹色布的单价。
[7] 同日：同治十一年二月廿八日，1872年4月5日。同，原文作“仝”，下同。
[8] 七月初二日：同治十一年七月初二日，1872年8月5日。
[9] 八十：两卷布的匹数为八十匹。
[10] 两一五：一两一钱五分，一匹布的单价。

七月十八日[1]

入卖和亨公毛单 陆支三三四钱 合银 贰两六钱

廿日[2]

入卖和盛店毛单 壹拾叁块 五钱 合银 六两五钱

八月廿五日[3]

入卖同心协四十孟白布 贰卷共数 八十匹 八钱 合银 六拾四两

本年正月十二日[4] 永顺店与咱卖货账单

入卖四二白漂洋布 贰板 二四两 合银 捌两四钱

入卖白漂洋布拾叁匹 四两 合银 五拾贰两

入卖红紫布贰卷共八十二匹 九五 合银 柒拾七两九钱

入卖青蓝斜纹布贰板 四八两 合银 壹拾六两八钱

入卖杂色湖梭 五拾匹 五九钱 合银 四拾柒两五钱

甘州 六月廿日[5]

入卖四三获鹿白布一卷 五九钱 合银 叁拾贰两三钱

---

[1] 七月十八日：同治十一年七月十八日，1872年8月21日。

[2] 七月二十日：同治十一年七月二十日，1872年8月23日。

[3] 八月二十五日：同治十一年八月二十五日，1872年9月27日。

[4] 本年正月十二日：同治十一年正月十二日，1872年2月20日。

[5] 六月二十日：同治十一年六月二十日，1872年7月25日。

入卖获鹿白布六卷 三四十 贰佰卅四两九钱

色布贰卷 三三十 七八钱 合银 伍拾八两贰钱九分

凉州 七月初九日[1]

入卖 白蓝冠县壹拾壹卷 计三十四百匹

蓝孟县壹卷计卅九匹 以五五钱 合银 贰佰五拾七两九钱五分

甘州 八月十八日[2] 每十三匹算 壹拾七两

入卖行唐大白布六卷 五六钱 合银 贰拾四两八钱

甘州 廿九日[3]

入卖色孟布贰卷 计四十五匹 七五六钱 合银 六拾两零七钱五分

入卖三六行唐白布壹卷 五五钱 合银 壹拾九两八钱

入卖三六行唐白布壹卷 六钱 合银 贰拾壹两六钱

入卖白洋布贰匹 三两 合银六两

入卖绞布苫布五十六匹 五四钱 合银 贰拾五两贰钱

入卖白洋标布贰匹 三六两 合银 七两贰钱

以上一应共卖过银 壹仟贰佰伍拾捌两八钱贰分 内除湿水等银一零四两

凉州共卖过银 七零四三七百十两[4] 甘州共卖银 五四二七百十五两

二宗共一二五八八二千 与前同

[1] 七月初九日：同治十一年七月初九日，1872 年 8 月 12 日。

[2] 八月十八日：同治十一年八月十八日，1872 年 9 月 20 日。

[3] 廿九日：同治十一年八月廿九日，1872 年 10 月 1 日。

[4] 数字不合。验算结果为 740.47 两。

出十年[1]凉州厘金[2]城防税银 伍拾六两四钱叁分

祥泰老号取二担

出付凉州一五一分 甘州三五三分 店用银贰拾捌两七钱贰分

十二[3]年 四月凉州旧存发甘沿路厘金税底出布十卷成八卷

出货二担 每担六两脚银 合银 壹拾贰两

出凉州出城布八卷 每卷五钱厘金 合银 四两

出永昌县[4]过税八卷 每卷二钱五厘金 合银 贰两

出山丹县[5]过税布八卷 每卷二钱五厘金 合银 贰两

出山丹县布八卷 税银 九钱六分 每卷一钱二

出甘州入城布八卷 每卷五钱厘金 合银 四两

出甘州布八卷 每卷捐输[6]一两 合银 八两

出七卷加成六卷作一担半 每担脚银六两 合银 九两

出凉州出城六卷布 每卷五钱 合厘金银 三两

出永昌县每担一两 合厘金银 壹两五钱

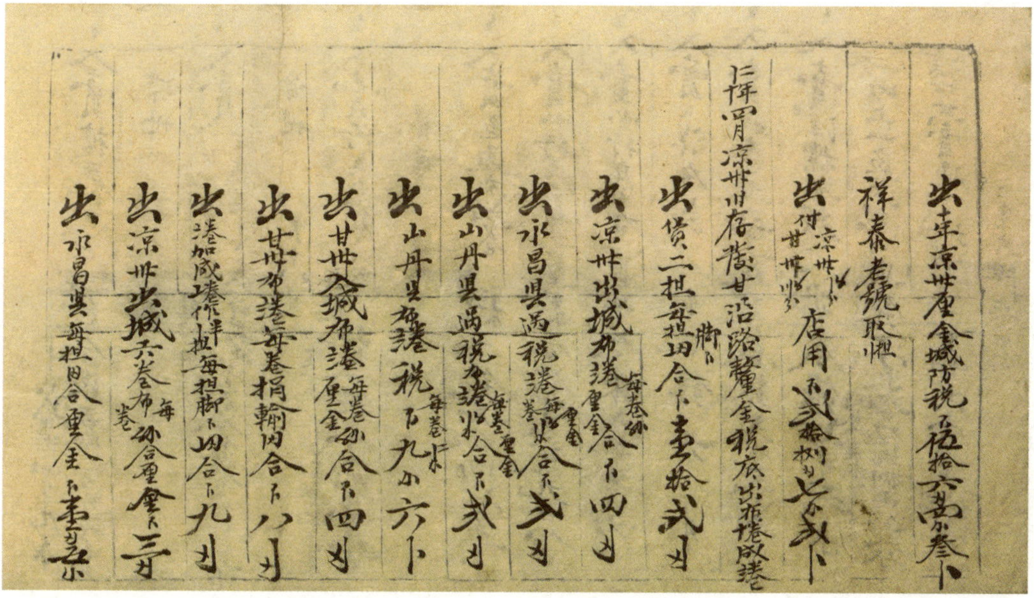

---

[1] 十年：同治十年，1871 年 2 月 19 日 ~1872 年 2 月 8 日。

[2] 厘金：清代咸丰三年即 1853 年至民国 20 年即 1930 年征收的一种商业税，因其初定税率为 1 厘 (1%)，故名厘金。又称厘捐、厘金税。

[3] 十二年：同治十二年，1873 年 1 月 29 日 ~1874 年 2 月 16 日。

[4] 永昌县：今甘肃省金昌市永昌县，清朝时期隶属凉州府。

[5] 山丹县：今甘肃省张掖市山丹县，清朝时期为甘州府治所。

[6] 捐输：将财物捐助缴纳给公家。

出山丹县布六卷 每卷二钱五 合厘金银 一两五钱

出山丹布六卷 税银 六钱贰分[1]

出甘州入城布六卷 每卷 厘金五钱 合银 叁两

出甘州布六卷 每卷脚银二钱五 合银 壹两五钱

出甘州店栈用银 八钱五分

出十年栈用 银 贰 两 每卷布五分 杂货一担二钱

以上壹应共出银壹佰四拾壹两零八分

出付水烟[2]银壹两壹钱 尔昌手

出付伙[3]房零用银贰两九钱四分 尔昌手

出四天八十伙食银壹拾七两贰钱五分 钱二伙食五天七十 钱二五伙食九天

出杂使银 五两四钱贰分

四共银 二六七一分十两

一六七七九百十两

至此一应除出净存银壹仟零九拾壹两零三分

付过宁郡[4]银贰佰五十两 号内 由凉路上失遗了

此二宗一十年 号内 除费净落银 三六五六百十两

又付过宁郡银 四 佰 两

日兴盛会银每佰银贴费[5]银六两二六 加平银[6]

---

[1] 分：原文作“卜”。

[2] 烟：原文作“菸”。

[3] 伙：原文作“火”。

[4] 宁郡：即宁夏道，清朝行政区划名，辖区约在当今宁夏回族自治区中卫、同心、盐池三市县以北地区。

[5] 贴费：银钱兑换时收取的手续费。

[6] 平银：为解决异地款项汇兑各地银两平色不一，商号自设的平码。

凉州行平[1]每佰两小六二两会银贴费二两

系二年一十付过宁郡号内银四佰贰拾两零七钱四分

出贴费补平银贰拾两零贰钱九分

两　清

收原本年十货银　壹仟贰佰捌拾九两壹钱八分

佃现付脚银壹佰七拾两

二宗共银壹仟四佰伍拾九两壹钱捌分

除出净付过宁平[2]现银柒佰捌拾六两三钱四分

一应除过净亏本银六佰七拾贰两捌钱四分

[1] 凉州行平：凉州分号平码。

[2] 宁平：宁郡分号平码。

凉十二年四月初一日[1] 卖过货花底

入卖永顺店布底梭鞋[2] 壹佰廿对 六三钱 合银 四拾叁两贰钱

入卖永顺店天津羽绫鞋 卅双 五五钱 合银 壹拾六两五钱

内分银一钱

入卖复顺公羽绫鞋 壹拾三双 六钱 合银 七两八钱

入卖和盛店红扪青 壹佰匹 四三钱 合银 叁拾四两

廿入卖義生店八一蔴纸 六拾巨 七六钱 合银 四拾两零二钱

入卖六七表心纸贰捆 三两一十 合银 贰拾六两

入卖洋厢鞋 廿贰双 五九钱 合银 贰拾两零九钱

入卖四十盂白布 叁卷 八钱 合银 九拾六两

入卖十丈色斜纹布壹拾五匹 三八两 合银 壹佰廿四两五钱

入卖二六洋标布壹匹 合银 叁两五钱

入卖十丈色斜纹布五匹 九五六两 合银 卅四两七钱五分

入卖一八包头麻纸六拾巨 九六钱 合银 四拾壹两四钱

入卖色南府梭壹佰八拾匹 八四钱 合银 捌拾六两四钱

五七五一五百

[1] 十二年四月初一日：同治十二年四月初一日，1873 年 4 月 27 日。

[2] 鞋：原文作“圭”，下同。

入卖四十码洋斜壹匹 八五 合银 捌两五钱

入卖十丈色斜纹布壹匹 七五 合银 七两五钱

入卖口蘑[1]菇五拾六斤[2] 八 四钱 合银 贰拾六两捌钱八分

入卖口蘑菇壹拾七斤半 共作银 五两叁钱

入卖四十盂白布壹拾贰卷 八 六钱 合银 叁佰廿六两四钱

入卖四十盂白布叁卷 七钱 合银 捌拾四两

入卖四十盂白布六卷 三 六钱 合银 壹佰五拾一两贰钱

入卖四十盂白布六卷 内短八匹 六钱 合银 壹佰卅九两贰钱[3]

入卖珠红梭六拾四匹 三钱 合银 壹拾九两贰钱

入卖天津羽绫鞋五对 五 五钱 合银 贰两七钱五分

入卖羽绫鞋四对 八钱 合银 叁两贰钱

入卖洋厢鞋五对 五 九钱 合银 四两七钱五分

入卖洋厢鞋贰对 八钱 合银 壹两六钱

入卖临湖布壹拾五匹 五 八钱 合银 壹拾贰两七钱五分

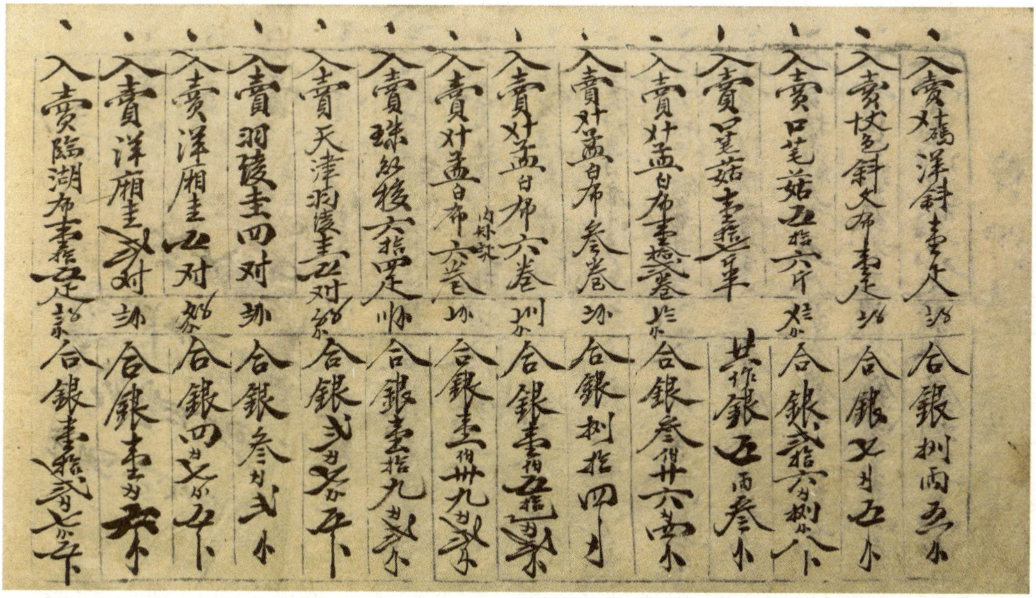

---

[1] 蘑：原文写作“芼”，下同。

[2] 斤：质量单位。清朝时期，1 斤 =16 两，1 两 =10 钱，1 钱 =10 分，折合现在质量单位，1 斤 =590 克。见王力主编 . 王力古汉语字典［M］. 北京：中华书局，2000:1815。

[3] 每卷 40 匹，6 卷 240 匹，少 8 匹，为 232 匹，每匹价格为 6 钱，合计 232×0.6＝139.2 两。

入卖孟苦布壹拾一匹 三五钱 合银 五两八钱三分

入卖四匹头苦布壹连 五六钱 合银 贰两六钱

入卖三副毛单贰拾一块 一四钱 合银 捌两六钱一分

入卖绿麻绳贰拾三条 五分 合银 壹两一钱五分

入卖青缎靴子壹对 二五 合银 贰两五钱

入卖口蘑菇叁斤 四钱 合银 壹两贰钱

入卖二六洋标布壹匹 三五 合银 叁两五钱

入卖春冰糖贰箱共净重 零八贰佰 九五二钱 合银 六拾一两三钱六分

入卖色湖布六拾五匹 九钱 合银五拾捌两五钱

入卖毡煖鞋卅一对 四七钱 合银 贰拾贰两九钱四分

入卖二蓝洋呢叁板 廿两 合银 六拾两

一八

入卖白麻纸六拾巨 七钱 合银 四拾贰两

入卖色南府梭六十六匹 二三钱 合银 贰拾一两壹钱贰分

入卖漂白府梭壹拾四匹 二二钱 合银 叁两零捌分

入卖硃红梭壹佰五十匹 二钱七 合银 四拾两零五钱

入卖硃红梭贰拾六匹 三钱 合银 柒两捌钱

入卖白皮布贰匹 五钱五 合银 壹两壹钱

以上一应共卖货银壹仟七佰壹拾贰两一钱七分 外除一钱 店用三五 合 五十三七

凉州共卖银一百零一两五 店用以一钱五合两五二 甘州共卖银 六七 一六一 千百十两

出凉州现付脚银四拾九两五钱 共货一十一担 每脚一两九 除付下欠银

出凉州入城防银壹拾两零九钱贰分

出凉州入城梭布厘金银贰拾一两八钱四分

出凉州入城梭布十一担税银五两壹钱 一担脚银三九两 现付过四两三 下短

出 笃庆恒与咱带 斜纹布一担 脚银五两

出凉州入来斜纹布一担城防银四两一钱六分

出凉州入城斜纹布一担城防银五钱贰分

出凉州入城斜纹布税银四钱贰分

出 加平银三 梭银一钱 一钱 栈用银二钱 共银四钱叁分

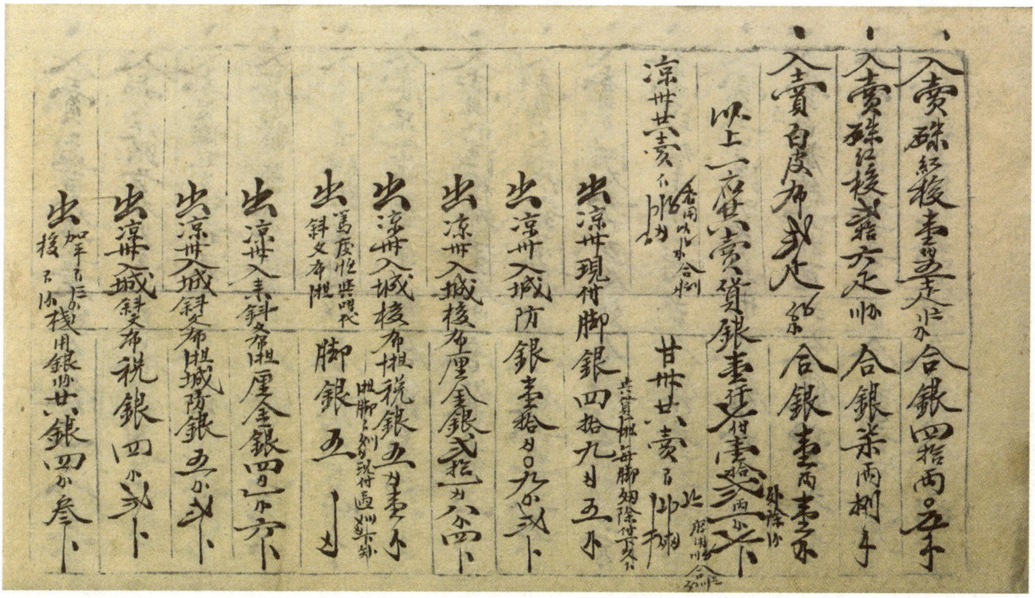

出凉发甘出城梭布十担二位骑驼作一担共脚银六拾六两[1]（每担脚银六两）

出凉发甘梭布十担出城厘金银贰拾三两贰钱四分

出发甘货十担永昌厘金银壹拾一两贰钱八分

出发甘梭布十担山丹厘金银壹拾贰两零九分

出发甘梭布十担山丹税银伍两三钱六分

出发梭布十担入甘城厘金银贰拾三两七钱七分

出发梭布十担甘州捐输银五拾两零零一分

出仁义泰带[2]回货二担至甘净与伊沿路花费银壹拾五两五钱五分

出甘州伙食银四拾捌两七钱

出杂使银四拾捌两叁钱

出凉州栈用银贰两四钱

出甘州栈用银贰两捌钱

出甘州来宁盘费银九两贰钱八分

出凉甘州店用银伍拾七两八钱九分

共出四百七四五六

净一千二百三十七两六一

---

[1] 共脚银六十六两：梭布十担，一匹马一头骆驼作为一担，合计十一担，每担脚银六两，总计脚银六十六两。

[2] 带：原文作“代”，下同。

以上一应共出银四佰柒拾四两伍钱六分

至此除出过净存银壹仟贰佰卅七两六钱一分

日兴盛汇[1] 付过宁郡号内银壹佰七十九两贰钱六分

同盛店带 付过宁郡号内银贰佰零一两四钱贰分

两镒公带 付过宁郡号内银四佰零七两四钱八分

张孝友带 付过宁郡号内银六佰零七两一钱

笃庆恒带 付过宁郡号内银壹佰两

十年[2]山后常手 付过永盛昌银叁拾九两五钱

七年[3]凉州来往 又付过永盛昌银壹拾两零九钱三分

一十三年二月[4]回来付过宁郡号内银四拾两零零四分

收祥泰老号货银叁佰贰拾七两二钱五分 此宗抄该外小账

收桓己货 银九拾四两壹钱四分 此宗抄该外小账

收宁郡号内银 贰两七钱 二月[5]

老号五七百 西裕森九五六千 山后的钱

又收 号内钱柒千七佰 文 三千[6]合银二两五七

[1] 汇：原文作“会”，下同。

[2] 十年：同治十年，1871年2月19日～1872年2月8日。

[3] 七年：同治七年，1868年1月25日~1869年2月10日。

[4] 一十三年二月：同治一十三年二月，1874年3月18日～1875年4月15日。

[5] 二月：同治一十三年二月，1874年3月18日～1875年4月15日。

[6] 三千：银钱比价，一两银子兑换三千文铜钱。

至此除付过净存银柒拾八两五钱四分

出〔日兴盛〕汇银贴费加平银七两零贰分

出〔两镒公〕带银〔四百两〕加色银壹两六钱

出〔张孝友〕带回银〔六百两〕加色银贰两四钱

出〔张孝友〕回来驮脚银五两

收欠永顺店银五十七两八钱

收欠义生店银一十一两四钱六分

收欠雷时震银 九两七钱六分 抄后

收欠两镒公银壹拾两零九钱

尹效先欠咱银壹拾八两一钱贰分 抄后

两镒公兑过银贰两五钱 〔郭〕 付东家

郭东君 取水烟袋[1]羽缕子银贰两叁钱五分

〔永治〕李掌柜取 银 六钱

铭 己 取银壹拾五两一钱六分

抄内支

[1] 袋：原文作“代”。

存 一零六六五 百

抄支账

孝友己 取银叁两三钱三分 张孝友带来矮鞋四双

铺中取银 叁两七钱三分

收花线[1] 一零二 十两 五两 合银 叁两壹钱九分[2]

除讫净存铺中银壹佰零玖两捌钱四分

收原来货本银壹仟叁佰卅六两贰钱五分

收原来佃脚厘金银柒拾四两九钱

二宗共合银壹千四佰壹拾一两壹钱五分

甘州共卖货银壹仟柒佰壹拾贰两一钱七分

除一应厘金脚税银四佰七拾九两五钱六分

除一应平色银壹拾柒两七钱八分

一应清除净寔[3]在银壹仟贰佰一十四两八钱三分 一二一四八三 千

净不敷本银 一九六三二 百十两

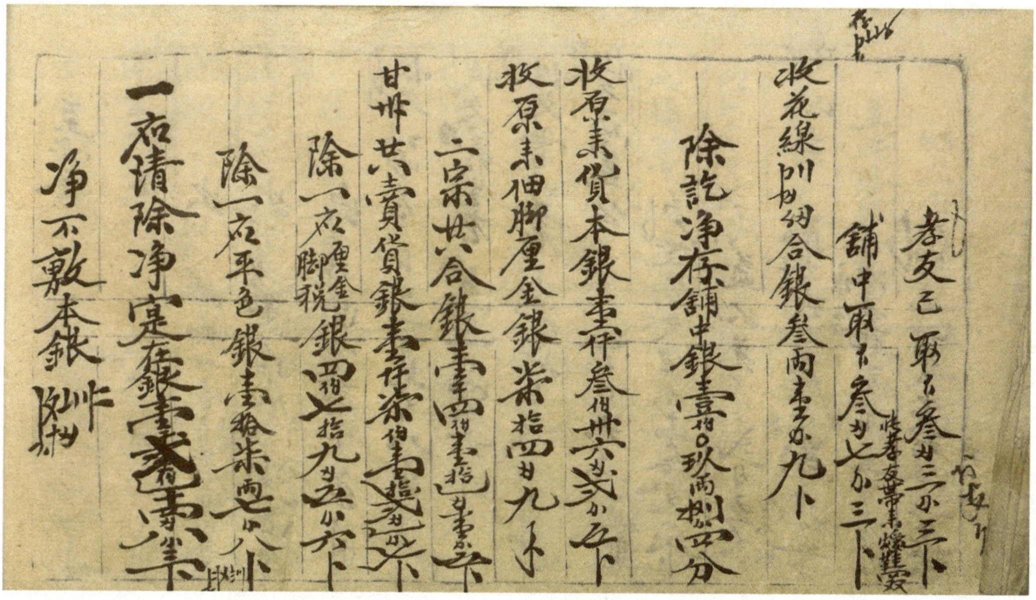

[1] 线：原文作“線”。

[2] 本条记录收花线 10.2 两，每斤花线收购价格为 5 两银子，当时 16 两为一斤，因此支出银子为 10.2 ÷ 16 × 5 = 3.1875，四舍五入为 3.19 两。

[3] 寔：同“实”。

一宗付永盛昌 银 五拾两零四钱三分

一宗支使外该 银 四拾零七钱九分

一宗付宁号现银壹千一佰零三两九钱九分

一宗凉往甘贩货 净赔银壹佰零九两八钱四分

系十三年六月从凉捎宁 张尔名手付

两镒公取银廿一两五钱四分

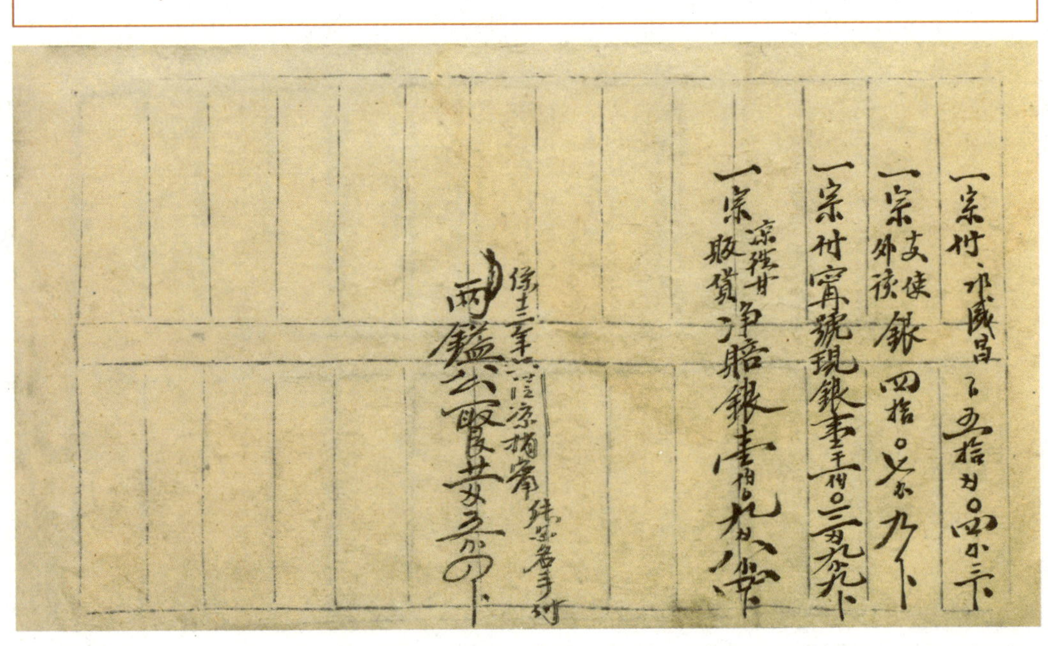

前抄来

收永顺店　银五十七两八分

收义生店　银十一两四钱六分

收雷时震　银九两七钱六分

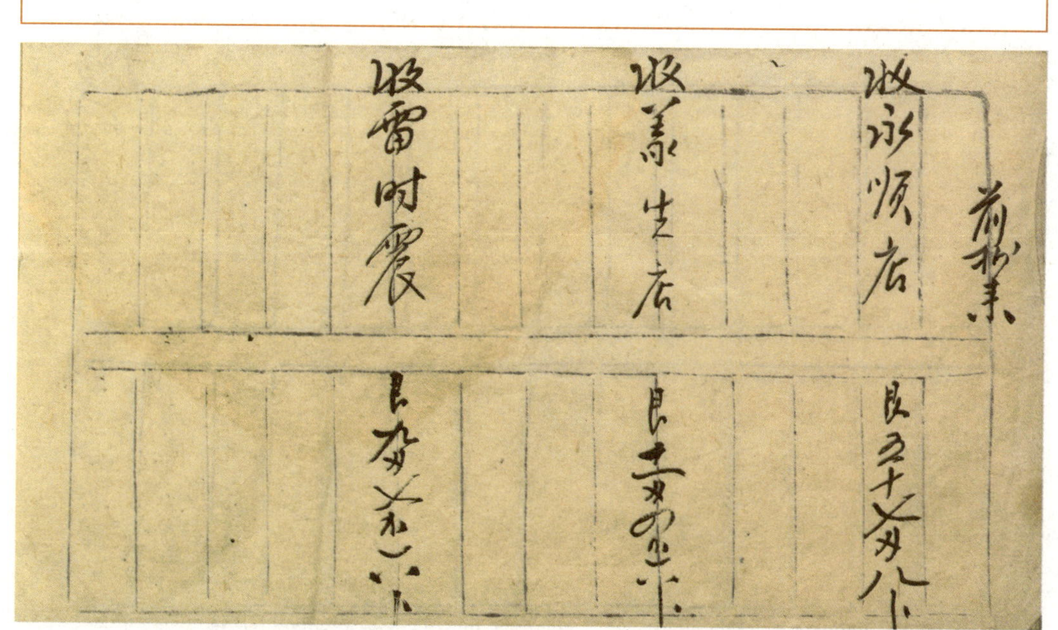

收两镒公　银十两零九钱

取银贰两五钱　十三年七月[1]　取银廿一两五钱四分　尔名手

三年二月廿二日[2]　取银贰两六钱六分　王掌贵分　八月十二日[3]　付银五两九钱三分

尹效先　欠银十八两一钱二分

李永治　取银六钱

[1] 十三年七月：同治十三年七月，1874 年 8 月 12 日 ~ 1874 年 9 月 10 日。
[2] 三年二月廿二日：同治三年二月廿二日，1864 年 3 月 29 日。
[3] 八月十二日：同治三年八月十二日，1864 年 9 月 12 日。

祥记　底账

收四十行唐真青布 捌卷

收三副毛单子 四块

收绿麻绳 四条

收白苦布 八匹

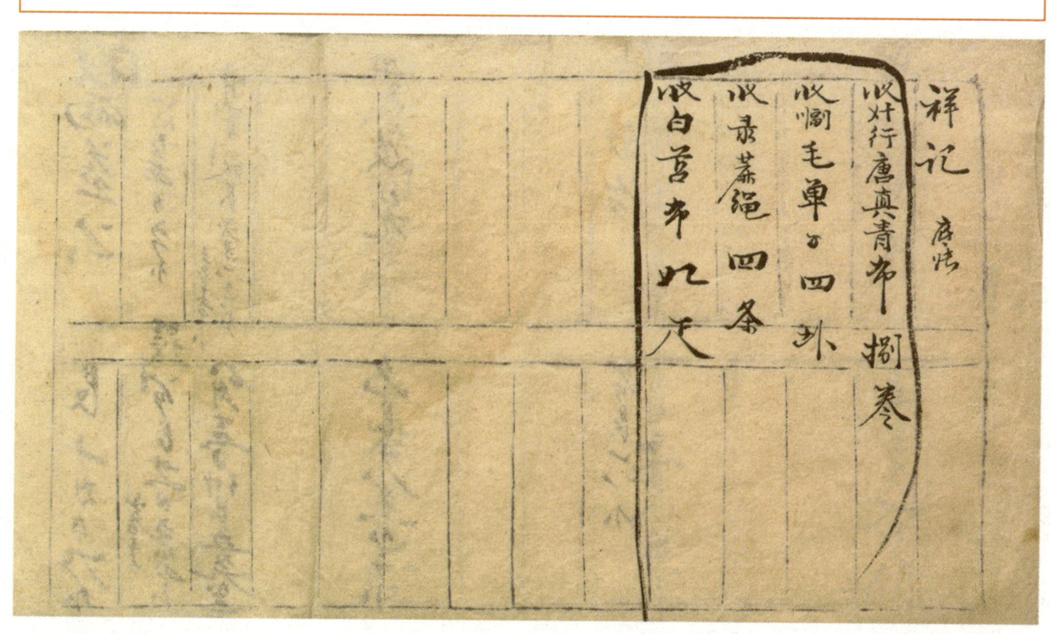

腊月十五日[1]

收三副毛单子廿块

收绿麻绳 十八条

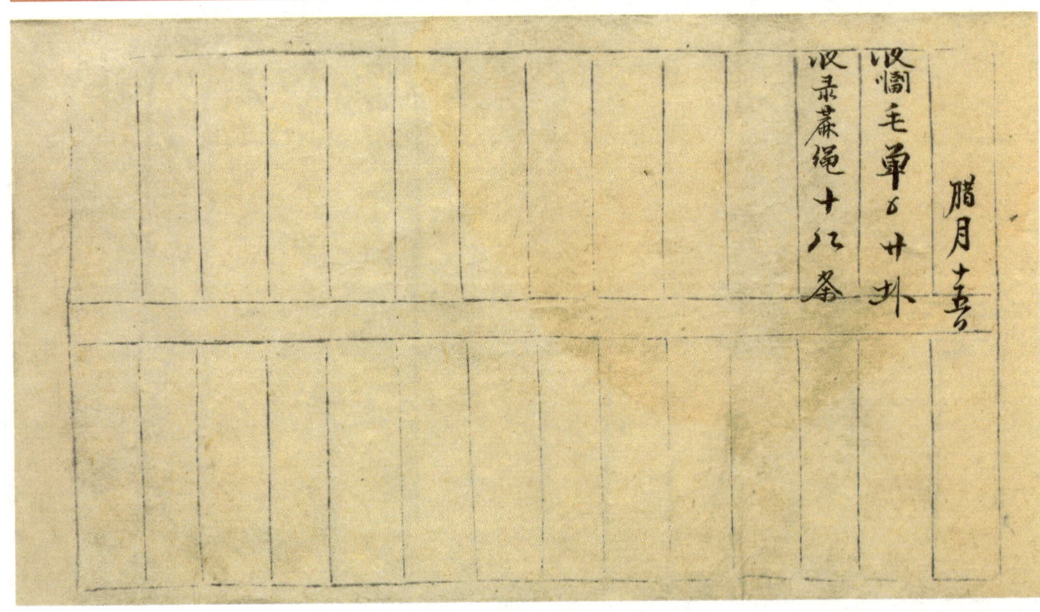

[1] 腊月十五：同治十三年腊月十五日，1875年1月22日。

［四号账簿］

甲戌年 宁郡万禧公记 大清同治十三年三月吉立

公号公用账

屈娜 识注

前言

《甲戌年宁郡万禧公记大清同治十三年三月吉立公号公用账》是同治十三年六月初八日到九月二十七日即1874年7月21日到11月5日之间共计108天，宁郡万禧公记公号员工日常生活花销情况。

通过该账册可以发现，商号基本餐饮副食受地域限制，食材全部是北方种植生产。农历六到九月是北方地区瓜果蔬菜成熟之际，可选择食材范围相对广泛一些，因此，账册里出现了大量购买瓜果蔬菜情形。这一点可以从其他记录冬季日用账册中反映出来。据统计，账册里记载的食材有25种之多，包括黄瓜、葱、茭瓜、萝卜、肉、白菜、粉皮、豆腐、梅豆、蒜、粉条、豆角、芫荽、辣子、鸡蛋、芥菜、清酱、面酱、麻油、香油、西瓜、甜瓜、饼子、茄子、韭菜、玉米、发面。萝卜就有三种：胡萝卜、紫萝卜、白萝卜。豆制品有：豆腐、豆腐干、腐乳。肉类在账册出现63次，平均1.7天一顿肉。肉的种类较多：猪肉、羊肉、牛肉、熟肉、腊羊肉。水是每天固定开支，饮水需要有专门的担水售卖的人，并形成挑水这样特定的职业。

同其他日用帐一样，该账册内大多数交易没有记录具体采购数量，只记录了钱数。但是有少量交易既记录了钱数，又记录了采购数量，使得我们可以对当时的物价有一个初步的了解。这些记录实属难能可贵。例如同治十三年六月初九有“出粉皮一斤钱壹百卅文”，一斤粉皮一百三十文。同治十三年六月十五日记载有“出水六桶钱六十文”，同治十三年六月十六日记载有“出水七桶钱七十文”，同治十三年六月十七日记载有“出水七桶钱七十文”“出水三桶钱卅文”，一桶水钱是十文，一担水就是二十文。同治十三年六月十九日记载有“出剃头钱郭源八十文”，剃一个头八十文，同治十三年六月廿三日记载有“出剃头钱五十文”，想必也为一个人剃头所花，与前记载相比二者相差三十文，是因为头发稀疏稠密不同所致吗？不得而知。同治十三年九月初八有“出买钱三个针钱六十文”，一个针钱是二十文。这些记录相当少，但是很有价值，有助于我们了解和研究当时社会经济发展状况。

需要注意的是，日用帐因为采购零散，金额小，笔数多，经常会出现账上钱数与实际不符的情况，为解决这个问题，账内经常会以“出短数钱”用来找平账目，即便这样，我们对账册内每次结算情况进行验算，还是多有前后数字不合的情况。例如，同治十三年六月十八日下批存钱五百五十五文，减去同治十三年六月十九日各项支出以及短数钱，余额应为一百三十文，而账上记载为一百一十文，二者并不相符。类似情况并不少见。

屈　娜

2022年1月1日

甲戌年

宁[1]郡万禧公记

大清同治十三年三月[2]吉立

公号

公用账[3]

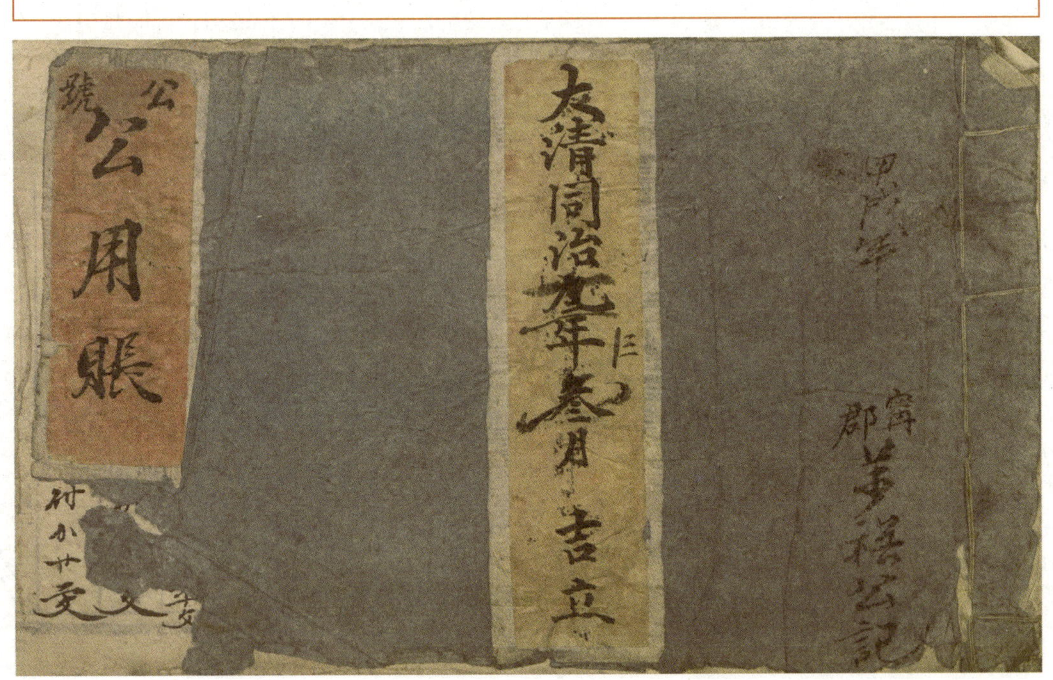

[1] 宁郡：即宁夏道，清朝行政区划名，辖区约当今宁夏回族自治区中卫、同心、盐池三市县以北地区。

[2] 同治十三年三月：1874 年 4 月 16 日 ~ 1874 年 5 月 15 日。

[3] 公用账：商号日常开销流水账。

前账移来净存钱贰百四十贰文[1]

六月初八日[2]

出茭瓜钱[3]五十五文　出猪肉钱壹百文

出葱钱壹十文　出黄瓜钱十六文

出水钱四十文

初九日[4]

入现钱壹仟文　出粉皮一斤[5]钱壹百卅文

出水四十文　出豆腐干钱卅文

初十日[6]

出黄瓜钱廿文　茭瓜钱廿五文

出葱钱壹十文　出胡[7]萝卜钱六十文

出葱钱壹十六文　出水钱五十文

出剃头钱五十文　出豆腐[8]钱廿二文

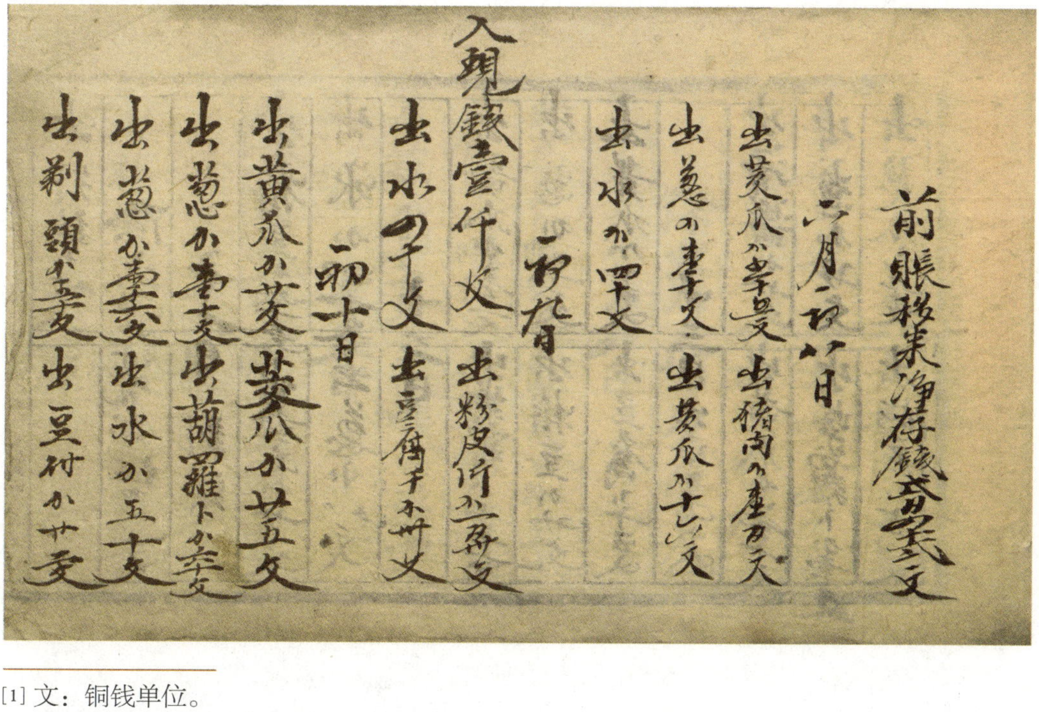

[1] 文：铜钱单位。

[2] 六月初八日：同治十三年六月初八日，1874 年 7 月 21 日。

[3] 钱：原文写作“⿱”，下同。

[4] 初九日：同治十三年六月初九日，1874 年 7 月 22 日。

[5] 斤：质量单位。清朝时期，1 斤 =16 两，1 两 =10 钱，1 钱 =10 分，折合现在质量单位，1 斤 =590 克。见王力主编 . 王力古汉语字典［M］. 北京：中华书局，2000:1815。

[6] 初十日：同治十三年六月初十日，1874 年 7 月 23 日。

[7] 胡：原文写作“葫”，下同。

[8] 腐：原文写作“付”，下同。

出短[1]数钱八文

除出净存现钱伍百六十文

十一日[2]　剃头

出梅豆钱叁十三文　出黄瓜钱廿文

出水钱四十文　出葱钱八文

十二日[3]

出黄瓜钱壹二文　出紫萝卜壹十六文

出葱钱五文　出梅豆钱廿文

出黄瓜钱十五文　出豆腐钱十五文

十三日[4]　出水钱四十文

出清酱钱廿文　出黄瓜钱壹十文

出葱钱廿文　出紫萝卜钱壹十文

出茭瓜钱六十文　出梅豆钱十六文

[1] 短：原文写作“𥐥”。

[2] 十一日：同治十三年六月十一日，1874年7月24日。

[3] 十二日：同治十三年六月十二日，1874年7月25日。

[4] 十三日：同治十三年六月十三日，1874年7月26日。

出葱钱八文　出黄瓜钱十文

出梅豆钱卅三文　出水钱四十文

出短数钱九文

除出净存钱壹佰文

十四日[1]

出葱儿钱拾贰文　出黄瓜钱拾五文

出萝卜钱拾贰文　出熟猪肉钱四十文

出蒜钱壹十文　出水钱柒十文

十五日[2]

出黄瓜钱廿四文　出紫萝卜钱廿文

出葱钱五文　出水六桶钱六十文

出粉条子廿柒文　出打更钱壹佰卅文

十六日[3]

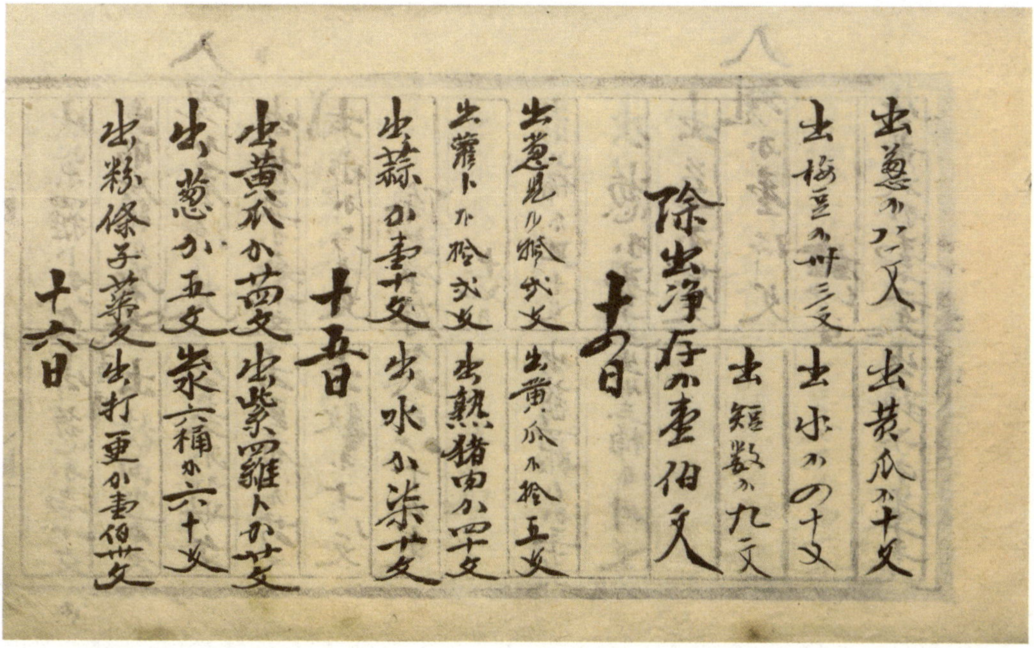

[1] 十四日：同治十三年六月十四日，1874 年 7 月 27 日。

[2] 十五日：同治十三年六月十五日，1874 年 7 月 28 日。

[3] 十六日：同治十三年六月十六日，1874 年 7 月 29 日。

出紫萝卜钱八文 出葱钱壹十文

十五用

出水七桶钱七十文 出猪肉钱一百文

入现钱壹仟文 出菱瓜钱卅文

出梅豆钱叁十文 出豆腐钱廿四文

出水钱六十文 出数钱[1]十八文

除出净存钱贰百八十五文

十七日[2]

出水七桶钱七十文 出胡萝卜钱五十文

出葱钱壹十文 出水三桶钱卅文

出葱钱廿八文

入现钱壹仟文

拾八日[3]

出黄瓜钱壹十二文 出辣子钱壹十五文

[1] 数钱：短数钱。

[2] 十七日：同治十三年六月十七日，1874 年 7 月 30 日。

[3] 拾八日：同治十三年六月十八日，1874 年 7 月 31 日。

出芫荽[1]钱五文 出梅豆钱四十文

出辣子钱壹十五文 出豆腐干钱壹十文

出茇瓜钱五十文 出剃头梳辫钱壹佰四十文

出柴葱钱贰佰零五文 出水钱五十文 存五百五十五

十九日[2]

出黄瓜钱壹十八文 出葱儿钱拾文

出粉条子钱壹佰文 出豆腐钱壹十八文

出翠瓜钱六十文 出水钱五十文

九七 出梅豆钱廿四文 出剃头钱郭源八十文

出猪耳钱六十文 十七日用 出短数钱五文

除出净存钱壹佰一十文[3]

廿日[4]

出豆角钱叁十五文 出黄瓜钱壹十二文

[1] 芫荽：原文写作“莞妥”，下同。

[2] 十九日：同治十三年六月十九日，1874 年 8 月 1 日。

[3] 此处数字不合。按十八日余 555 文，此处应为 130 文，而非 110 文。

[4] 廿日：同治十三年六月廿日，1874 年 8 月 2 日。

出辣子钱壹十二文 出葱钱壹十文

出豆腐干钱壹十六文 出水钱五十文

入现钱壹仟文

廿一日[1]

出水四桶钱四十文 出胡萝卜钱五十四文

出葱钱壹十文 出黄瓜钱壹十文

出翠瓜子[2]钱拾六文 出豆腐干钱十八文

廿二日[3]

出葱钱壹十文 出黄瓜钱廿文

出紫萝卜钱壹十六文 出茭瓜钱柒十文

出巡更钱一百卅文 出豆腐钱十八文

出草钱十文 出水钱四十文

出短数钱八文

廿三日[4]

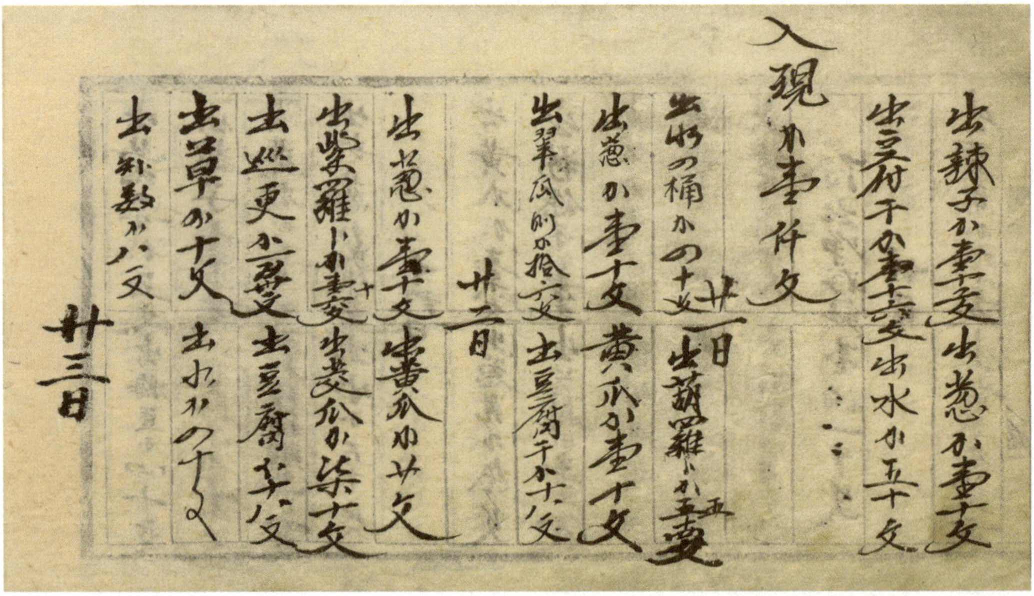

[1] 廿一日：同治十三年六月廿一日，1874 年 8 月 3 日。

[2] 子：原文作“则”，下同。

[3] 廿二日：同治十三年六月廿二日，1874 年 8 月 4 日。

[4] 廿三日：同治十三年六月廿三日，1874 年 8 月 5 日。

除出净存钱五百零五文

出碱[1]子钱壹百廿文　出胡萝卜钱廿五文

出葱钱壹十五文　出白菜钱廿四文

出辣子钱壹十四文　出白菜钱叁十文

出水钱四十文　出剃头钱五十文

廿四日[2]

出黄瓜钱廿二文　出辣子钱壹十文

出葱钱壹十五文　出白菜钱叁十六文

出紫萝卜钱壹十五文　出水钱九十文

出腐豆（下上）干钱壹十六文　出鸡蛋钱六十四文

出清酱钱六十五文　出羊肉钱四佰五十文

出鸡蛋钱叁十文　出青菜钱四文

出芥菜钱十五文　出鸡蛋钱四十八文

[1] 碱：原文作“城”，下同。

[2] 廿四日：同治十三年六月廿四日，1874年8月6日。

出麻油钱六十文 出鸡蛋钱叁十二文

出豆腐[1]干钱壹十六文 出白萝卜钱四十文

入现钱壹仟文 出麻酱油钱一百文

除出净现存钱柒拾壹文[2]

廿五日[3]

出剃头钱三百六十文 出水钱五十文

出葱钱十二文

入现钱壹仟文

廿六日[4]

出黄瓜钱五文 出葱钱壹十文

出芫荽钱五文 出豆腐钱壹十二文

出甜瓜钱叁拾文 出水钱四拾文

廿七日[5]

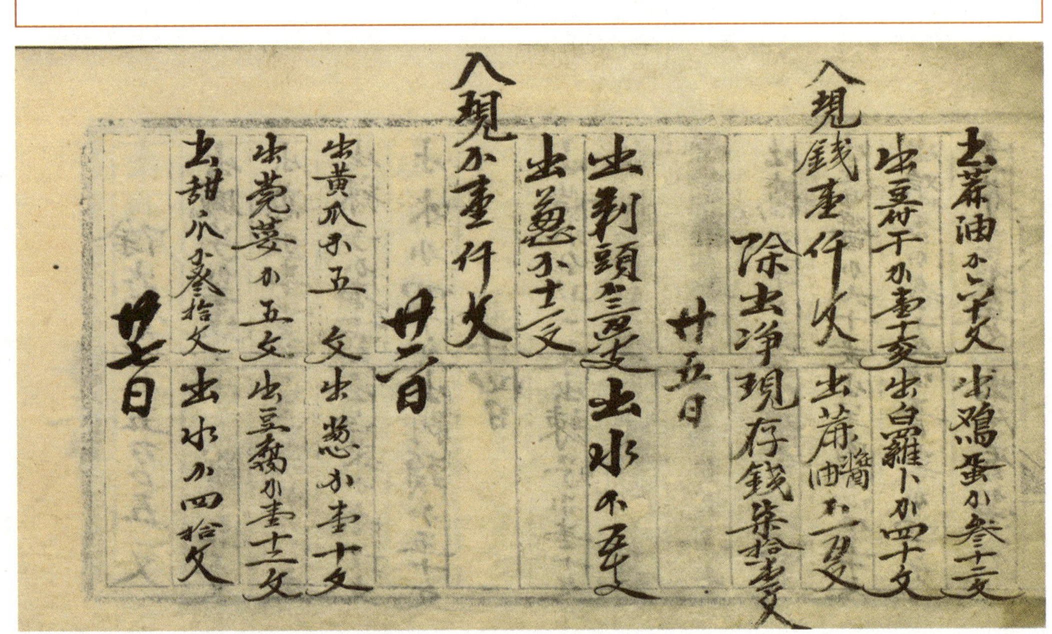

[1] 豆腐：原文写作“豆付”。

[2] 数字不合，按廿三日存505文，结果应为59文，而非71文。

[3] 廿五日：同治十三年六月廿五日，1874年8月7日。

[4] 廿六日：同治十三年六月廿六日，1874年8月8日。

[5] 廿七日：同治十三年六月廿七日，1874年8月9日。

出黄瓜钱廿四文 出葱钱八文

出辣子钱壹十文 出水钱四十文

出荽瓜钱八十五文 出猪肉钱四十文

除出净存钱三百四十文

廿八日[1]

出黄瓜钱廿二文 出葱钱壹十文

出辣子钱壹十五文 出胡萝卜钱六文

出饼[2]子钱四十一文 出水钱五十文

出豆腐钱廿四文 出熟肉钱卅文

廿九日[3]

出水钱四十文

七月初壹日[4]

出黄瓜钱壹十二文 出芫荽钱五文

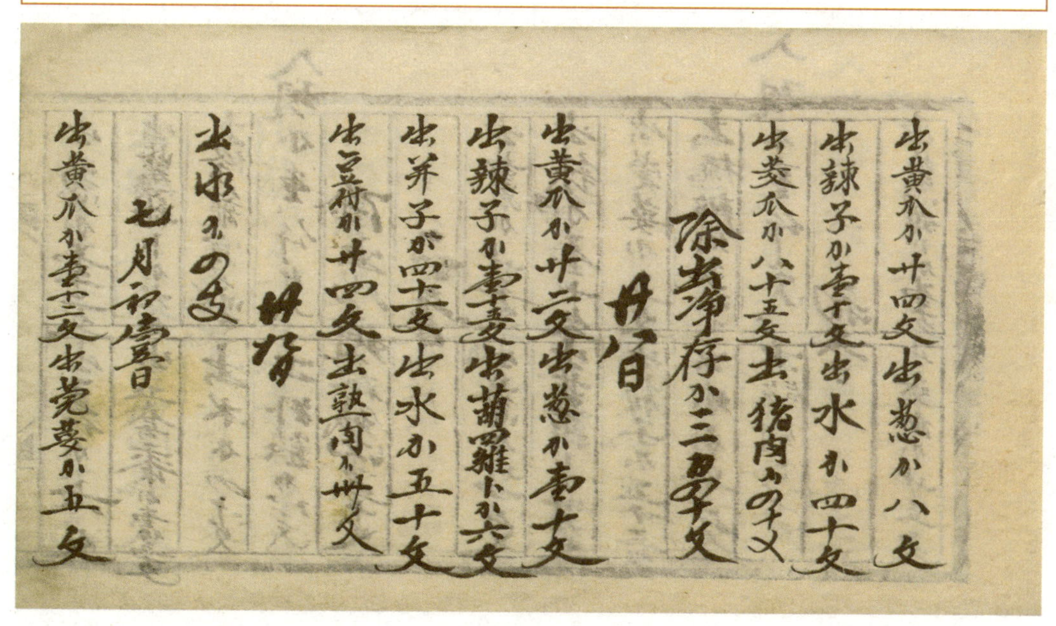

[1] 廿八日：同治十三年六月廿八日，1874 年 8 月 10 日。

[2] 饼：原文写作“并”，下同。

[3] 廿九日：同治十三年六月廿九日，1874 年 8 月 11 日。

[4] 七月初壹日：同治十三年七月初一日，1874 年 8 月 12 日。

出葱钱壹十二文 出豆腐钱六文
出紫萝卜钱九文 出玉套黍[1]钱壹佰五十文
出修笼窗钱 三百五 出水钱四十文
入现钱壹仟文 出短数钱八文
除出净现存钱四百一十文[2]

初二日[3]

出黄瓜钱廿五文 出葱钱廿四文
出辣子钱壹十文 出胡萝卜钱卅九文
出芫荽钱五文 出茄子钱五十三文
出梳辫子[4]钱贰百一十文 出水钱卅文
入现钱壹仟文 出饼子[5]钱六十文

初三日[6]

出紫萝卜钱壹十文 出茭瓜钱廿五文

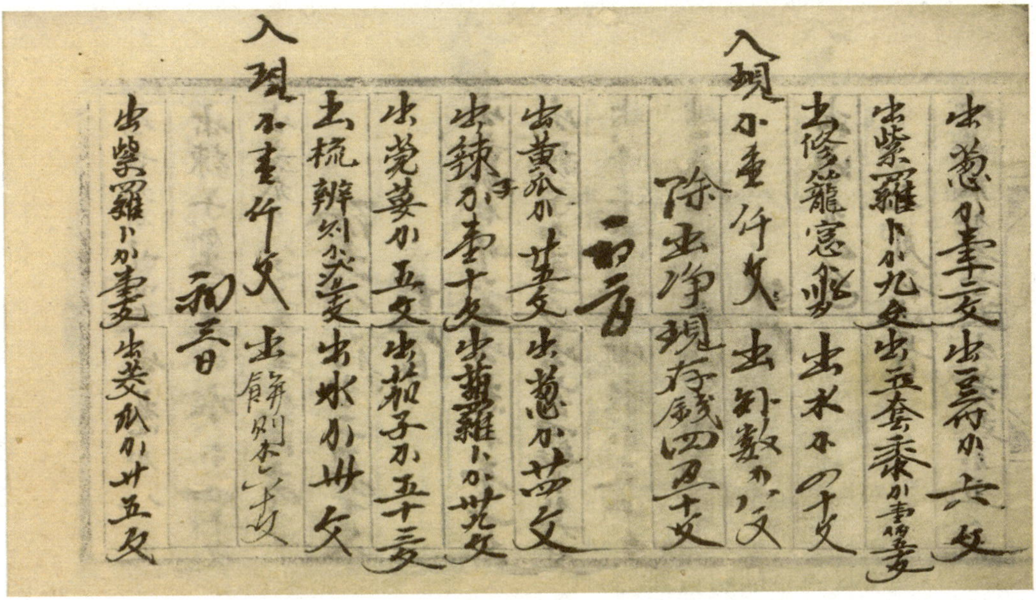

[1] 玉套黍：山西方言，指玉米。
[2] 此处数字不合，按六月廿七日存 340 文，结果应是 510 文，而非 410 文。
[3] 初二日：同治十三年七月初二日，1874 年 8 月 13 日。
[4] 辫子：原文作“辨则”。
[5] 饼子：原文作“餅则”。
[6] 初三日：同治十三年七月初三日，1874 年 8 月 14 日。

出葱钱壹十二文　出黄瓜钱廿文

出芫荽钱五文　出辣子钱壹十二文

出豆腐干钱壹十六文　出水钱卅文

出熟肉钱四十文　出水钱十文

出短数一十四文

除出净存钱柒佰六十文

初四日[1]

出黄瓜钱壹十六文　出茄子钱柒十四文

出紫萝卜钱壹十二文　出辣子钱壹十三文

出猪肉钱壹佰文　出芫荽钱五文

初五日[2]　出水钱四十文

出水钱五十文　出茄子[3]钱卅文

出芫荽钱八文　出葱钱十二文

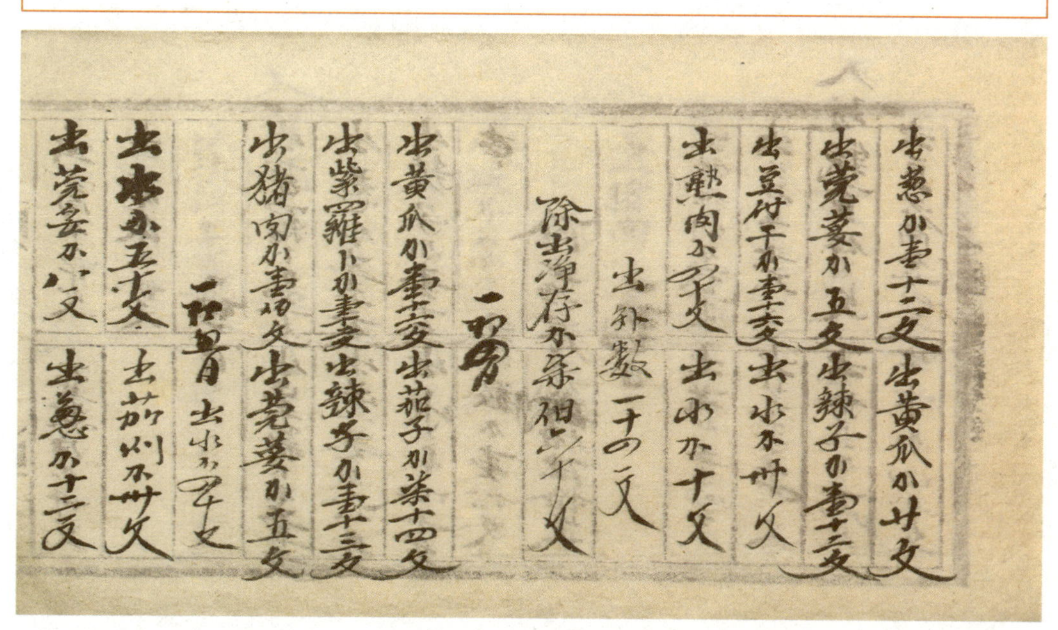

[1] 初四日：同治十三年七月初四日，1874 年 8 月 15 日。

[2] 初五日：同治十三年七月初五日，1874 年 8 月 16 日。

[3] 茄子：原文作“茄则”，下同。

出羊肉钱六十文　出熟肉钱卅文

出黄瓜钱廿文

初六日[1]

出胡萝卜钱四十文　出紫萝卜钱壹十二文

出葱钱壹十二文　出芫荽钱六文

出辣子钱壹十文　出水钱四十文

出短数钱壹拾文

除出净存钱贰佰陆拾文[2]

初七日[3]

出铁揧子钱贰百一十文　出茄子五十四文

出葱钱十贰文　出芫荽钱四文

入现钱壹仟文　出梅豆钱十八文

出豆腐钱廿四文　出水钱四十文

[1] 初六日：同治十三年七月初六日，1874年8月17日。

[2] 数字不合，按初三日存760文，结果应是160文，而非260文。

[3] 初七日：同治十三年七月初七日，1874年8月18日。

初八日[1]

出菱瓜钱柒十文　出茄子钱五十四文

出豆角钱卅二文　出葱钱壹十二文

出辣子钱壹十文　出水钱五十文

出猪肉钱壹百文

初九日[2]

出碱子钱壹佰六十八文　出辣子钱廿五文

出葱钱壹十二文　出紫萝卜钱壹十六文

出猪肉钱壹佰五十文　出菱瓜钱六十文

入现钱壹仟文　出水钱四十文

出梳辫钱壹百卅文　出猪肉钱五十文

出熟羊肉钱四十文

初十日[3]

[1] 初八日：同治十三年七月初八日，1874 年 8 月 19 日。

[2] 初九日：同治十三年七月初九日，1874 年 8 月 20 日。

[3] 初十日：同治十三年七月初十日，1874 年 8 月 21 日。

出白菜钱廿四文 出辣子钱壹十二文
出紫萝卜钱壹十文 出葱钱廿文
出水钱六十文 出白菜钱卅四文
出牛肉钱五十文 出短数钱贰十八文
除出净存钱六百六十文[1]

十一日[2]

出葱钱壹十七文 出辣子钱三文
出胡萝卜钱六十文 出葱钱壹十二文
出辣子钱壹十二文 出豆腐钱廿四文
出芫荽钱五文 出猪肉钱五十文
出水钱六十文 出西瓜钱五十文 李用

十二日[3]

出水钱四十文 出牛肉钱七十文

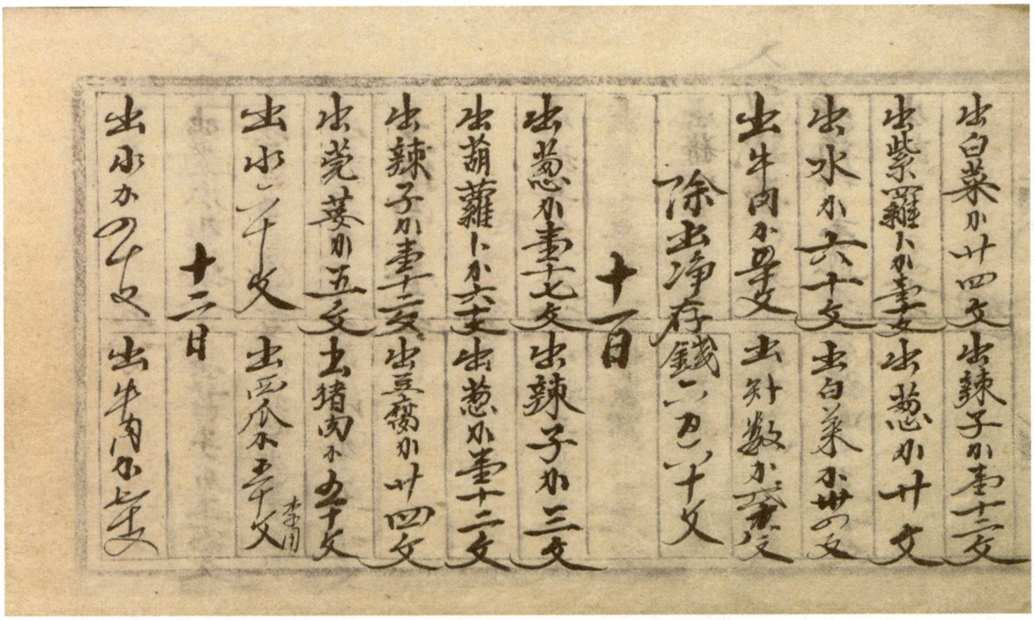

[1] 数字不合，按初六日存钱 260 文，结果为 659 文，而非 660 文。
[2] 十一日：同治十三年七月十一日，1874 年 8 月 22 日。
[3] 十二日：同治十三年七月十二日，1874 年 8 月 23 日。

十三日[1]

出葱钱十二文　出萝卜钱一十文

出紫萝卜钱廿文　出葱钱壹十二文

出芫荽钱五文　出辣子钱壹十二文

出木柴钱三百七十五文　出水钱五十文

出买茄子钱壹百文　出豆腐钱十贰文

入现钱壹千文

十四日[2]

出豆角钱卅文　出紫萝卜钱廿四文

出葱钱壹十二文　出芫荽钱五文

出辣子钱壹十五文　出水钱四十文

出短数钱十三文

除出净存钱伍百文

十五日[3]

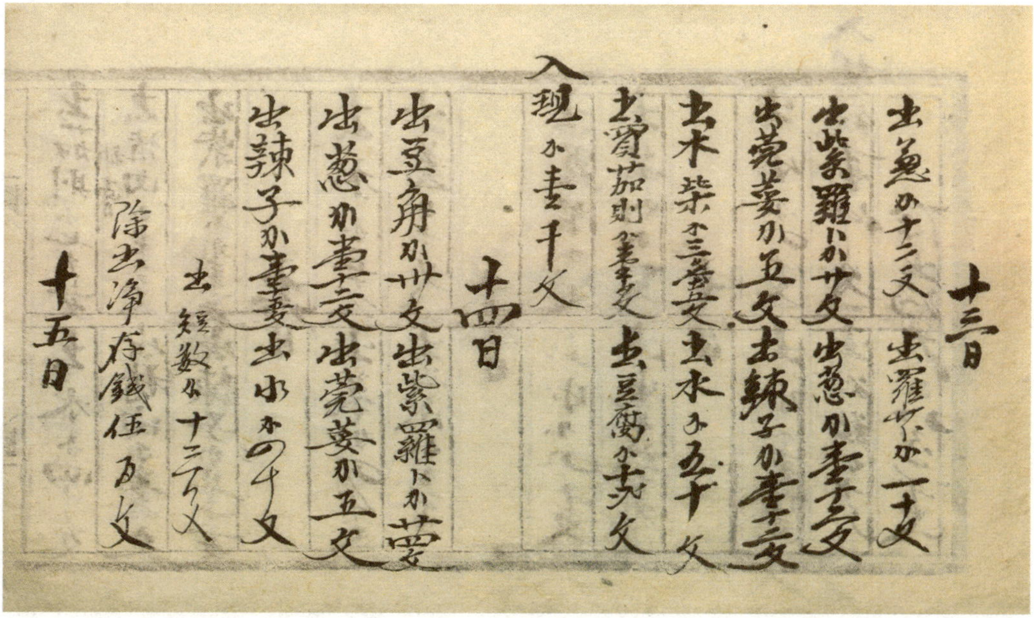

[1] 十三日：同治十三年七月十三日，1874 年 8 月 24 日。

[2] 十四日：同治十三年七月十四日，1874 年 8 月 25 日。

[3] 十五日：同治十三年七月十五日，1874 年 8 月 26 日。

出茄子钱七十五文 出水钱四十文

补十四日[1]

出猪肉钱壹百文 出猪肉钱壹佰文

出紫萝卜钱壹十五文 出辣子钱壹十二文

十六日[2]

出水钱五十文 出菜钱四十文

出葱钱十文 出西瓜钱五十文

十柒日[3]

出萝卜钱八文 出水钱四十文

出茄子钱廿文 出水钱贰十文

十八日[4]

出水钱四十文 出水钱壹拾文

入现钱壹仟文 出短数钱十文

除出净存钱八百六十文

[1] 十四日：同治十三年七月十四日，1874年8月25日。

[2] 十六日：同治十三年七月十五日，1874年8月27日。

[3] 十柒日：同治十三年七月十六日，1874年8月28日。

[4] 十八日：同治十三年七月十七日，1874年8月29日。

十九日[1]

出水钱五十文 出茄子钱壹百廿文

出葱钱十文 出猪肉钱壹百文

廿日[2]

出水钱六十文 出辣子钱十文

出葱钱八文

廿一日[3]

出萝卜钱壹十文 出葱钱壹十文

出胡芹菜钱八文 出辣子钱壹十二文

出茄子钱卅六文 出水钱四十文

廿二日[4]

出茭瓜钱四十文 出芫荽钱柒文

入现钱壹千文 出梳辫钱贰百四十文

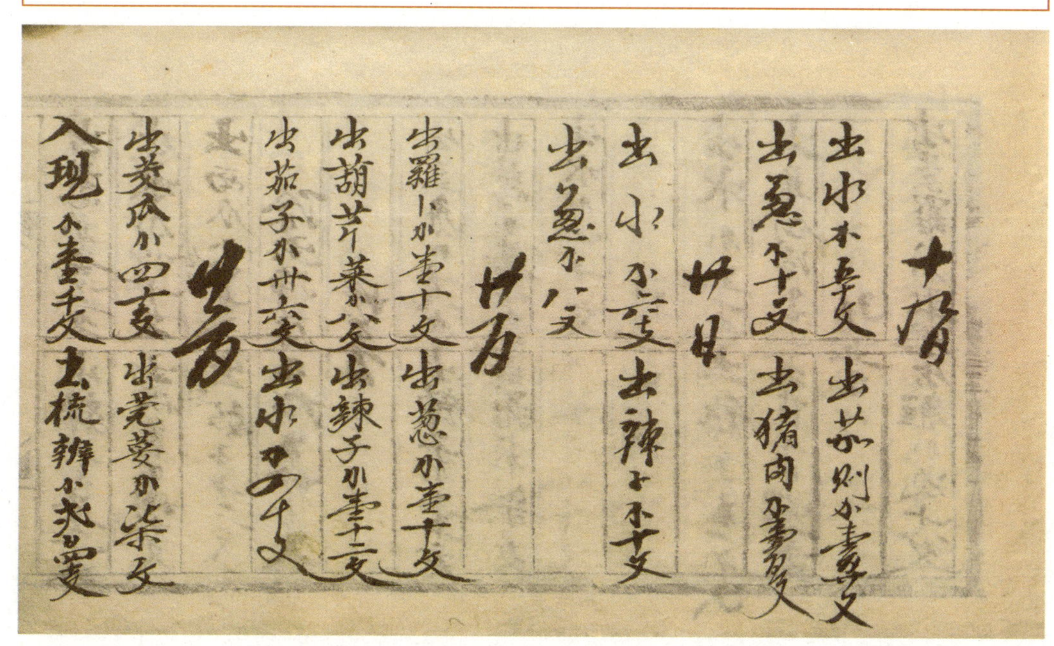

[1] 十九日：同治十三年七月十九日，1874 年 8 月 30 日。

[2] 廿日：同治十三年七月廿日，1874 年 8 月 31 日。

[3] 廿一日：同治十三年七月廿一日，1874 年 9 月 1 日。

[4] 廿二日：同治十三年七月廿二日，1874 年 9 月 2 日。

出葱钱壹十二文 出辣子钱壹十文

出水钱四十文 出供养钱捌十文

出西瓜钱（李手）廿五文 出短数钱十二文

除出净存钱九百廿文

廿三日[1]

出豆角钱廿八文 出辣子钱壹十二文

出葱钱壹十二文 出萝卜钱柒文

出水钱四十文

廿四日[2]

出水钱五十文 出饼子钱一百文

出豆腐乳钱五十文 出茄子钱四十五文

廿五日[3]

出紫萝卜钱壹十四文 出豆角钱贰十八文

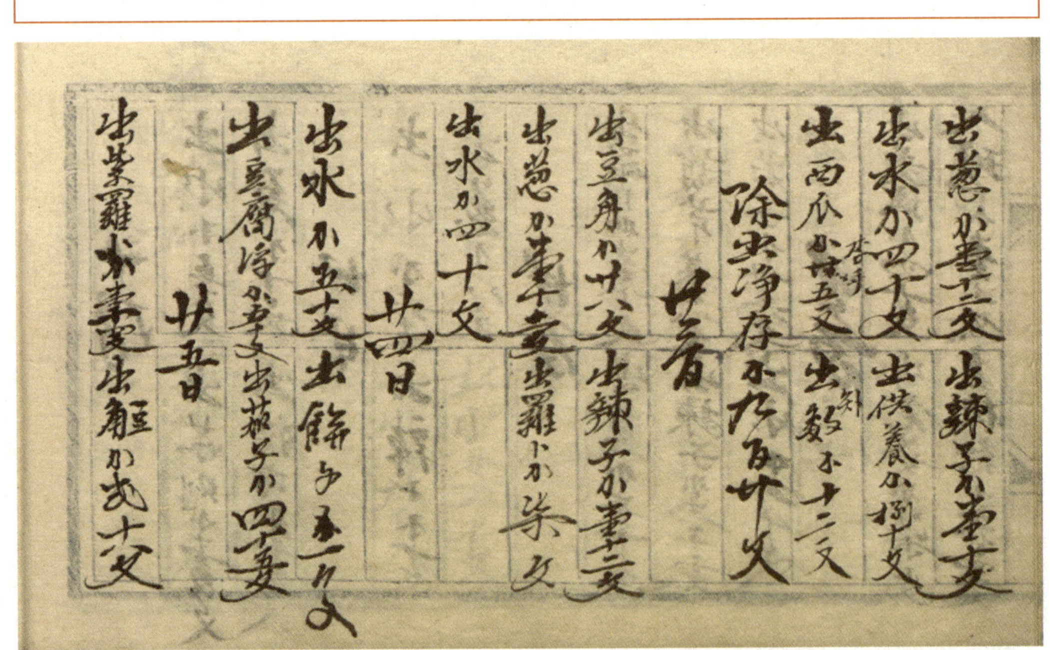

[1] 廿三日：同治十三年七月廿三日，1874年9月3日。

[2] 廿四日：同治十三年七月廿四日，1874年9月4日。

[3] 廿五日：同治十三年七月廿五日，1874年9月5日。

出芫荽钱六文　出葱钱壹十二文

出辣子钱八文　出水钱四十文

廿六日[1]

出豆角钱壹十四文　出葱钱壹十二文

出萝卜钱卅五文　出白菜钱四十五文

出芫荽钱五文　出饼子钱四十文

出蒜钱葱钱壹十文　出猪肉钱贰佰文

廿七日[2]

出水钱五十文　出落羊肉钱五十文

出买菜钱六十文　出茄子钱卅二文

廿八日[3]

入日用壹千文　出水钱叁十文

出豆腐钱十八文　出金瓜钱四十文

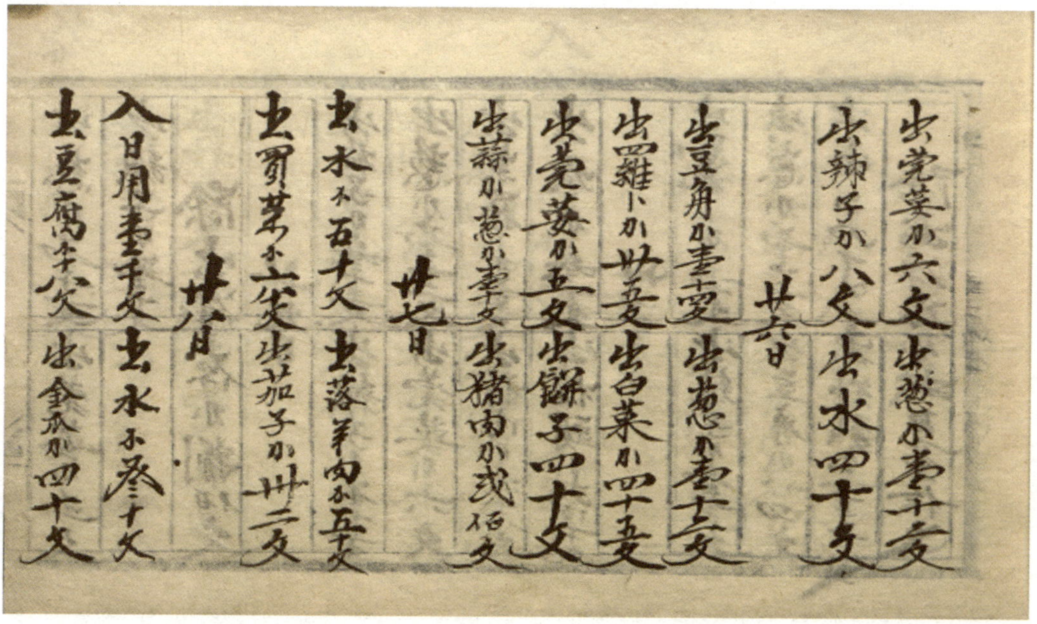

[1] 廿六日：同治十三年七月廿六日，1874年9月6日。

[2] 廿七日：同治十三年七月廿七日，1874年9月7日。

[3] 廿八日：同治十三年七月廿八日，1874年9月8日。

出葱钱壹十二文 出芫荽钱五文

出辣子钱壹十文

除出净存钱捌佰文

廿九日[1]

出茄子钱叁十五文 出辣子钱壹十五文

出葱钱壹十二文 出芫荽钱六文

出紫萝卜钱壹十文 出猪肉钱六十八文

出水钱叁十文 出梳头钱贰佰一十文

卅日[2]

出萝胡卜钱五十文 出辣子钱壹十五文（下上）

出葱钱壹十二文 出豆角钱廿四文

出水钱四十文 出短数钱一十三文

除出净存钱贰百壹拾文[3]

[1] 廿九日：同治十三年七月廿九日，1874年9月9日。

[2] 卅日：同治十三年七月卅日，1874年9月10日。

[3] 数字不合，按廿八日存800文，结果应为260文，而非210文。

八月初壹日[1]

出水钱肆十文 出猫鱼[2]钱十六文

出白菜钱廿五文 出羊肉钱七十文

出葱钱十文 出辣子钱十文

初二日[3]

入现钱壹仟文 出白菜钱七十文

出猪肉钱壹佰廿五文 出猪头钱六十文

出水钱四十文 出葱钱六文

出豆腐钱廿四文 出腐干钱十五文

初三日[4]

出梅豆钱壹十八文 出水钱廿文

出蒸食钱六十文 出腐乳钱卅文

出短数钱壹十一文

六三五
百[5]

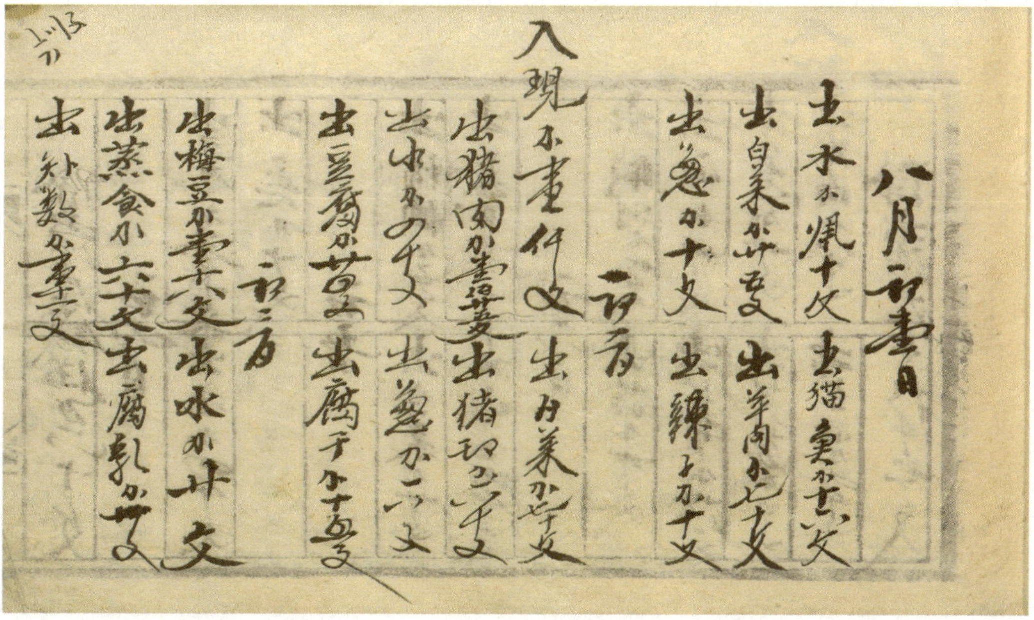

[1] 八月初壹日：同治十三年八月初一日，1874 年 9 月 11 日。

[2] 猫鱼：一种鱼的名称，学名为红尾护头鲮，可食用，可观赏。

[3] 初二日：同治十三年八月初二日，1874 年 9 月 12 日。

[4] 初三日：同治十三年八月初三日，1874 年 9 月 13 日。

[5] 数字不合，按卅日存 210 文，结果应为 731 文，而非 635 文。

除出净存钱伍百六十文

初四日[1]

出豆腐付钱壹十文　出水钱四十文

出葱钱十文

初五日[2]

出猪肉钱五十文　出白菜钱卅文

出葱钱十文　出水钱四十文

初六日[3]

出碱子钱四十文　出蒜钱卅文

出水钱卅文　出萝卜[4]钱卅八文

出葱钱廿文　出芫荽钱五文

出牛肉钱八十文　出羊油钱四十文

除出净存钱九十七文

[1] 初四日：同治十三年八月初四日，1874年9月14日。

[2] 初五日：同治十三年八月初五日，1874年9月15日。

[3] 初六日：同治十三年八月初六日，1874年9月16日。

[4] 卜：原文作“卜”，下同。

初七日[1]

入现钱壹千文　出菱瓜钱五十五文

出芫荽钱五文　出水钱四十文

出猪肉钱一百文　出剃头钱四十文

出葱钱一十文　出萝卜钱十文

初八日[2]

出菱瓜钱柒十二文　出葱钱壹十二文

出猪肉钱壹佰文　出猪肉钱五十文

出水钱四十文　出短数钱三文

除出净存钱五百六十文

初九日[3]

出萝卜钱九文　出白菜钱廿五文

出猪肉钱五十文　出水钱四十文

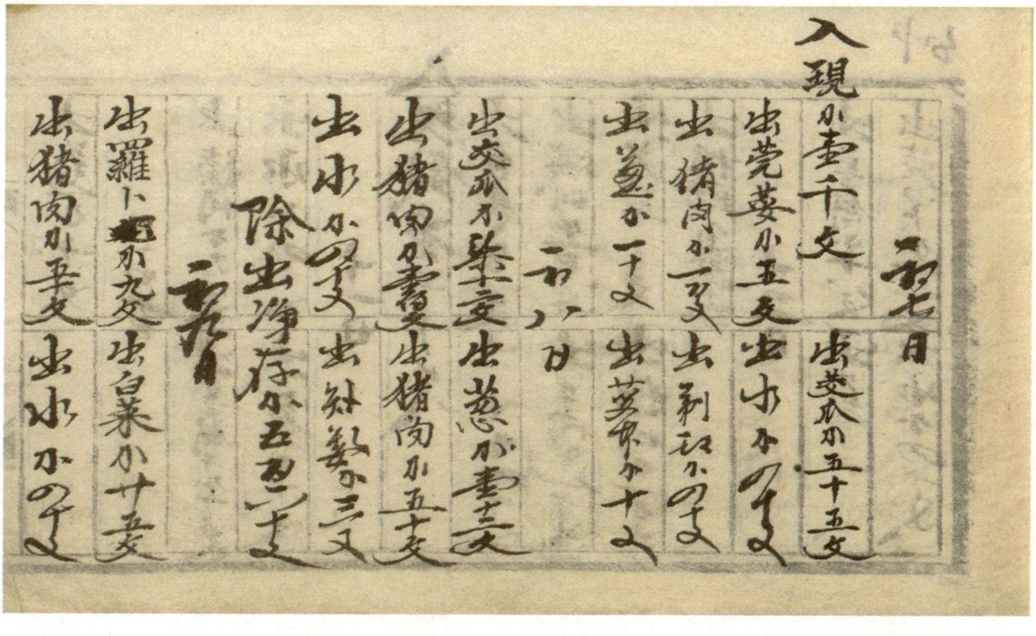

[1] 初七日：同治十三年八月初七日，1874 年 9 月 17 日。

[2] 初八日：同治十三年八月初八日，1874 年 9 月 18 日。

[3] 初九日：同治十三年八月初九日，1874 年 9 月 19 日。

出葱钱十文

初十日[1]

出猪肉钱五十文 出豆腐干钱十五文

出水钱四十文 出葱钱十文

十一日[2]

入现钱壹千文

出白菜钱六十文 出水钱四十文

出碱子钱一百六十文 出羊肉钱七十文

出芫荽钱七文 出猪肉钱一百文

出梳头钱贰百四十文

十二日[3]

出豆腐钱十八文 出葱钱廿文

出萝卜钱十七文 出水钱四十文

五三四[4]

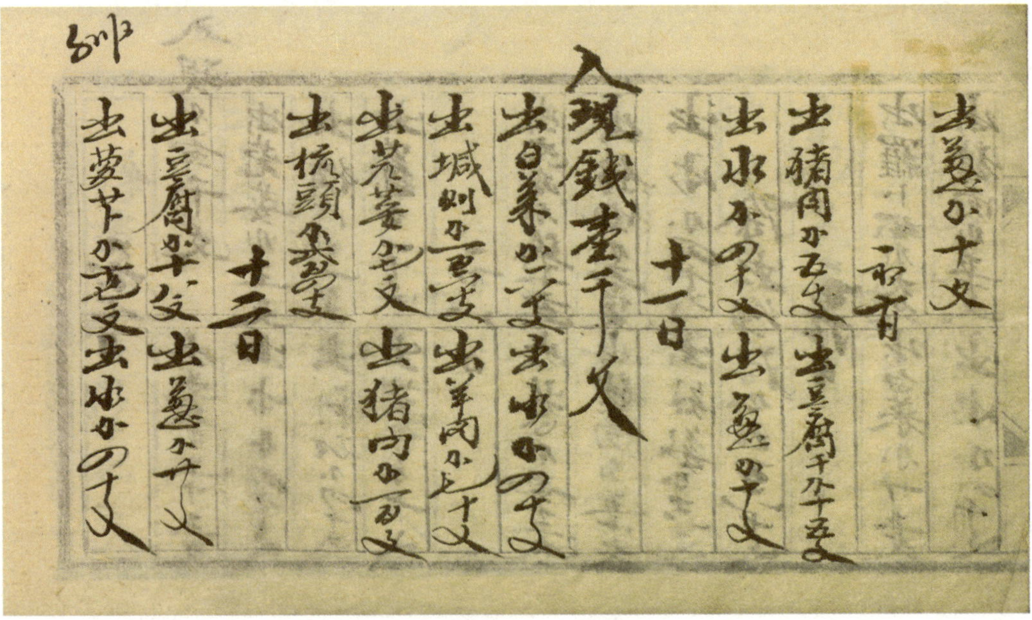

[1] 初十日：同治十三年八月初十日，1874 年 9 月 20 日。

[2] 十一日：同治十三年八月十一日，1874 年 9 月 21 日。

[3] 十二日：同治十三年八月十二日，1874 年 9 月 22 日。

[4] 数字不合，按初八存 560 文，结果应为 539 文，而非 534 文。

除出净存钱五百卅四文[1]

十三日[2]

出水钱四十文　出牛肉钱六十五文

出萝卜钱七文　出芫荽钱五文

十四日[3]

出萝卜钱六十文　出猪肉钱五十文

出白菜钱卅文　出水钱卅文

出葱钱廿四文

十五日[4]

出萝卜钱十柒文　出供养钱一百四十文

出羊肉钱一百四十文　出香油钱六十文

出水钱五十文　出短数钱一十六文

入日用钱壹千文

[1] 数字不合，按初八存560文，结果应为539文，而非534文。

[2] 十三日：同治十三年八月十三日，1874年9月23日。

[3] 十四日：同治十三年八月十四日，1874年9月24日。

[4] 十五日：同治十三年八月十五日，1874年9月25日。

除出净存钱八百文

十六日[1]

出水钱四十文 出葱钱十二文

十七日[2]

出白菜钱壹十五文 出葱钱壹十二文

出豆腐干钱廿四文 出水钱卅文

十八日[3]

出猪肉钱壹百文 出葱钱十二文

出水钱卅文 出豆腐钱十二文

十九日[4]

出水钱卅文 出萝卜钱十三文

出熟肉钱四十文 出梳头钱一百廿文

廿日[5]

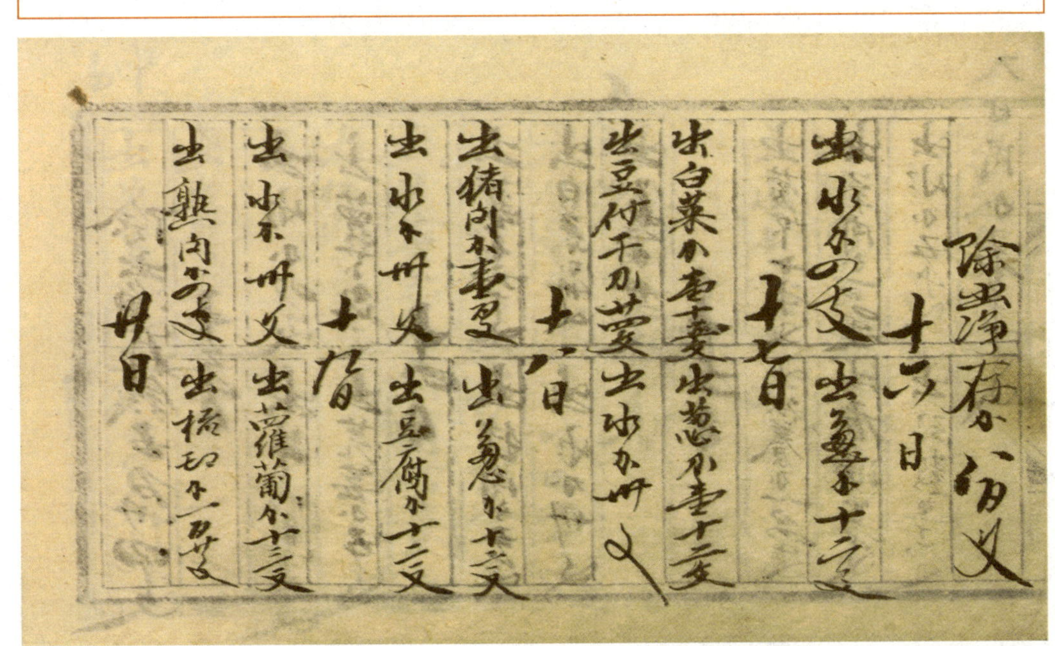

[1] 十六日：同治十三年八月十六日，1874 年 9 月 26 日。

[2] 十七日：同治十三年八月十七日，1874 年 9 月 27 日。

[3] 十八日：同治十三年八月十八日，1874 年 9 月 28 日。

[4] 十九日：同治十三年八月十九日，1874 年 9 月 29 日。

[5] 廿日：同治十三年八月廿日，1874 年 9 月 30 日。

出猪肉钱六十文　出菜钱卅二文

出水钱四十文　出短数钱八文

除出净存钱壹百柒十文

廿一日[1]

出胡萝卜钱五十文　出葱钱壹十九文

出蒜钱壹十文　出萝卜钱壹十三文

出腐乳钱六十文

廿二日[2]

出水钱四十文

廿三日[3]

出猪肉钱壹佰八十文　出韭菜钱廿文

入日用钱壹千文　出水钱叁十文

出蒜钱叁十文

[1] 廿一日：同治十三年八月廿一日，1874 年 10 月 1 日。

[2] 廿二日：同治十三年八月廿二日，1874 年 10 月 2 日。

[3] 廿三日：同治十三年八月廿三日，1874 年 10 月 3 日。

廿四日[1]

出白菜钱廿八文 出豆腐干钱壹十文

出水钱叁十文 出牛肉钱六十文

出猪肉钱六十文 出葱钱十二文

除出净存钱五百一十八文

廿五日[2]

出茭瓜钱贰佰文 出猪肉钱壹佰廿文

出发面钱卅文 出面酱钱柒十文

出豆腐干钱卅文 出水钱卅 文

出萝卜钱一十五文

廿六日[3]

出腊羊肉钱一百五十文 出韭菜钱六十文

出水钱四十文 出葱钱一十贰文

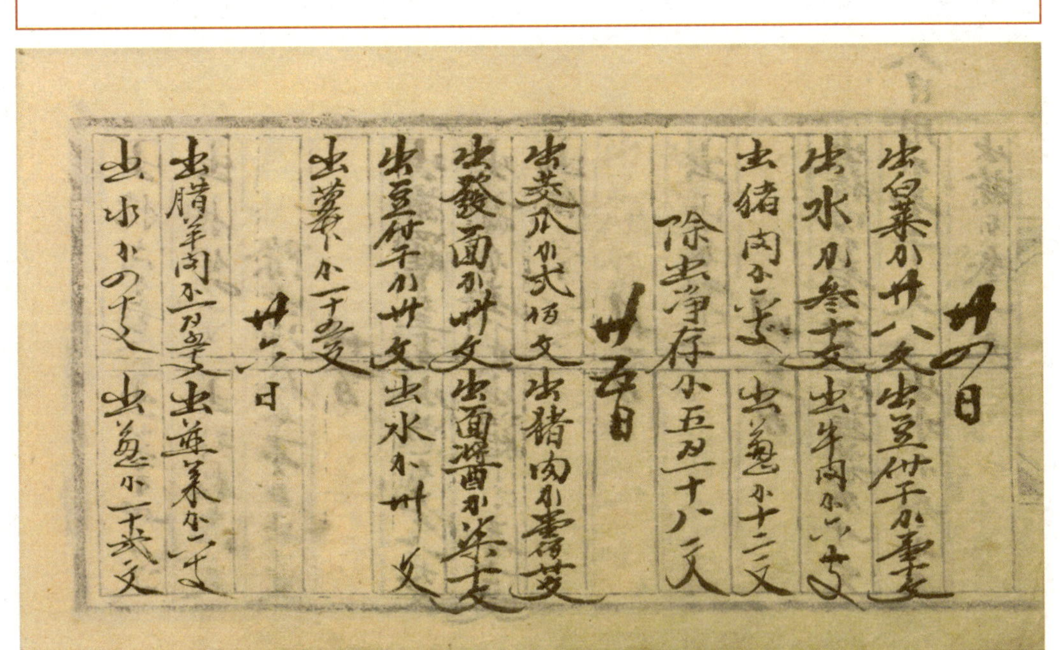

[1] 廿四日：同治十三年八月廿四日，1874 年 10 月 4 日。

[2] 廿五日：同治十三年八月廿五日，1874 年 10 月 5 日。

[3] 廿六日：同治十三年八月廿六日，1874 年 10 月 6 日。

出辣子钱十四文
入现钱壹仟文
廿七日[1]
出葱钱一十二文　出芫荽钱三文
出猪肉钱六十文　出熟肉钱四十文
出水钱四十文　出短数钱贰文
除出净存钱伍百八十文[2]
廿八日[3]
出萝卜钱壹十八文　出水钱卅 文
出葱钱十二文
廿九日[4]
出水钱五十文
九月初一日[5]

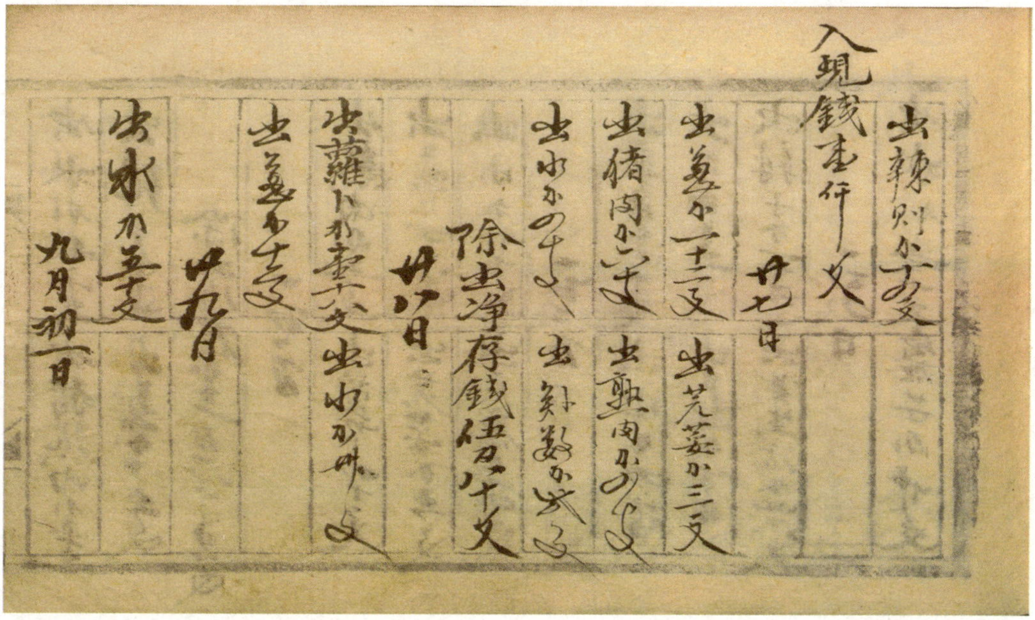

[1] 廿七日：同治十三年八月廿七日，1874 年 10 月 7 日。
[2] 数字不合，按廿四日存 518 文，结果应为 590 文，而非 580 文。
[3] 廿八日：同治十三年八月廿八日，1874 年 10 月 8 日。
[4] 廿九日：同治十三年八月廿九日，1874 年 10 月 9 日。
[5] 九月初一日：同治十三年九月初一日，1874 年 10 月 10 日。

出水钱叁十文　出猪熟肉钱五十文
出辣子钱十文　出葱钱十五文
除出净存钱三百六十五文

初二日[1]

出熟肉钱五十文　出萝卜四十文
出葱钱一十六文　出芫荽钱五文
出水钱四十文　出豆腐钱廿四文

初三日[2]

出豆角钱四十五文　出水钱四十文
出牛肉钱五十文　出葱钱一十五文
出辣子钱一十五文　出买生活[3]钱四十八文

初四日[4]

出水钱叁十文　出茄子钱廿文

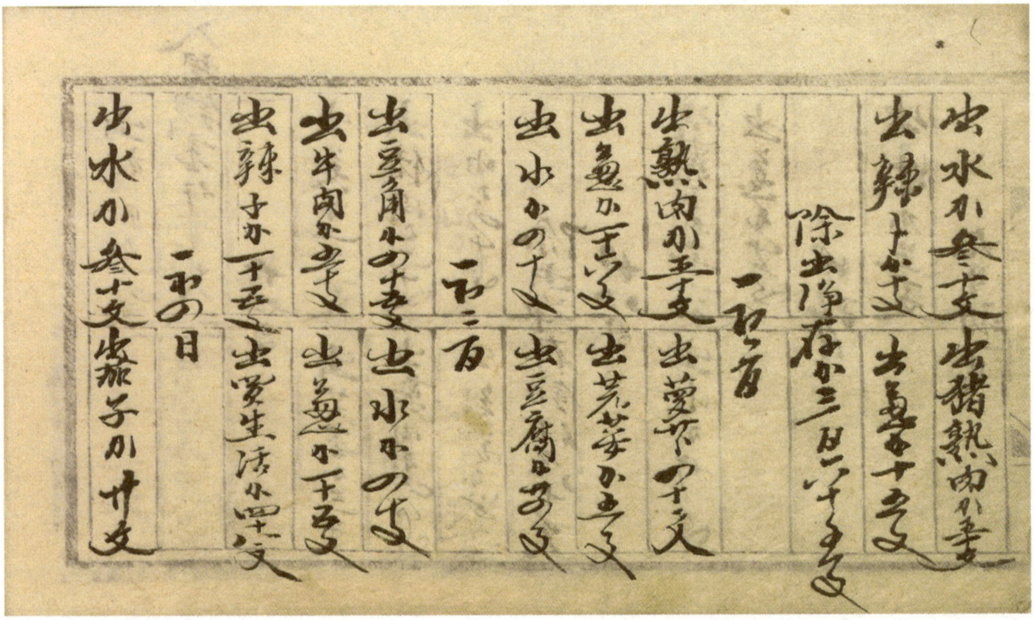

[1] 初二日：同治十三年九月初二日，1874 年 10 月 11 日。
[2] 初三日：同治十三年九月初三日，1874 年 10 月 12 日。
[3] 生活：生鲜活物食材。
[4] 初四日：同治十三年九月初四日，1874 年 10 月 13 日。

入日用钱壹千文 出白萝卜钱四十八文

出葱钱廿四文 出芫荽钱五文

出菜钱十七文 出短数钱三文

除出净存钱捌百叁拾文

初五日[1]

出水钱四十文 出猪肉钱壹百廿文

出猪肉钱一百文 出萝卜卅文

初六日[2]

出猪肉钱壹佰八十文 出水钱四十文

出葱钱十二文

初七日[3]

出菜钱廿四文 出猪肉钱五十文

出水钱四十文

[1] 初五日：同治十三年九月初五日，1874 年 10 月 14 日。

[2] 初六日：同治十三年九月初六日，1874 年 10 月 15 日。

[3] 初七日：同治十三年九月初七日，1874 年 10 月 16 日。

初八日[1]

出水钱四十文　出萝卜钱卅文

出辣子钱一十五文　出葱钱一十四文

出豆腐钱廿四文　出芫荽钱五文

出买钱针三个钱六十文　出短数钱一十六文

入现钱壹千文

除出净存钱壹千一百文[2]

初九日[3]

出水钱叁拾文　出白菜钱卅五文

出葱儿萝卜钱四十五　出饼子八十文

出粉条钱一百廿文　出豆腐钱十八文

初十日[4]

出饼子钱八十文　出豆腐干钱卅文

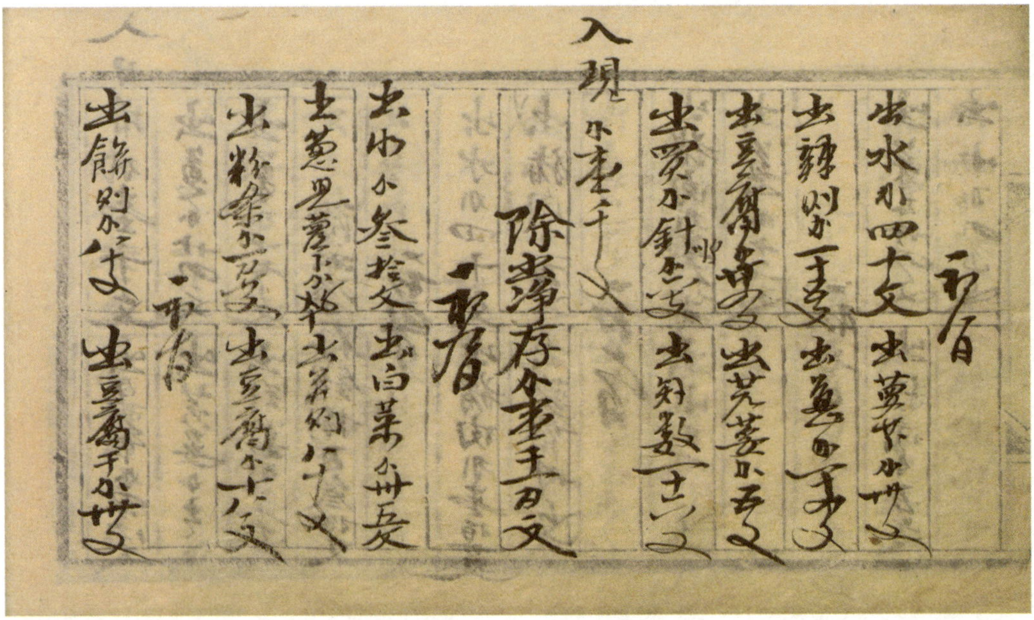

[1] 初八日：同治十三年九月初八日，1874 年 10 月 17 日。

[2] 数字不合，按初四存 830 文，结果应为 990 文，而非 1100 文。

[3] 初九日：同治十三年九月初九日，1874 年 10 月 18 日。

[4] 初十日：同治十三年九月初十日，1874 年 10 月 19 日。

出萝卜钱十二文 出葱钱十四文

出水钱四十八文 出熟肉钱五十文

出糕[1]钱贰百四十文

十一日[2]

出熟肉钱四十文 出葱钱十二文

出辣钱贰十文 出芫荽钱三文

出白菜卅文 出水钱四十文

出猫鱼钱十五文 出短数钱八文

除出净存钱壹百卅文

十贰日[3]

出猪肉钱柒佰文 出菜钱一百文

入现钱壹千文 出酱钱四十文

出白菜钱四十五文 出水钱四十文

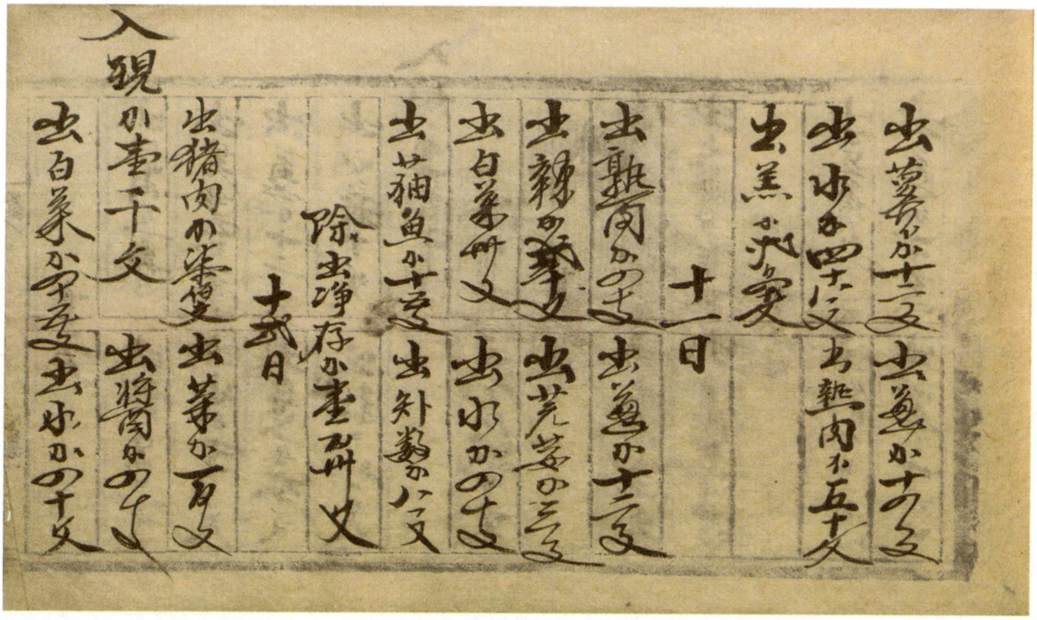

[1] 糕：原文作“羔”。

[2] 十一日：同治十三年九月十一日，1874 年 10 月 20 日。

[3] 十贰日：同治十三年九月十二日，1874 年 10 月 21 日。

十三日[1]

出猪肉钱一百廿文　出饼子钱六十文

出芫荽钱五文　出水钱四十文

出葱钱十二文　出白菜钱贰十文

出水钱贰十文　出短数钱八文

入现钱壹千文

除出净存钱九百贰十文

十四日[2]

出土酱钱贰佰五十文　出水钱四十文
碱子

出白菜钱七十文　出羊肉钱七十五文

十五日[3]

出豆腐钱四十八文　出饼子钱一百文

出葱钱一十五文　出萝卜钱廿五文

[1] 十三日：同治十三年九月十三日，1874 年 10 月 22 日。
[2] 十四日：同治十三年九月十四日，1874 年 10 月 23 日。
[3] 十五日：同治十三年九月十五日，1874 年 10 月 24 日。

出水钱四十文 出瓜子钱叁文 三

出短数钱一十三文

除出净存钱贰百四十一文

十六日[1]

出菜钱柒十五文 出水钱四十文

出腐干钱一十五文

存一七一一一[2]

入现钱一千文 **十七日**[3]

出萝卜钱五十四文 出水钱叁十文

出豆腐钱一十五文 出辣子贰十文

除出净存钱壹千零零一文[4]

十八日[5]

出水钱肆拾文 出菜钱一十七文

出猪肉钱六十文 出饼子钱廿四文

六

八百

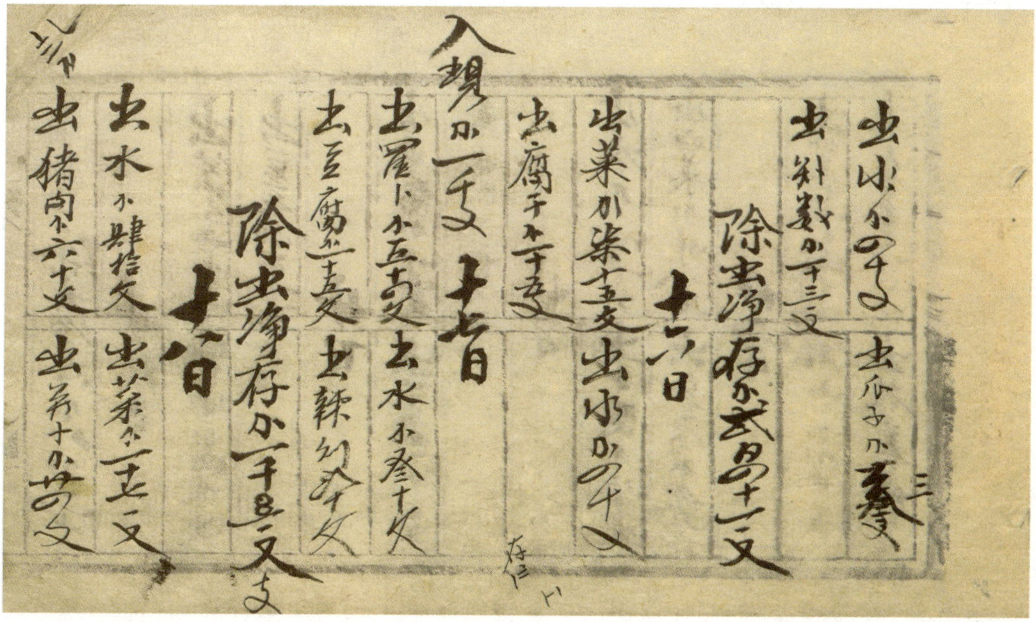

---

[1] 十六日：同治十三年九月十六日，1874 年 10 月 25 日。

[2] 存一七一一一：到十七日净存钱 111 文。十五日除出净存钱 241 文，十六日支出菜钱 75 文、水钱 40 文、豆腐干钱 15 文，241－75－40－15＝111 文。

[3] 十七日：同治十三年九月十七日，1874 年 10 月 26 日。

[4] 数字不合，按十五日存 241 文，结果应为 992 文，而非 1001 文。

[5] 十八日：同治十三年九月十八日，1874 年 10 月 27 日。

除出净存钱八百六十文

十九日[1]

出菜钱十七文　出水钱四十文

出豆腐钱十文

廿日[2]

出豆腐钱廿四文　出菜钱六十三文

出水钱四十文

廿一日[3]

出水钱四十文　出口酱钱八十文

出白菜钱廿八文　出豆腐钱廿四文

廿二日[4]

出芫荽钱贰百文　出水钱四十文

出白菜钱一十七文　出芥菜钱贰百文

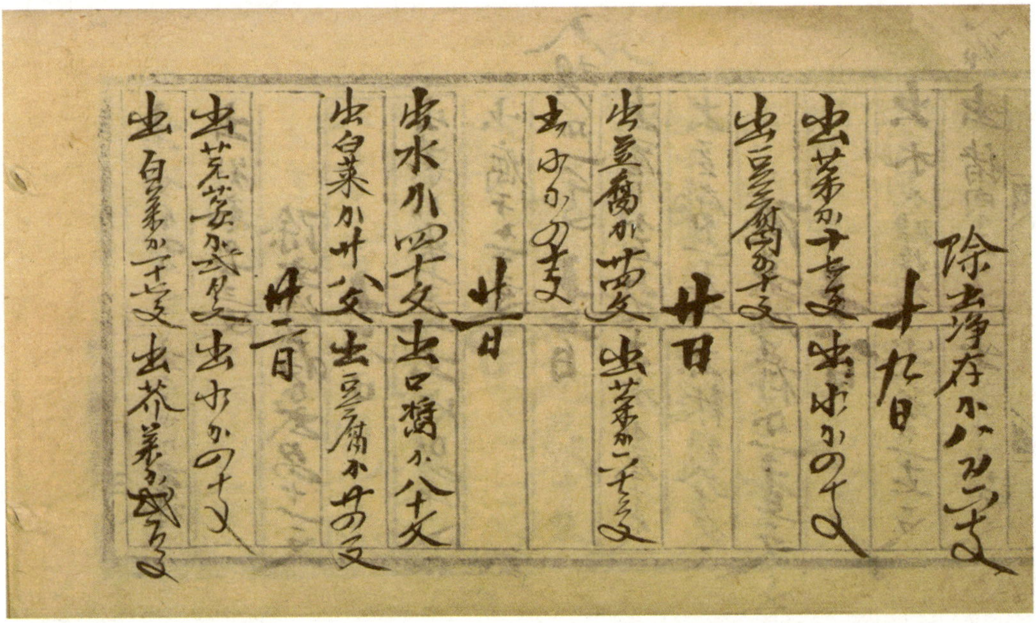

[1] 十九日：同治十三年九月十九日，1874 年 10 月 28 日。
[2] 廿日：同治十三年九月廿日，1874 年 10 月 29 日。
[3] 廿一日：同治十三年九月廿一日，1874 年 10 月 30 日。
[4] 廿二日：同治十三年九月廿二日，1874 年 10 月 31 日。

出豆腐干钱卅文 出猪肉六十文

廿三日[1]

出猪肉卅文 出水钱四十文

出打呼工钱八十文 出腐干钱廿文

廿四日[2]

出水钱四十文 出葱钱十六文

未付 出猪肉钱一百廿文 出水钱贰十文

入现钱一千文 出菜钱五十贰文

除出净存钱五百一十九文[3]

廿五日[4]

廿五日 出猪肉钱一百八十文 出豆腐钱十五文

出水钱四十文 出白菜钱七十贰文

出葱钱廿文

五一九百

□□□

□□□

□□□□

净存钱一二百

一三四一千

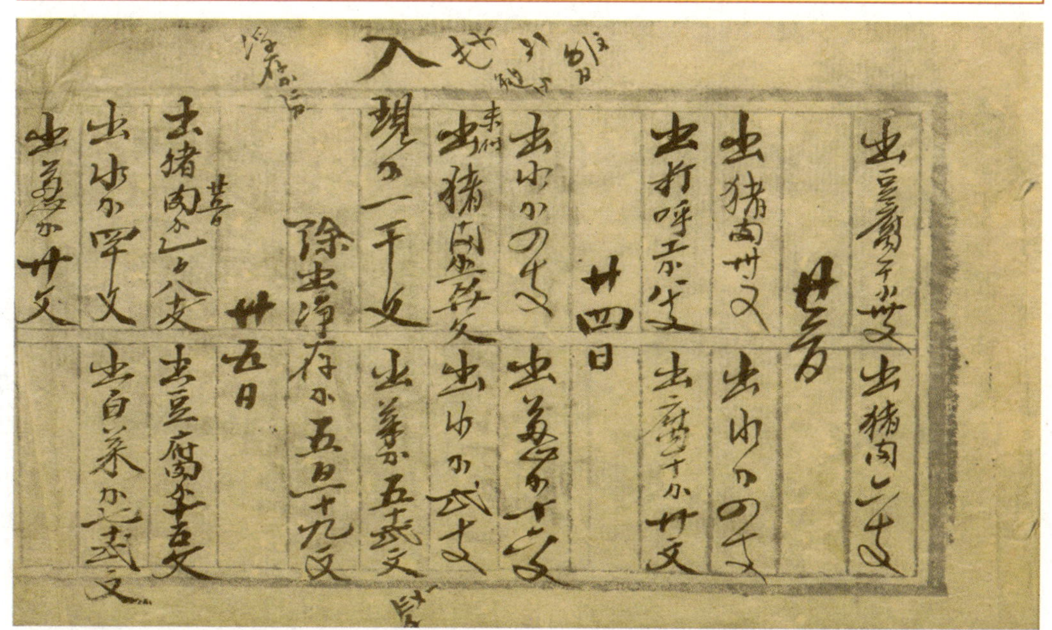

[1] 廿三日：同治十三年九月廿三日，1874年11月1日。

[2] 廿四日：同治十三年九月廿四日，1874年11月1日。

[3] 数字不合，按十八日存860文，结果应为529文，而非519文。

[4] 廿五日：同治十三年九月廿五日，1874年11月3日。

廿六日[1]

出水钱四十文 出饼子钱柒十文

出菜钱三十五文 出短数钱贰文

除出净净存钱四十文[2]

廿七日[3] 净存

出菜钱三十五文 廿八

取七七七七

月中 六 取

---

[1] 廿六日：同治十三年九月廿六日，1874年11月4日。

[2] 数字不合，按二十四日存519文，结果应为45文，而非40文。

[3] 廿七日：同治十三年九月廿七日，1874年11月5日。

［五号账簿］

万裕公记同治十三年九月吉立

出入日用账

麦丽斯 识注

前 言

《万裕公记同治十三年九月吉立出入日用账》是同治十三年九月廿七日即 1874 年 11 月 5 日到同治十三年十二月廿六日即 1875 年 2 月 2 日之间关于祥泰隆分号万裕公记日用账。账册采用流水账形式记录商号员工每天饮水、蔬菜、食品以及生活工具等日常开销情况。

商号员工根据在号时间长短，其待遇有所不同。在号时间不长的普通员工，发给薪金。除了薪金年底另发偿金作为年终奖。在号时间较长达到一定条件的员工可以顶身股，每遇账期盈利可以进行分红；倘若没有红利可分，可以按身股多少支付应支银。掌柜没有薪金收入，只参与身股分红。员工吃住均由商号负责。通过该账册，我们可以了解到当时商号员工日常生活状况。从账册中可以发现，商号日常蔬菜包括豆腐、豆腐干、豆芽、土豆、白菜、萝卜、芹菜、猪肉、羊肉、牛肉，主食多以饼子为主，偶见蒸食、芋头、大米、荞面，调味料则以猪油、香油、酱、葱、姜、蒜最为常见，其中酱的种类达四种，有面酱、口酱、青酱和黄酒酱。商号生活水平还是比较可以的，经常有肉吃。商号生活用水专门从挑水工购买，每天大约花费 40 文钱。此外，还偶见购买簸箕、火柴以及理发、盘缠等费用。

需要注意的是，本账册中有多处结算数字与前面数字不合的情况。例如，账册记载，同治十三年九月卅日：

“除出净存钱捌拾文

十月初一日

出白菜钱贰十文

出猪肉钱一百廿文

出水钱五十文

入现钱壹千文

出水钱壹拾文

出饼子钱六十文

初二日

出水钱七十文

出短数钱二文

除出净存钱柒百五十文”

此处结算数字前后不合。九月卅日净余钱 80 文，十月初一日分别支出 20 文、120 文、50 文，收入 1000 文，支出 10 文、60 文，十月初二日支出 70 文、支出短数钱 2 文，80-20-120-50+1000-10-60-70-2=748 文，与账上记载十月初二日净余钱 750 文不合。据统计，该账册中全部结算数字有 34 次，而结算数字前后不合的情况出现了 16 次，占比达到四成多。不合的钱数少则一两文，多则四十文，具体情况可以参见相关脚注。

麦丽斯

2022 年 1 月 1 日

万裕公记

事忙先写账

勉得过后想

同治十三年九月[1] 吉日立

出入日用账

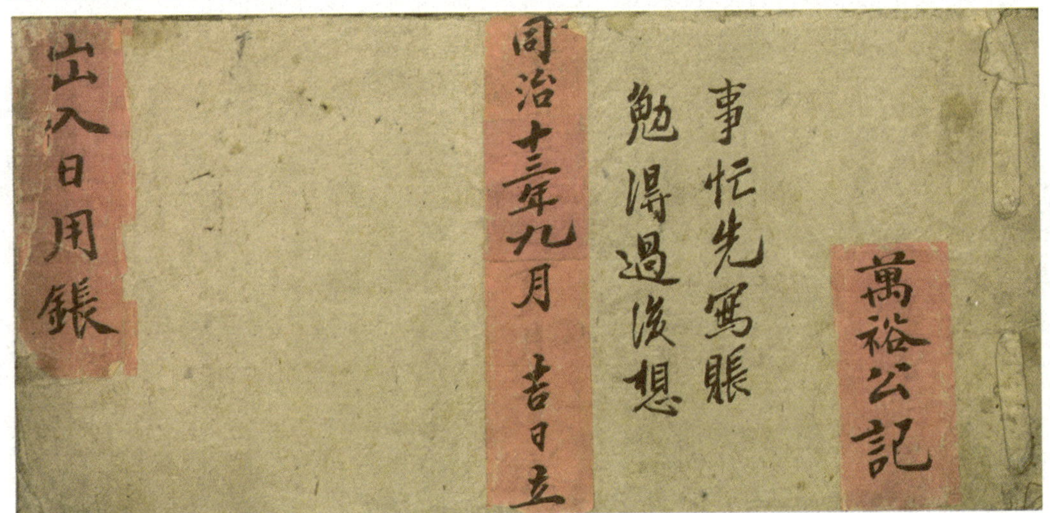

[1] 同治十三年九月：1874年10月10日～1874年11月8日。

九月廿七日[1] 立

前账移来存钱四十文

入现钱壹千文

出猪肉钱[2]六十文

出白菜钱柒十文

出水钱柒十文

出萝卜[3]钱贰[4]十文

出葱钱六十贰文

出葱钱壹十文

廿八日[5]

出猪肉钱壹百贰十文

出菜钱叁拾五文

出水钱肆拾文

除出净存钱五百[6]五十三文[7]

廿九日[8]

---

[1] 九月廿七日：同治十三年九月廿七日，1874 年 11 月 5 日。

[2] 钱：原文作“[illegible]”，下同。

[3] 卜：原文作“[illegible]”，下同。

[4] 贰：原文作“式”，下同。

[5] 廿八日：同治十三年九月廿八日，1874 年 11 月 6 日。

[6] 百：原文作“[illegible]”，下同。

[7] 此处数字与前面数字不合。九月廿七日前账移来 40 文，入现钱 1000 文，支出 60 文、70 文、70 文，20 文、62 文、10 文，九月廿八日支出 120 文、35 文、40 文，40+1000−60−70−70−20−62−10−120−35−40＝543 文，与九月廿八日净余钱 553 文不合。

[8] 廿九日：同治十三年九月廿九日，1874 年 11 月 7 日。

出酱油钱四十文
出饼子钱壹百八十文
出猪肉钱陆十文
出豆腐钱卅六文
出白菜钱贰十文
出水钱五十文

卅日[1]

出白菜钱卅文
出水钱五十文
出短数钱七文
除出净存钱捌拾文[2]

十月初一日[3]

出白菜钱贰十文
出猪肉钱一百廿文
出水钱五十文

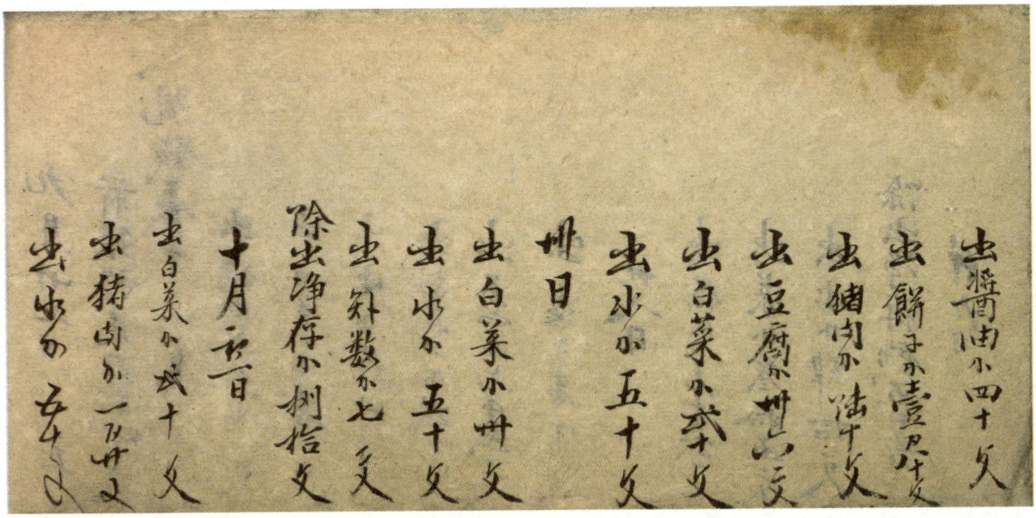

[1] 卅日：同治十三年九月卅日，1874 年 11 月 8 日。
[2] 按廿八日存 553 文，数字相合。以下凡按前存金额相合不注。
[3] 十月初一日：同治十三年十月初一日，1874 年 11 月 9 日。

入现钱壹千文

出水钱壹拾文

出饼子[1]钱六十文

初二日[2]

出水钱七十文

出短数钱二文

除出净存钱柒百五十文[3]

初三日[4]

出山药钱五十五文

出水钱六十文

初四日[5]

出豆腐干钱六文

出水钱五十文

出菜钱壹百捌十四文

出腊肉钱七十文

出萝卜钱一十八文

出清酱钱四十文

[1] 子：原文作“则”，下同。

[2] 初二日：同治十三年十月初二日，1874 年 11 月 10 日。

[3] 此处数字与前面数字不合。九月卅日净余钱 80 文，十月初一日分别支出 20 文、120 文、50 文，收入 1000 文，支出 10 文、60 文，十月初二日支出 70 文、支出短数钱 2 文，80－20－120－50+1000－10－60－70－2＝748 文，与十月初二日净余钱 750 文不合。

[4] 初三日：同治十三年十月初三日，1874 年 11 月 11 日。

[5] 初四日：同治十三年十月初四日，1874 年 11 月 12 日。

出短数钱七文
除出净存钱贰百六十文
初五日[1]
出水钱五十文
出猪肉钱六十文
出豆腐钱廿文
初六日[2]
出豆腐干钱廿四文
出水钱四十文
出猪肉钱壹百廿文
入现钱壹千文
初七日[3]
出蒜钱贰十文
出水钱四十文
出牛肉钱六十文
初八日[4]
出水钱卅文

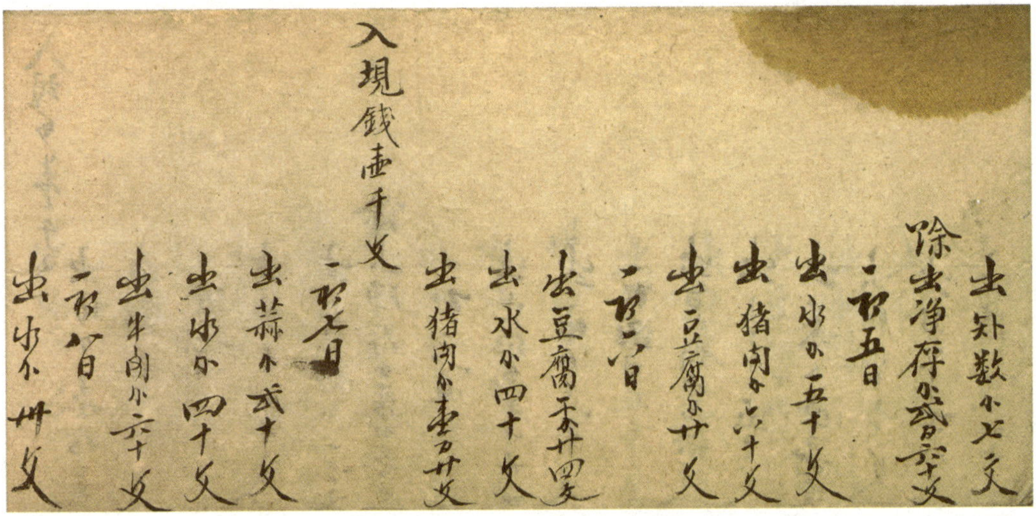
出短数钱七文
除出净存钱贰百六十文
初五日
出水钱五十文
出猪肉钱六十文
出豆腐钱廿文
初六日
出豆腐干钱廿四文
出水钱四十文
出猪肉钱壹百廿文
入现钱壹千文
初七日
出蒜钱贰十文
出水钱四十文
出牛肉钱六十文
初八日
出水钱卅文

[1] 初五日：同治十三年十月初五日，1874 年 11 月 13 日。
[2] 初六日：同治十三年十月初六日，1874 年 11 月 14 日。
[3] 初七日：同治十三年十月初七日，1874 年 11 月 15 日。
[4] 初八日：同治十三年十月初八日，1874 年 11 月 16 日。

出短[1]数钱六文
除出净存钱七百九十文[2]
初九日[3]
出水钱卅文
出豆腐钱十贰文
初十日[4]
出水钱四十文
出猪肉钱壹百廿文
拾一日[5]
出水钱四十文
出补[6]数钱三十八文
除出净存钱五百一十文[7]
十二日[8]
出豆芽钱壹十八文
出豆腐干钱叁十文
十三日[9]

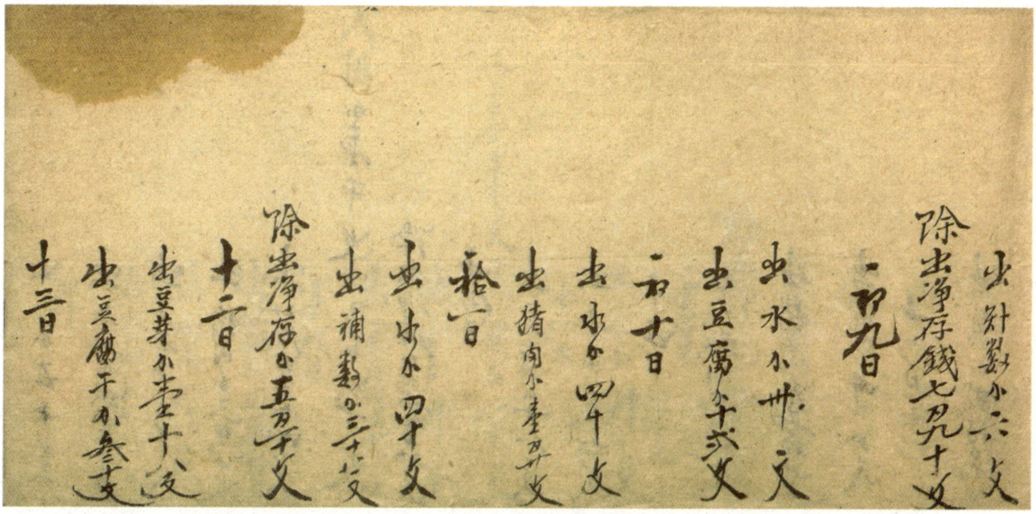

[1] 短：原文作"𮔿"，下同。

[2] 此处出数字与前面数字不合。十月初四日除出净存钱260文，十月初五日分别支出20文、120文、50文，十月初六日分别支出24文、40文、120文，收入1000文，十月初七日支出20文、40文、60文，十月初八日支出30文、支出短数钱6文，260−20−120−50−24−40−120+1000−20−40−60−6=760文，与账上除出净存钱790文不合。

[3] 初九日：同治十三年十月初九日，1874年11月17日。

[4] 初十日：同治十三年十月初十日，1874年11月18日。

[5] 拾一日：同治十三年十月拾一日，1874年11月19日。

[6] 补：原文作"補"，下同。

[7] 此处数字与前面数字不合。十月初八日除出净存钱790文，十月初九日分别支出30文、12文，十月初十日分别支出40文、120文，十月十一日支出40文、支出补数钱38文，790−30−12−40−120−38=550文，与账上除出净存钱510文不合。

[8] 十二日：同治十三年十月十二日，1874年11月20日。

[9] 十三日：同治十三年十月十三日，1874年11月21日。

出水钱五十文

出芋头[1]钱贰百七十文

出芋头钱五十文

出猪肉钱三百六十文

出菠菜钱四文

入现钱壹千文 出水钱贰十文

除出净存钱柒百零八文[2]

十四日[3]

出豆腐钱十八文

出水钱叁拾文

十五日[4]

出小碱钱壹佰文

出猪肉钱壹佰廿文

出水钱卅文

十六日[5]

出葱钱贰百零九文

---

[1] 芋头：原文作“玉耔”，下同。

[2] 此处数字与前面数字不合，十月拾一日净存钱510文，十二日支出18文、30文，十三日支出50文、270文、50文、360文、4文，收入1000文，支出20文，510－18－30－50－270－50－360－4+1000－20＝698文，与账上净存钱708文不合。

[3] 十四日：同治十三年十月十四日，1874年11月22日。

[4] 十五日：同治十三年十月十五日，1874年11月23日。

[5] 十六日：同治十三年十月十六日，1874年11月24日。

出水钱四十文

出菜钱卅六文

出萝卜钱卅文

出短数钱五文

除出净存钱九十文[1]

十七日[2]

出水钱卅文

十八日[3]

入现钱壹千文　出酱钱八十文

出水钱卅文

出豆腐钱十八文

十九日[4]

出萝卜钱叁拾文

出水钱四十文

出牛肉钱七十文

廿[5]

[1] 此处数字与前面数字不合。十月十三日除出净存钱708文，减去十月十四日、十五日、十六日支出和补短数钱，708－18－30－100－120－30－209－40－36－30－5＝60文，与十月十六日除出净存钱90文不合。

[2] 十七日：同治十三年十月十七日，1874年11月25日。

[3] 十八日：同治十三年十月十八日，1874年11月26日。

[4] 十九日：同治十三年十月十九日，1874年11月27日。

[5] 廿：同治十三年十月廿日，1874年11月28日。

×出水钱叁十文[1]
十三日 差
×出芋头钱贰百柒十[2]
廿日[3]
出饼子钱九十文
出水钱卅文
出肉钱十文
出萝卜钱廿五文
廿一日[4]
出猪肉钱一百贰十文
出水钱伍十文
出短数钱七文
除出净存钱四百六十文
贰十贰日[5]
出水钱五十文
出饼子钱六十文

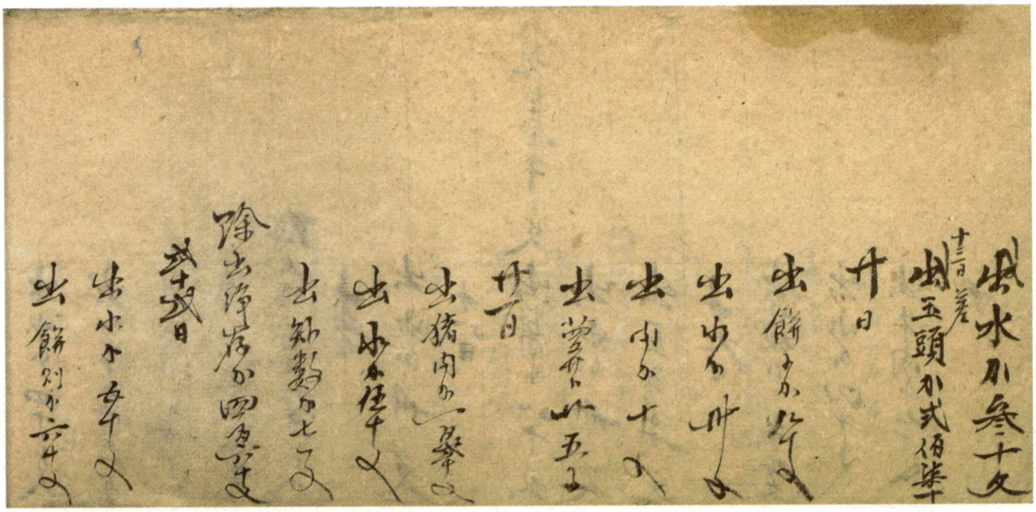

[1] 此笔右上角有删除标记，经核算不计算在支出之内。
[2] 此笔右上角有删除标记，经核算不计算在支出之内。
[3] 廿日：同治十三年十月廿日，1874 年 11 月 28 日。
[4] 廿一：同治十三年十月廿一日，1874 年 11 月 29 日。
[5] 贰十贰日：同治十三年十月贰十贰日，1874 年 11 月 30 日。

廿三日[1]

出水钱五十文

出豆腐钱十八文

廿四日[2]

出水钱五十文

出豆腐干钱廿文

出豆芽钱十二文

出猪肉钱一百廿文

出豆腐钱十八文

廿五日[3]

出水钱五十文

出豆腐钱廿四文

廿六日[4]

入日用钱壹千文　出猪肉钱一百廿文

出饼子钱一百廿文

出水钱五十文

出短钱八文

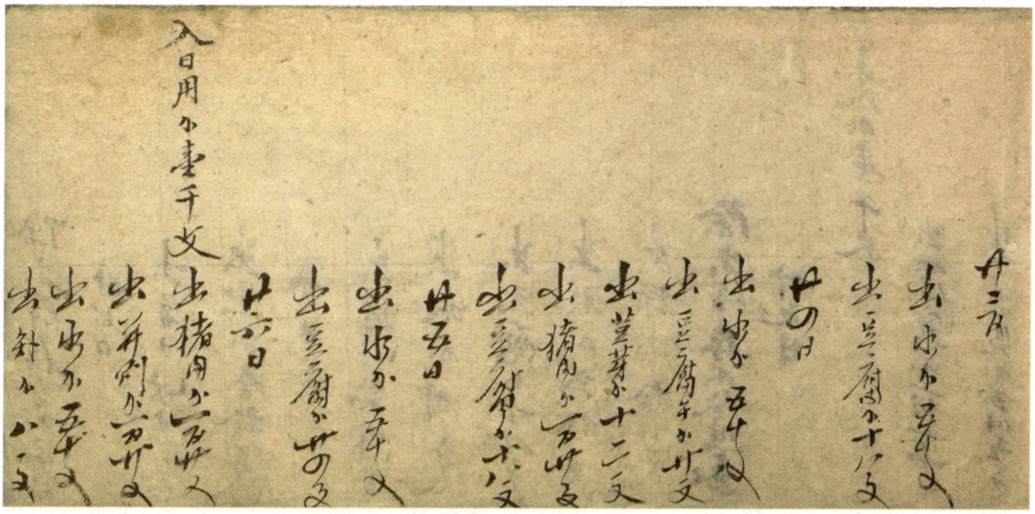

廿三日
出水钱五十文
出豆腐钱十八文
廿四日
出水钱五十文
出豆腐干钱廿文
出豆芽钱十二文
出猪肉钱一百廿文
出豆腐钱十八文
廿五日
出水钱五十文
出豆腐钱廿四文
廿六日
入日用钱壹千文出猪肉钱一百廿文
出饼子钱一百廿文
出水钱五十文
出短钱八文

[1] 廿三日：同治十三年十月廿三日，1874 年 12 月 1 日。

[2] 廿四日：同治十三年十月廿四日，1874 年 12 月 2 日。

[3] 廿五日：同治十三年十月廿五日，1874 年 12 月 3 日。

[4] 廿六日：同治十三年十月廿六日，1874 年 12 月 4 日。

除出净存钱六百九十文

廿七日[1]

出饼子[2]钱贰十四文

出水钱叁拾文

廿八日[3]

出猪肉钱贰佰四十文

出水钱卅文

出豆腐钱廿四文

出水钱贰拾文

出蒜钱拾文

除出净存钱叁佰一十贰文

廿九日[4]

出簸[5]箕钱一佰七十文

出葱儿钱贰佰五文

当日入钱壹千文

[1] 廿七日：同治十三年十月廿七日，1874年12月5日。

[2] 饼子：原文作“并子”，下同。

[3] 廿八日：同治十三年十月廿八日，1874年12月6日。

[4] 廿九日：同治十三年十月廿九日，1874年12月7日。

[5] 簸：原文作“笸”，下同

出水钱叁拾文
出猪肉钱一文
出柴火曲[1]钱一百四十八文
出短数钱四文
除出净存钱柒百文[2]

卅日[3]

出水钱四十文
出豆腐钱贰拾文
出饼子钱六拾文
出白菜钱一百四十五文
除出净存四佰卅五文

十一月初一日[4]

出猪油钱壹佰卅四文
出水钱四十文
出豆腐钱壹十八文

初二日[5]

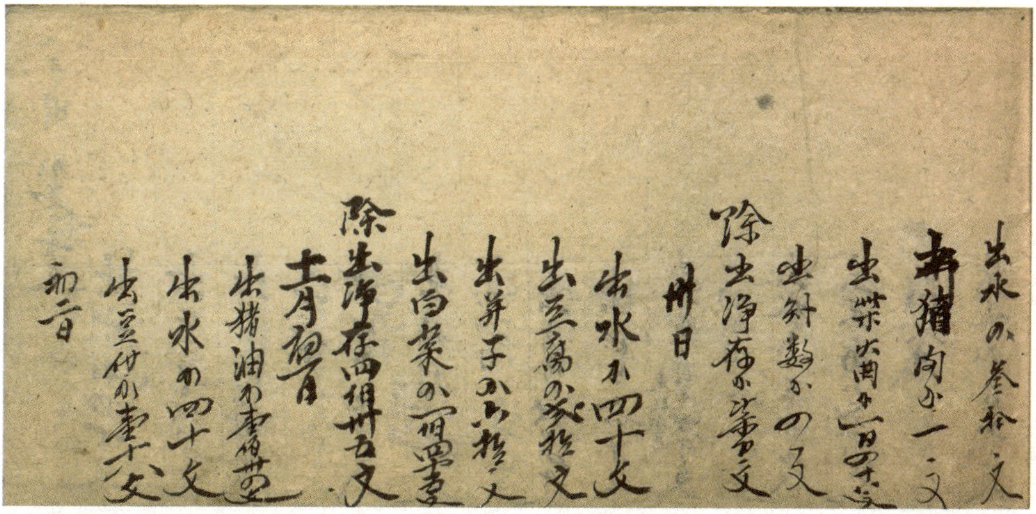

[1] 柴火曲：火柴。

[2] 此处数字与前面数字不合。十月二十八日除出净存钱312文，加上十月二十九日存入、减去十月二十九日支出和出短数钱。312+1000－170－250－30－1－148－4＝709文，十月二十九除出净存钱709文，与账上除出净存钱700文不合。

[3] 卅日：同治十三年十月卅日，1874年12月8日。

[4] 十一月初一日：同治十三年十一月初一日，1874年12月9日。

[5] 初二日：同治十三年十一月初二日，1874年12月10日。

入日用钱壹千文

出水钱四十文

出豆芽钱贰十四文

出豆腐钱廿文

初三日[1]

出水钱四十文

出猪肉钱一百廿文（初一日用）

初四日[2]

出猪肉钱贰百四十文

出水钱六十文

出盘费钱贰十文（走新城用）

初五日[3]

出水钱五十文

出豆腐钱贰十四文

初六日[4]

出水钱五十文

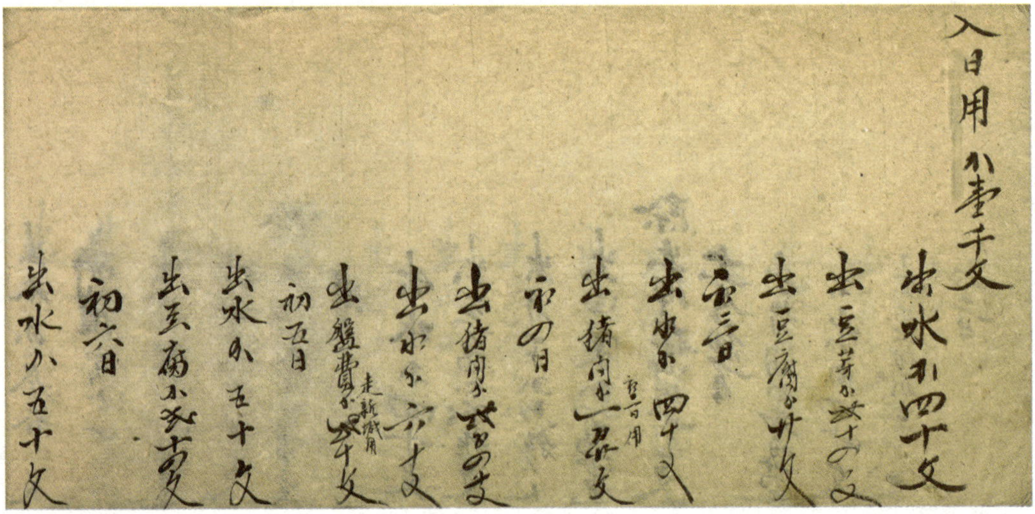
入日用钱壹千文
出水钱四十文
出豆芽钱贰十四文
出豆腐钱廿文
初三日
出水钱四十文
出猪肉钱一百廿文 初一日用
初四日
出猪肉钱贰百四十文
出水钱六十文
出盘费钱贰十文 走新城用
初五日
出水钱五十文
出豆腐钱贰十四文
初六日
出水钱五十文

[1] 初三日：同治十三年十一月初三日，1874年12月11日。

[2] 初四日：同治十三年十一月初四日，1874年12月12日。

[3] 初五日：同治十三年十一月初五日，1874年12月13日。

[4] 初六日：同治十三年十一月初六日，1874年12月14日。

出饼子钱六文

除出净存钱五佰五十文[1]

初七日[2]

出口酱钱捌拾文

出菜钱贰拾六文

出水钱叁拾文

初八日[3]

出水钱叁拾文

出豆腐钱贰拾四文

出白萝卜钱贰拾四文

初九日[4]

出饼子钱六十文

出豆芽钱廿四文

出豆腐干钱一十文

出水钱四十文

除出净存钱贰佰文[5]

初十日[6]

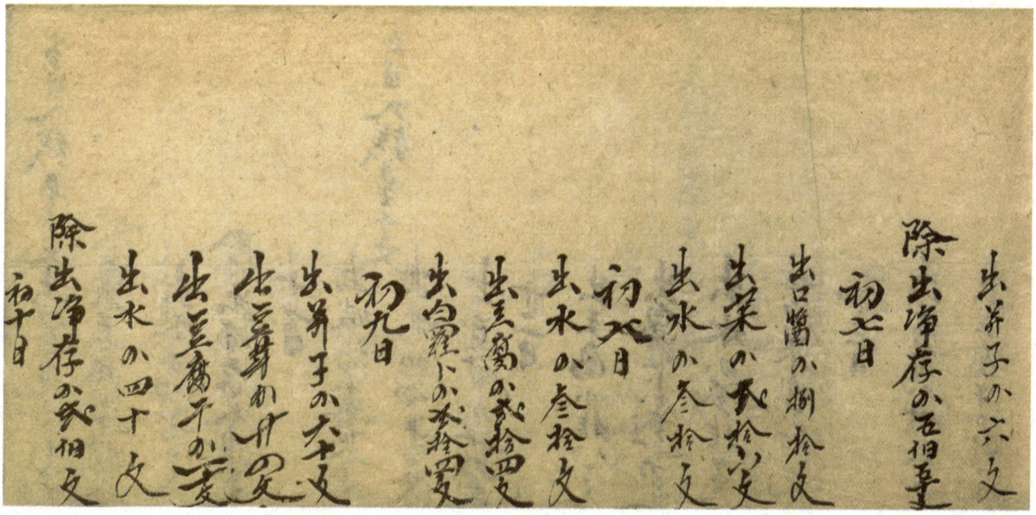

[1] 此处数字与前面数字不合。十月三十日账上记载除出净存钱 435 文，减去十一月初一日至十一月初六日之间的支出、加上期间的存入，十一月初六日除出净存钱 549 文，与账上除出净存钱 550 文不合。

[2] 初七日：同治十三年十一月初七日，1874 年 12 月 15 日。

[3] 初八日：同治十三年十一月初八日，1874 年 12 月 16 日。

[4] 初九日：同治十三年十一月初九日，1874 年 12 月 17 日。

[5] 此处数字与前面数字不合。十一月初六日账上记载除出净存钱 550 文，减去十一月初七日、初八日、初九日之间的支出，十一月初九日除出净存钱 205 文，与账上除出净存钱 200 文不合。经验算 550−80−26−30−30−24−24−60−24−10−40=202 文，与账上除出净存钱 200 文不合。

[6] 初十日：同治十三年十一月初十日，1874 年 12 月 18 日。

当日入钱壹千文出葱儿钱七佰六十一文
出豆腐钱十八文
出水钱四十文
除出净存叁佰八十文[1]

十一日[2]
出碱子钱叁佰八十文
出水钱四十文
出豆腐钱廿四文

当日入钱壹千文

十二日[3]
出豆腐钱拾八文
出白萝卜钱贰十四文
出水钱贰拾文
出白菜钱贰佰文

十三日[4]
出豆芽钱卅六文
出豆腐干钱廿文

[1] 此处数字与前面数字不合。十一月初九日账上记载除出净存钱 200 文，加上十月初十日收入，减去十一月初十日支出，200+1000−761−18−40＝381 文，与账上除出净存钱 380 文不合。
[2] 十一日：同治十三年十一月十一日，1874 年 12 月 19 日。
[3] 十二日：同治十三年十一月十二日，1874 年 12 月 20 日。
[4] 十三日：同治十三年十一月十三日，1874 年 12 月 21 日。

出水钱四十文

出猪肉钱四佰八十文

十四日[1]

出豆腐钱廿四文

出香油钱五十五文

当日入现钱壹仟文出豆腐干钱廿文

出水钱四十文

十五日[2]

出荞面钱五十贰文

出豆腐钱廿四文

出水钱肆[3]十文

十六日[4]

出水钱肆拾文

出豆芽钱卅六文

除出净存钱七佰六十七文

十七日[5]

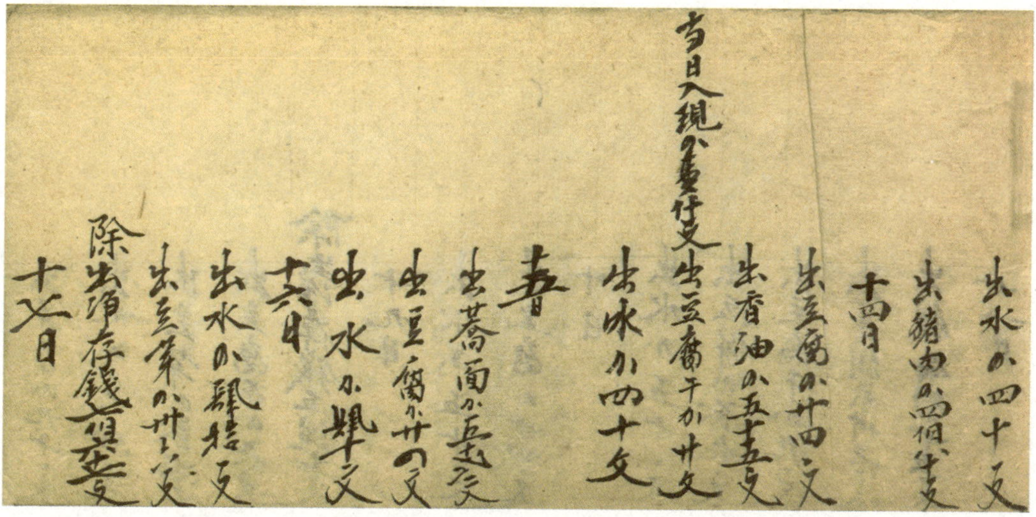

---

[1] 十四日：同治十三年十一月十四日，1874 年 12 月 22 日。

[2] 十五日：同治十三年十一月十五日，1874 年 12 月 23 日。

[3] 肆：原文作“**䏍**”，下同。

[4] 十六日：同治十三年十一月十六日，1874 年 12 月 24 日。

[5] 十七日：同治十三年十一月十七日，1874 年 12 月 25 日。

出饼子钱九十文
出水钱六拾文
出豆芽钱贰十四文
出豆腐干钱六文
除出净存钱五佰八十七文
十九日[1]
出水钱五十文
出豆腐钱廿四文
廿日[2]
出水钱五十文
出豆芽钱贰拾文
出豆腐干钱九文
出饼子钱卅六文
出铁摄子钱十五文
廿一日[3]

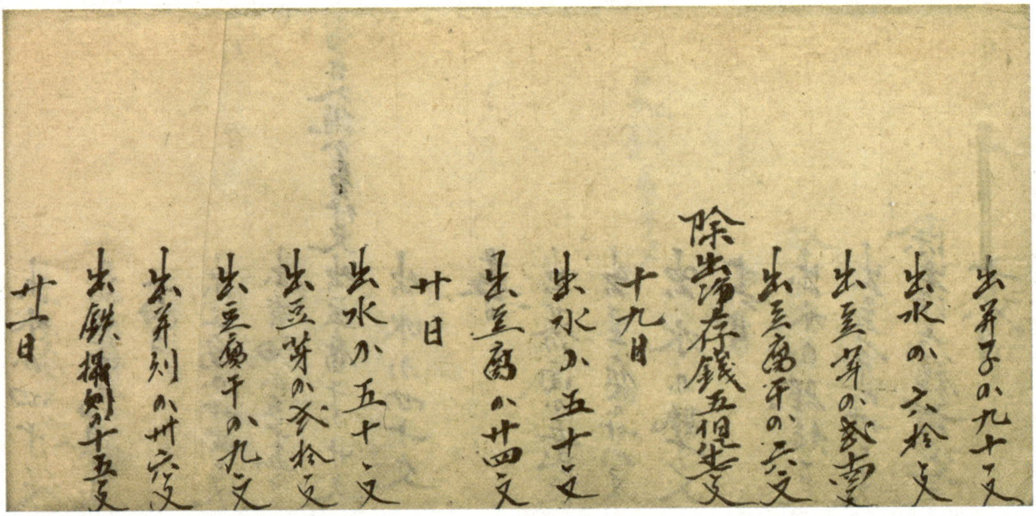
出饼子钱九十文
出水钱六拾文
出豆芽钱贰十四文
出豆腐干钱六文
除出净存钱五佰八十七文
十九日
出水钱五十文
出豆腐钱廿四文
廿日
出水钱五十文
出豆芽钱贰拾文
出豆腐干钱九文
出饼子钱卅六文
出铁摄子钱十五文
廿一日

[1] 十九日：同治十三年十一月十九日，1874 年 12 月 27 日。
[2] 廿日：同治十三年十一月廿日，1874 年 12 月 28 日。
[3] 廿一日：同治十三年十一月廿一日，1874 年 12 月 29 日。

出猪肉钱六十文
出水钱五十文
出豆芽钱廿文
出豆腐干钱十文
出羊肉钱一佰贰十文
当日入现钱壹仟文
廿贰日[1]
出水钱叁十文
出豆芽钱贰拾四文
出豆腐干钱十文
出口酱钱八十文
出青酱钱卅文
出饼子钱六十文
廿三日[2]
出水钱五十文
出猪肉钱六十五文
出蒜钱贰十文

[1] 廿贰日：同治十三年十一月廿贰日，1874 年 12 月 30 日。
[2] 廿三日：同治十三年十一月廿三日，1874 年 12 月 31 日。

出饼子一佰八十文
出豆腐钱廿四文
出白菜钱五十文
出剃头钱卅文
出短数钱七文
除出净存钱四佰文[1]
廿四日[2]
出豆芽钱卅文
出水钱四十文
廿五日[3]
出豆芽钱廿二文
当日入现钱一仟三佰廿文出腐干钱六文
出水钱五十文
廿六日[4]
出豆腐钱贰十四文
出水钱五十文

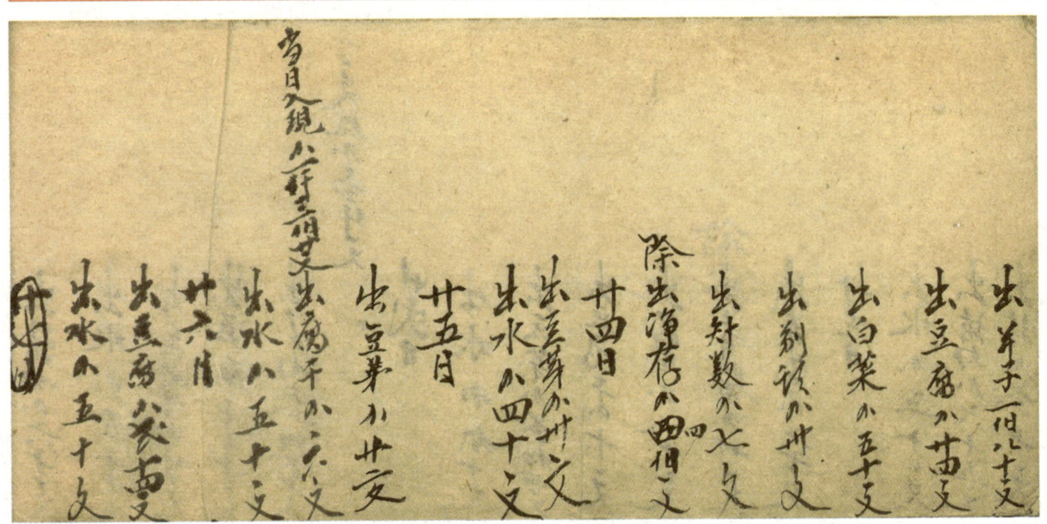

[1] 此处数字与前面数字不合。十一月十八日账上记载除出净存钱587文，减去十一月十九日至十一月二十三日支出，加上十一月二十一日、二十二日收入，587−50−24−50−20−9−36−15−60−50−20−10−120+1000−30−24−10−80−30−60−50−65−20−180−24−50−30−7=463文，与账上除出净存钱400文不合。

[2] 廿四日：同治十三年十一月廿四日，1875年1月1日。

[3] 廿五日：同治十三年十一月廿五日，1875年1月2日。

[4] 廿六日：同治十三年十一月廿六日，1875年1月3日。

出水钱四十文

出豆芽钱廿贰文

出腐干钱六文

出猪肉钱一佰一十文

廿七日[1]

出豆芽钱五十文

出猪肉壹佰一十文

出腐干钱六文

出水钱五十文

出甫五饼子钱四十二文

廿八日[2]

出水钱四十文

出豆腐干钱六文

出豆芽钱贰十四文

出牛肉钱壹百八十文

出萝卜钱廿二文

[1] 廿七日：同治十三年十一月廿七日，1875 年 1 月 4 日。

[2] 廿八日：同治十三年十一月廿八日，1875 年 1 月 5 日。

出豆腐钱贰十四文

廿九日[1]

出豆芽钱贰十四文

出腐干钱六文

出水钱四十文

卅日[2]

出牛肉六十文

出水钱五十文

出腐干钱卅文

十二月初一日[3]

出水钱五十文

出豆芽钱贰十四文

出蒸食钱贰佰廿文

除出净存钱贰佰八十文[4]

入现钱壹佰七十文　初贰日[5]

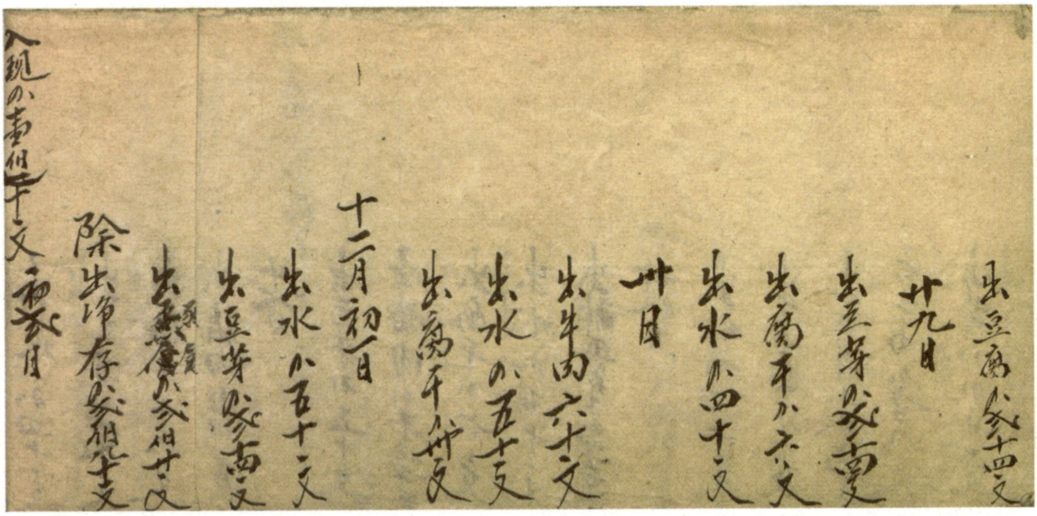

[1] 廿九日：同治十三年十一月廿九日，1875 年 1 月 6 日。

[2] 卅日：同治十三年十一月卅日，1875 年 1 月 7 日。

[3] 十二月初一日：同治十三年十二月初一日，公元 1875 年 1 月 8 日。

[4] 此处数字与前面数字不合。十一月二十三日账上记载除出净存钱 400 文，减去十一月二十四日至十二月初一日支出，加上十二月二十五日收入，十二月初一日除出净存钱 262 文，与账上除出净存钱 280 文不合。

[5] 初贰日：同治十三年十二月初贰日，1875 年 1 月 9 日。

出豆腐钱贰拾四文

出水钱四拾文

出豆芽腐干钱卅贰文

出猪肉油钱一佰卅文

出清酱钱四十文

出香油钱四十五文

出山药钱贰十五文

出蒸[1]食钱一百五十文

初三日[2]

出蒸食钱一佰五十文

入现钱壹仟文　出水钱四十文

出白菜钱卅六文

入现钱一佰五十文

除出净存钱八佰六十四文[3]

初四日[4]

出水钱叁十文

出豆腐钱廿八文

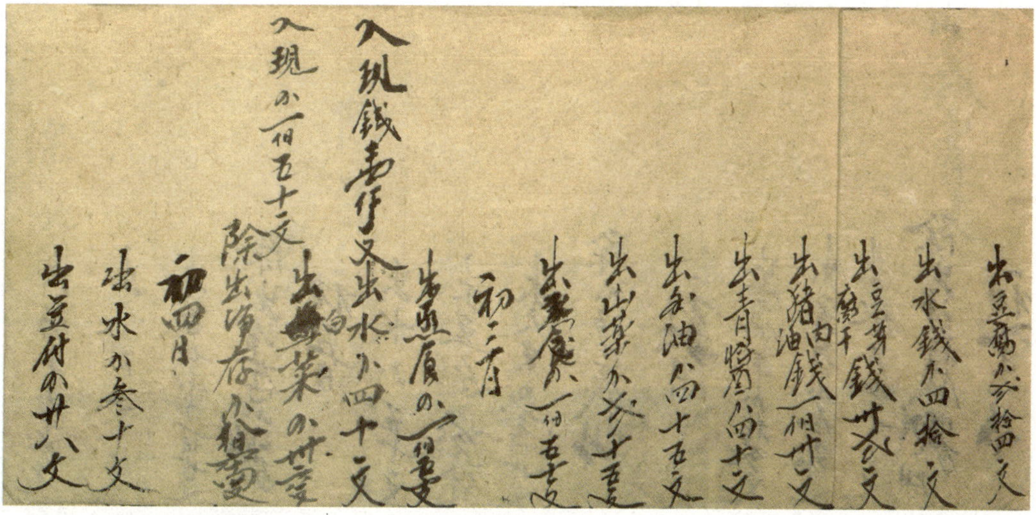

---

[1] 蒸：原文作“烝”，下同。

[2] 初三日：同治十三年十二月初三日，1875 年 1 月 10 日。

[3] 此处数字与前面数字不合。十二月初一日账上记载除出净存钱 280 文，减去十二月初三日、初四日支出，加上十二月初一日、初三日收入，十二月初三日除出净存钱 888 文，与账上除出净存钱 864 文不合。

[4] 初四日：同治十三年十二月初四日，1875 年 1 月 11 日。

出腐干钱十贰文
出水钱十文
出笤帚钱一佰廿文
除出净存钱六百六四[1]
初五日[2]
出水钱五十文
出豆腐钱贰十八文
出大米钱贰佰廿文
除出净存钱三百六六[3]
初六日[4]
出腐干钱拾贰文
出豆芽钱叁十贰文
出水钱四十文
除出净存钱二百七四[5] 二百七四
初七日[6] 二七四

[1] 六百六四：六百六十四文。
[2] 初五日：同治十三年十二月初五日，1875 年 1 月 12 日。
[3] 三百六六：三百六十六文。
[4] 初六日：同治十三年十二月初六日，1875 年 1 月 13 日。
[5] 二百七四：二百七十四文。
[6] 初七日：同治十三年十二月初七日，1875 年 1 月 14 日。

收钱壹仟文

出水钱卅文

出豆腐钱拾捌文

出蒜钱贰拾四文

出猪肉钱一佰贰十文

初八日[1]

出豆腐钱廿四文

出水钱五拾文

出豆芽钱拾六文

出柴钱一佰六十文

出短数钱一文

除出净存钱捌佰四十文[2]

初九日[3]

出簸箕钱壹佰廿文

出水钱四十文

出黄酒酱[4]钱五十文

除出净存钱六佰卅文 六百卅

[1] 初八日：同治十三年十二月初八日，1875 年 1 月 15 日。

[2] 此处数字与前面数字不合。十二月初六日账上记载除出净存钱 274 文，减去十二月初七日、初八日支出，加上十二月初七日收入，274−30+1000−18−24−120−24−50−16−160−1＝831，与账上除出净存钱 840 文不合。

[3] 初九日：同治十三年十二月初九日，1875 年 1 月 16 日。

[4] 酱：原文作“将”，下同。

初十日[1]

出水钱四十文

出豆腐钱廿四文

除出净存钱五佰六十六文

十一日[2]

出豆腐钱十贰文

出豆芽钱十六文

出腐干钱八文

出水钱四十文

十贰日[3]

出豆腐钱拾贰文

出水钱卅文

出萝卜钱贰十四文

补出十一猪肉钱一佰一十文 一四

除出净存钱叁佰一十四文 三一百

[1] 十日：同治十三年十二月十日，1875 年 1 月 17 日。

[2] 十一日：同治十三年十二月十一日，1875 年 1 月 18 日。

[3] 十贰日：同治十三年十二月十贰日，1875 年 1 月 19 日。

十三日[1]

出水钱叁十文

入现钱壹仟文

出水牌子钱一仟文

出豆芽钱拾贰文

出口酱钱四拾文

出腐干钱拾贰文

除出净存钱贰佰贰拾文

十四日[2]

出豆芽钱卅贰文

出豆腐钱十贰文

七十六文

除出净存钱一佰七十六文

十五日[3]

出豆芽钱廿四文

除出净存钱壹佰五拾贰文

十六日[4]

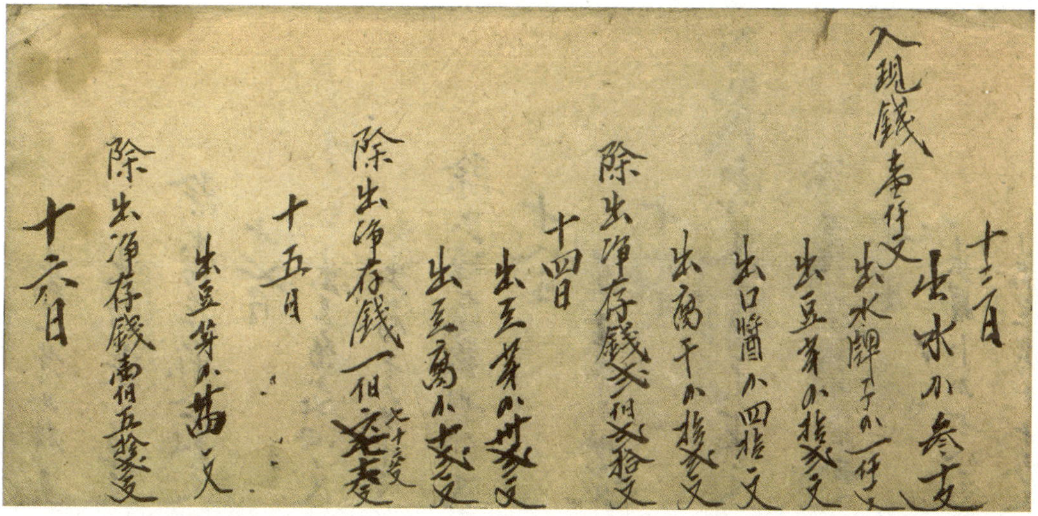

[1] 十三日：同治十三年十二月十三日，1875年1月20日。

[2] 十四日：同治十三年十二月十四日，1875年1月21日。

[3] 十五日：同治十三年十二月十五日，1875年1月22日。

[4] 十六日：同治十三年十二月十六日，1875年1月23日。

出豆芽钱拾八文
出白菜钱五十文
除出净存钱八十贰文[1]
十七日[2]
出豆腐钱贰四文
出腐干钱贰十文
除出净存钱卅八文
十八日[3]
出豆芽钱卅二文
十九日[4]
入现钱壹仟文出腐干钱十贰文
除出净存钱九佰八十捌文[5] 九八八百
廿日[6]
出萝卜钱十八文
出豆芽钱十六文

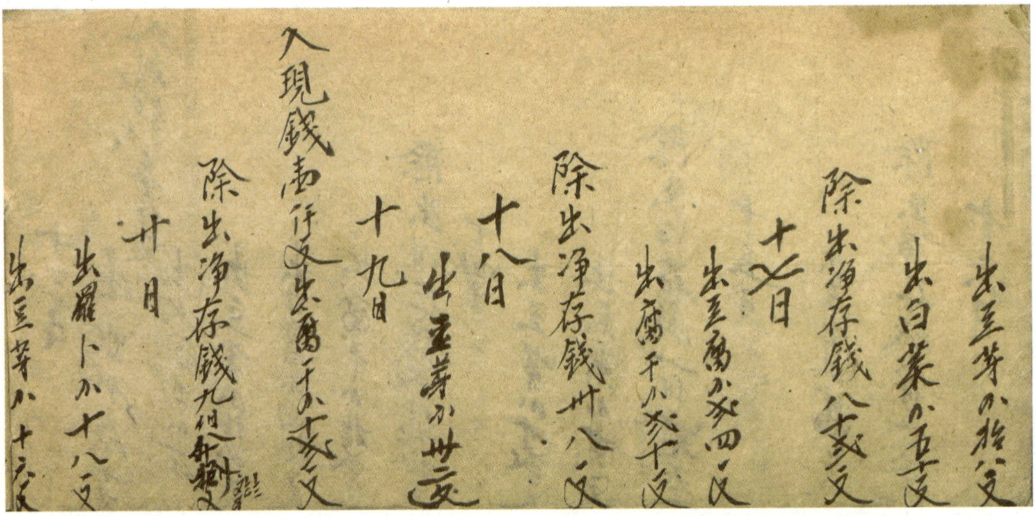

[1] 此处数字与前面数字不合。十二月十五日账上记载除出净存钱 152 文，减去十二月十六日支出，十二月十六日除出净存钱 84 文，与账上除出净存钱 82 文不合。

[2] 十七日：同治十三年十二月十七日，1875 年 1 月 24 日。

[3] 十八日：同治十三年十二月十八日，1875 年 1 月 25 日。

[4] 十九日：同治十三年十二月十九日，1875 年 1 月 26 日。

[5] 此处数字与前面数字不合。十二月十七日账上记载除出净存钱 38 文，减去十二月十八日、十九日支出，加上十二月十九日收入，十二月十九日除出净存钱 994 文，与账上除出净存钱 988 文不合。

[6] 廿日：同治十三年十二月廿日，1875 年 1 月 27 日。

出腐干钱十贰文

廿一日[1]

出蒜钱贰佰文

廿三日[2]

白菜
出葱儿钱一佰六十五文

出豆芽钱拾九文

出白菜钱一佰四十贰文

出茗幕钱一佰廿文

出面酱钱一佰七十文

出山药蛋钱贰佰一十五文

廿四日[3]

入现钱壹仟文出腐干钱贰十文

廿五日[4]

出豆芽钱卅六文

出豆腐钱贰四文

廿六日[5]

出豆芽钱十贰文

[1] 廿一日：同治十三年十二月廿一日，1875 年 1 月 28 日。
[2] 廿三日：同治十三年十二月廿三日，1875 年 1 月 30 日。
[3] 廿四日：同治十三年十二月廿四日，1875 年 1 月 31 日。
[4] 廿五日：同治十三年十二月廿五日，1875 年 2 月 1 日。
[5] 廿六日：同治十三年十二月廿六日，1875 年 2 月 2 日。

出腐干钱拾文

［六号账簿］

大清光绪元年新正黄道吉立（万金账）

乔云哲 识注

前 言

《大清光绪元年新正黄道吉立（万金账）》是光绪元年正月即1875年2月6日～1875年3月7日建立的账簿。本账簿封皮左上角标注账簿类型的红色贴条已经不见了，只留下标注立账时间的中间的红色贴条。万金账是服务性质的账簿，主要用来辅助盈利分配和经营管理。该账簿详细记录了祥泰隆商号从光绪元年正月（1875年2月6日～1875年3月7日）一直到光绪三十一年正月（1905年2月4日～1905年3月5日）三十年之间股权结构、变迁、分红等情况。账簿中董樑账目后有一页右侧红色贴条上写有“中华民国三十五年正月（1946年2月2日～1946年3月3日）建账”，但其后账页所记仍然为光绪年间账目。

通过本账簿，我们可以了解如下几个方面的情况：

一、祥泰隆股权类型。祥泰隆商号实行的是“东伙合作制”，商号的股权分为银股和身股两种类型。银股是指出资者拥有的股权，拥有分红权，还拥有相应的继承、转让和表决权，如账册中的股东董振铭、王作楫、董寿昌等；身股又称为“顶身股”，是指出资人有条件赠予部分员工的股份，身股拥有一般股份的分红权，但不具有继承、转让和表决权，因此有时也被称为“分红股”，如账册中的股东宋联选、胡世泮、范顺天等；其中有部分股东兼有银股和身股，如账册中的股东董厚德堂、赵廷宰，他们不仅是出资人，而且以经理铺事的身份管理整个商号，依据出资比例，董厚德堂出资最多是商号的最大股东（即祥泰隆商号的总管东家），而赵廷宰也为经理铺事（即祥泰隆商号的总经理掌柜）。祥泰隆商号的股东大多数为自然人，同时有少量由自然人建立的堂号，堂号一般为同一家族的人组成。例如，祥泰隆商号股东董厚德光绪元年是以自然人持股，光绪七年正月改为董厚德堂；光绪二十五年正月赵光保、赵光佑兄弟两人入资本银1400两以赵善德堂持祥泰隆商号银股一股。

“东伙合作制”实质是提供一种制度保证，各股东只负责资本银两（即银股）的投入，把票号的一切经营权、决策权全部都让给了经理（掌柜），使得商号的资金始终是由有能力、有经验的经理（掌柜）所掌控；同时，“身股”

又让经理（掌柜）成为股东，享有商号很高比例的分红，这就把持身股的经理（掌柜）和持银股的东家结成了利益共同体，把个人利益与商号的集体利益紧密地结合在一起，自觉地进入“一荣俱荣、一损俱损”的经营境界。

二、祥泰隆股权结构及其变迁。在光绪元年建账时，祥泰隆有12位股东，投入资本为纹银8760两，银股为7.3股，身股为7.1股，共计股份14.4股。其中：占银股两位（董振铭出资2400两，占银股2股；王作楫出资600两，占银股0.5股）；占身股八位（广裕厚占身股0.5股；宋联选占身股1股；胡世泮占身股0.8股；范顺天占身股0.8股；冯书年占身股0.8股；任天礼占身股0.5股；王元占身股0.3股；武世才占身股0.4股）；占银身股两位（董厚德堂出资4800两，占银股4股，占身股1股；赵廷宰出资960两，占银股0.8股，占身股1股）。到光绪二十五年，祥泰隆的股东有17位，投入资本为纹银12740两，银股为9.1股，身股为6.15股，共计股份15.25股（与账册记录相印证）。其中：占银股五位（王作楫出资700两，占银股0.5股；赵善德堂出资1400两，占银股1股；董裕昌出资700两，占银股0.5股；董寿昌出资700两，占银股0.5股；董楹出资420两，占银股0.3股）；占身股十位（广裕厚占身股0.5厘；谢世彦占身股0.7股；霍庚源占身股0.65股；梁之阁占身股0.5股；聂思智占身股0.4股；王菖林占身股0.4股；赵其让占身股0.4股；田庆丰占身股0.2股；许维粲占身股0.2股；王德泰占身股0.2股）；占银身股两位（董厚德堂出资8400两，占银股6股，占身股1股；冯书年出资420两，占银股0.3股，占身股1股）；到光绪三十一年，祥泰隆股东有16位，投入资本为纹银12740两，银股为9.1股，身股为7.4股，共计股份16.5股。其中：占银股五位（王作楫出资700两，占银股0.5股；赵善德堂出资1400两，占银股1股；董裕昌出资700两，占银股0.5股；董寿昌出资700两，占银股0.5股；董楹出资420两，占银股0.3股）；占身股九位（广裕厚占身股0.5厘；谢世彦占身股0.9股；霍庚源占身股1股；梁之阁占身股0.75股；聂思智占身股0.3股；王菖林占身股0.5股；赵其让占身股0.6股；田庆丰占身股0.4股；王德泰占身股0.45

股）；占银身股两位（董厚德堂出资 8400 两，占银股 6 股，占身股 1 股；冯书年出资 420 两，占银股 0.3 股，占身股 1 股）。

一般情况下，每逢 3 年一次结帐分红期，由股东对所有商号内员工进行全面德才考核，根据其工令、表现、贡献等情况，决定是否为其配备身股或对持身股者增减身股额，一般总经理（大掌柜）配身股十厘，副经理（二掌柜）配身股七至八厘，新配身股的员工，从一厘至二厘开始，通过配备身股以激励全体商号同仁爱号敬业的进取心。

三、祥泰隆分红情况。根据本账本所示，祥泰隆商号遵循每三年为号内结账分红期，光绪元年至光绪二十五年以三年为一个分红期，光绪二十五年至光绪三十一年以 6 年为一个分红期，上述分红期每股分红分别为纹银 875.73 两、688.98 两、622.75 两、613.96 两、464.09 两、875.08 两、1347.76 两、1281.44 两、1110.26 两（六年）。显然，在光绪三年、七年、十年、十三年至十六年这 5 个分红期，商号所得利润呈逐步下降趋势，十六年到达最低点；而此后的光绪十九年、二十二年、二十五年这三个分红期，商号所得利润呈逐步上升趋势，尤其是二十五年达到利润最高点。光绪三十一年的利润仅比光绪十六年高，是第二个低点。祥泰隆三十年经营利润的变化情况，多少可以折射出时代变化对于商号经营的影响。光绪十六年（1890 年 1 月 21 日 ~1891 年 2 月 8 日）中国北方发生瘟疫，这场瘟疫从光绪十五年底起由俄罗斯圣彼得堡的流感传到世界各地。光绪二十年到光绪二十一年（1894 年 2 月 6 日 ~1896 年 2 月 12 日）爆发了中日甲午战争。光绪二十六年（1900 年 1 月 31 日 ~1901 年 2 月 18 日）发生了义和团运动和八国联军侵华战争。这些事件不可避免地对祥泰隆经营状况产生重大影响，具体如何影响有待进一步深入研究。

四、祥泰隆股东退出机制。从祥泰隆光绪元年到光绪三十一年的股东变化情况可以看出，祥泰隆的股东中除占银股、银身股股东较为固定外，持身股股东的配备情况呈现流动状态。祥泰隆股东退出有如下集中情况：一是年老退出。如董振铭因年事已高，将自身银股清退后，与其子孙按股转让均分；再如持身股者武世才，因年迈不能再从事商号的经营活动，将身股核算清楚后退出；二是身故退出。如赵廷宰、宋联选等股东，因出现身故情况，商号依照红利分配制度，会给予其家属顺延一次分红期参与分红，清退所入资本银，还会从号内拨予家属返乡的路费盘缠；三是生病退出。如王元、刘培岫等股东，因出现疾病不能参与商号事务时，各股东则会同意其请辞请求，在结算股份红利的基础上，会从号内额外拨付部分治病费用及返乡的路费盘缠；四是自愿退出。如王作霖、许维絜等股东（以顶身股者居多），因本人意愿与商号发展相悖提出退出请求，在结算股份红利的基础上，仍会从号内拨付返乡的路费盘缠。

祥泰隆实行的“东伙合作制”股权分配制度，是晋商生产经营中的一种历史性的进步，客观上实现了有投资资本的东家和有经营管理才干的经理（掌柜），以及其他合作伙计的双向结合，使一部分人达到以资本投入实现资产增值的目的，一部分人实现以经营管理才干或劳动技能获得增加收入的机会，体现了财尽其用，人尽其力，使祥泰隆商号的经营管理更加科学，这种模式对现代企业经营管理也有一定的借鉴作用。

乔云哲

2022 年 1 月 1 日

大清光绪元年新正[1]黄道吉立

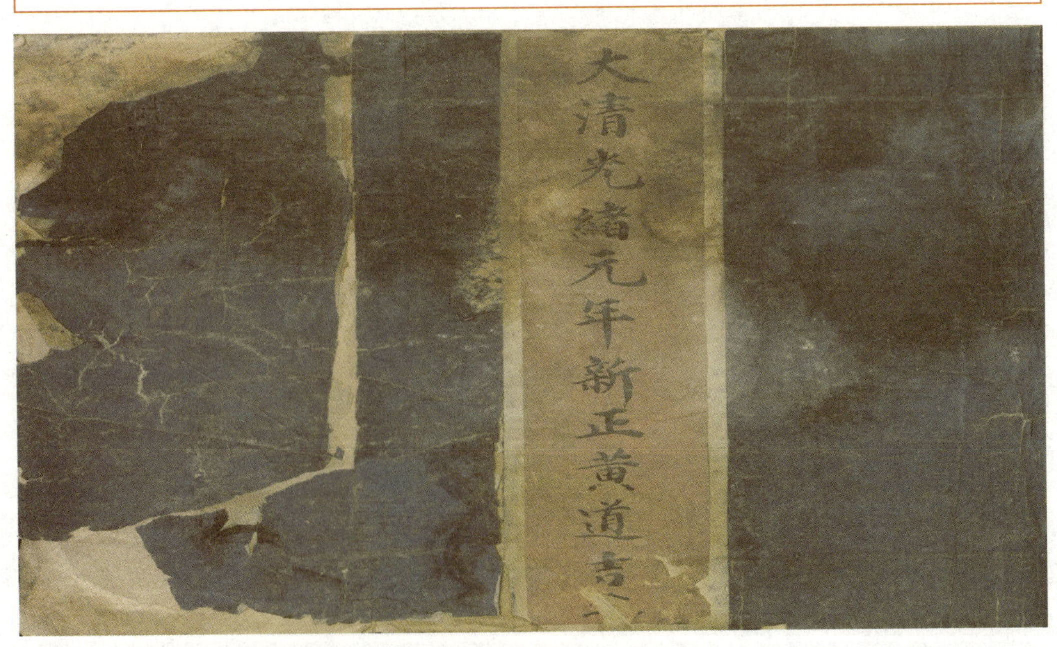

[1] 大清光绪元年新正：光绪元年正月，1875年2月6日～1875年3月7日。

光绪二十五年正月[4]账下东[5]伙议定银人股[6]俸每俸

计 半二[3] 五[2]俸 一[1]十

应支银[7]陆拾两整[8]

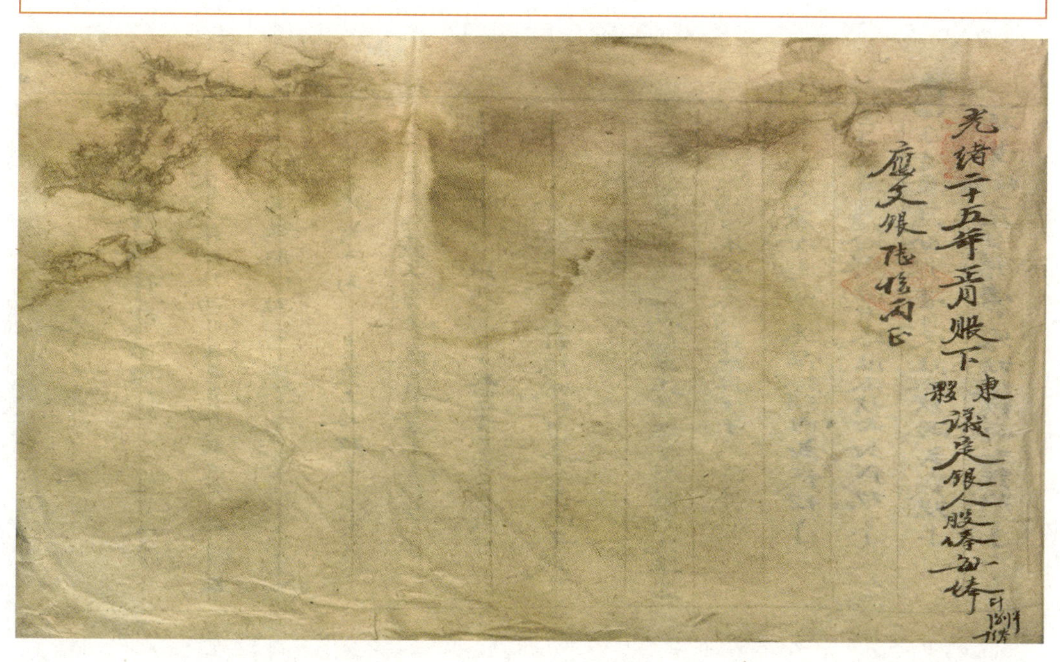

[1] 一：原文作“丨”，下同。

[2] 五：原文作“〥”，下同。

[3] 二：原文作“刂”，下同。

[4] 光绪二十五年正月：1899年2月10日～1899年3月11日。

[5] 东伙：“东”，就是资本所有人，俗称财东；“伙”，就是经营合伙人，俗称伙计。伙：原文作“夥”，下同。

[6] 银人股：银股和身股。银股，以银钱出资的股份。身股，有一定资历的商号员工以人力所顶的股份，参与分红但不对盈亏负责。

[7] 应支银：按照所持银股或身股份额支付给股份所有者日常花销用银，账期分红时由各人所分红利内扣除；如果经营不善，无红利可分，则应支银由商号支出。

[8] 陆十两整：光绪二十五年起应支银每俸六十两。整，原文作“正”，下同。

董振铭

光绪元年正月立

入资本银贰[1]仟肆佰两整作为银股贰俸

元年[2]兑外支账支银捌拾两　贰年[3]兑外支账支银　捌拾　两

三年[4]兑外账　支银捌拾两　兑算账[5]收三年[6]应得利银[7]壹仟玖佰贰拾陆两陆钱

兑公座账[8]　支银贰佰两　兑外支账支银玖两四钱[9]四[10]分[11]

净缺支银壹仟肆[12]佰柒拾柒两壹钱陆分[13]

兑公座账　收来元年正月公座银贰佰两整[14]　又收四年正月[15]账下公座银贰佰两整

除讫净余资本利银肆仟贰佰柒拾柒两壹钱陆分[16]

按

因年迈八旬有六世事不及以四年正月账下情愿辞退生意

出铺将铺内资本公座余利银拨与伊子孙按股均分

长子世昌应分银壹仟零陆拾玖两贰钱玖分

三子裕昌应分银壹仟零陆拾玖两贰钱玖分

四子寿昌应分银壹仟零陆拾玖两贰钱玖分

孙董楹　樑　应分银壹仟零陆拾玖两贰钱玖分

[1] 贰：原文作“弍”，下同。

[2] 元年：光绪元年，1875 年 2 月 6 日 ~ 1876 年 1 月 25 日。

[3] 贰年：光绪贰年，1876 年 1 月 26 日 ~ 1877 年 2 月 12 日。

[4] 三年：光绪三年，1877 年 2 月 13 日 ~ 1878 年 2 月 1 日。

[5] 算账：记录逐年盈利及账期分红情况的账簿。

[6] 三：原文作“川”，下同。

[7] 利银：经营分红，一般三年为一个账期，分红一次。

[8] 公座账：公座是在账期分红之后按照银股身股比例提取一部分利润作为公积金。记录公座的账簿为公座账。座，原文作“坐”，下同。

[9] 钱：原文作“[illegible]”，下同。

[10] 四：原文作“[illegible]”，下同。

[11] 分：原文作“亅”，下同。

[12] 肆：原文作“[illegible]”，下同。

[13] 此处数字相合，元年、贰年、三年董振铭分别支出 80 两，三年算账应得利银 1926.6 两，又对公座账支银 200 两、支银 9.44 两，1926.6−80−80−70−200−9.44＝1477.16 两，前后数字相合。

[14] 整：原文作“正”，下同。

[15] 四年正月：光绪四年正月，1878 年 2 月 2 日 ~ 1878 年 3 月 3 日。

[16] 此处数字相合，钱商号欠董振铭 1477.16 两，商号又退董振铭元年、四年公座银各 200 两，加上本金 2400 两，商号欠董振铭 1477.16+200+200+2400＝4277.16 两，前后数字相合。

世昌兑外支账支银壹仟零陆拾玖两贰钱玖分

裕昌兑外支账支银壹仟零陆拾玖两贰钱玖分

寿昌兑外支账支银壹仟零陆拾玖两贰钱玖分

董梁楹兑外支账支银壹仟零陆拾玖两贰钱玖分

以上原资本公座余利如数使清

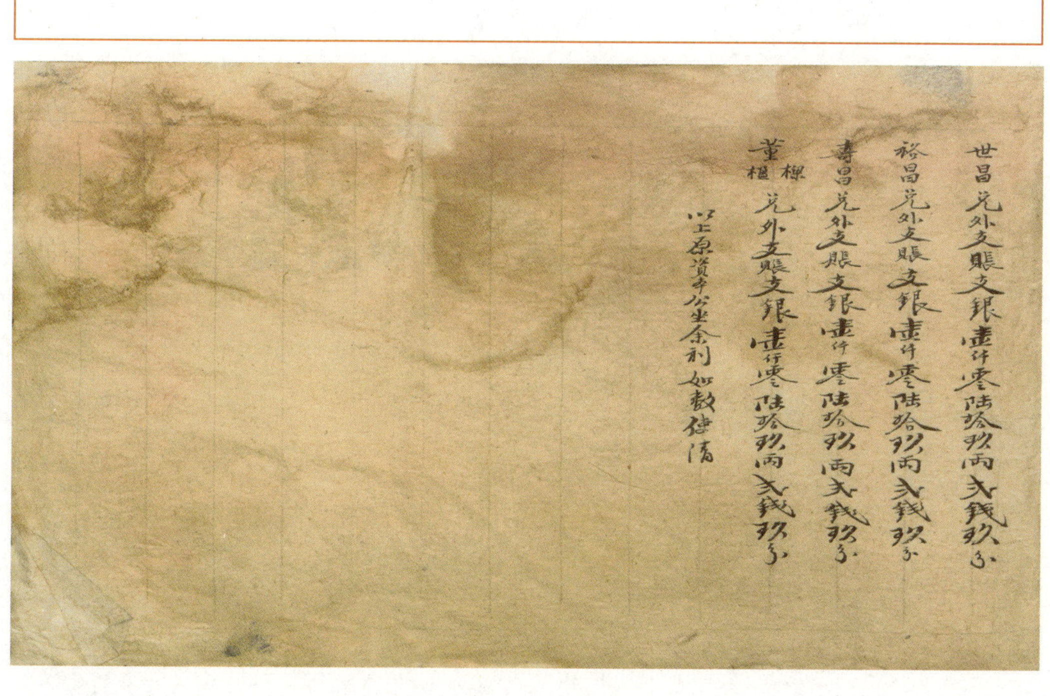

董厚德堂 七年正月[1]改为堂名 光绪元年正月立

入资本银肆仟捌佰两整 作为银股四俸 经理铺事随人力壹俸 此宗共后

移来旧账余银贰仟捌佰壹拾玖两玖钱捌分

元年兑外支账支银贰佰两 又兑外支账支银玖佰壹拾两零壹钱肆分

贰年兑外账支银贰佰两 又兑外支账支银壹仟玖佰零[2]玖两[3]八钱四分

三年兑账外支银贰佰两 兑算账收三年应得利银肆仟捌佰壹拾陆两五钱整

兑公座账 支银伍佰两 兑外账 支银四两四钱九分

净缺支银叁仟柒佰壹拾贰两零壹分

兑账外 支四年应支银贰佰两 兑外支账 支银贰仟零陆拾五两四钱三分

六年正月[4]兑外支五年应支银贰佰两 又 支银伍佰零陆两

七年正月[5]兑账外支银贰佰两 又兑外账 支银壹仟壹佰四拾两零[6]五钱八分

兑万金账算[7] 收三年应得利银叁仟柒佰捌拾玖两四钱整 兑公座账 支银伍佰两整

净缺支银贰仟陆佰捌拾玖两四钱整

又兑公座账 支银贰仟陆佰捌拾九两四钱整 兑公座账 收入资本银陆佰两整 作为银股伍厘

[1] 七年正月：光绪七年正月，1881 年 1 月 30 日 ~ 1881 年 2 月 27 日。

[2] 零：原文作“O”，下同。

[3] 两：原文作“[illegible]”，下同。

[4] 六年正月：光绪六年正月，1880 年 2 月 10 日 ~ 1880 年 3 月 10 日。六，原文作“[illegible]”，下同。月，原文作“[illegible]”，下同。

[5] 七年正月：光绪七年正月，1881 年 1 月 30 日 ~ 1882 年 2 月 17 日。七，原文作“[illegible]”，下同。

[6] 零：原文作“[illegible]”，下同。

[7] 算；原文作“筭”，下同。

至光绪七年正月立

共入资本银伍仟肆佰两整　作为银股四俸伍厘　经理铺事随人力壹俸

兑公座账收银壹仟玖佰叁拾九两四钱整　八年正月[1]兑外账支应支银贰佰贰拾两整

又兑　支银伍佰两整　九年正月[2]兑外账支银贰佰五十两

又　支应支银贰佰廿两整　十年正月[3]兑外账支银贰佰贰十两

又兑外账支银壹仟壹百捌拾玖两四钱整　兑算账收三年应得利银叁仟四佰贰拾五两壹钱二分

兑公座账支银伍佰伍拾两整　净缺支银贰仟贰佰壹拾伍两壹钱贰分

十一年正月[4]兑外账支银壹仟伍百[5]一十五两一钱贰分　兑外支应支银贰佰贰十两整

十二年正月[6]兑外账支银柒佰两整　又支应支银贰佰贰拾两整

十三年正月[7]兑外账支应支银贰佰贰十两整　又兑算账收三年应得利银叁仟叁佰七十六两七钱八分

净缺支银贰仟柒佰壹拾陆两柒钱捌分

兑外账支应支银贰佰贰十两　兑外账支银壹仟肆佰壹拾陆两柒钱捌分

十四年正月[8]兑外账支银贰佰贰十两　又兑外账支银陆佰两整

十五年正月[9]兑外账支银贰佰贰拾两　又兑外账支银柒佰两整

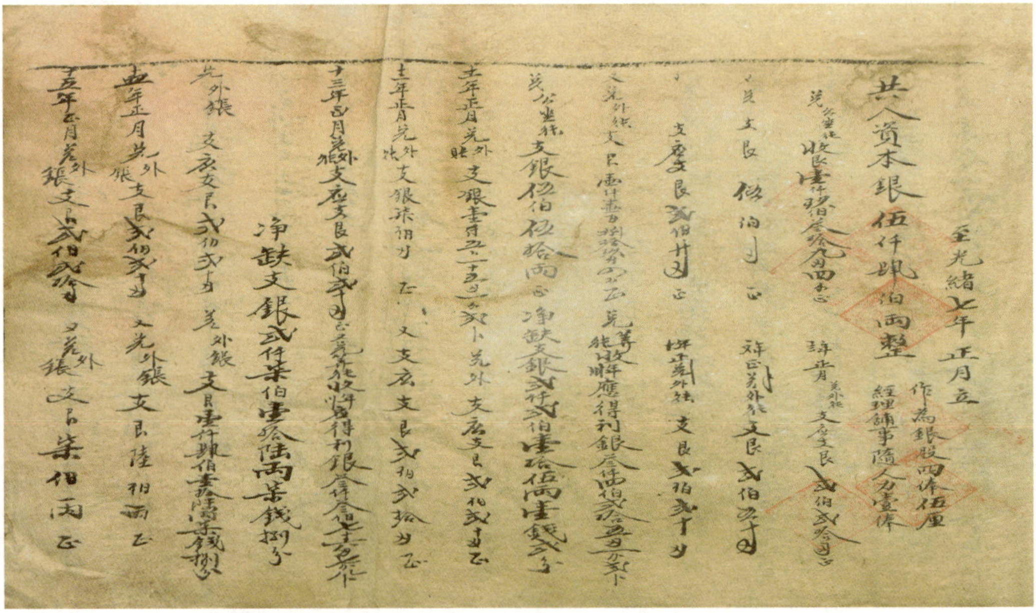

[1] 八年正月：光绪八年正月，1882 年 2 月 18 日～ 1882 年 3 月 18 日。八，原文作“[illegible]”，下同。

[2] 九年正月：光绪九年正月，1883 年 2 月 8 日～ 1883 年 3 月 8 日。九，原文作“文”，下同。

[3] 十年正月：光绪十年正月，1884 年 1 月 28 日～ 1884 年 2 月 26 日。

[4] 十一年正月：光绪十一年正月，1885 年 2 月 15 日～ 1885 年 3 月 16 日。

[5] 百：原文作“[illegible]”，下同。

[6] 十二年正月：光绪十二年正月，1886 年 2 月 4 日～ 1886 年 3 月 5 日。

[7] 十三年正月：光绪十三年正月，1887 年 1 月 24 日～ 1887 年 2 月 22 日。

[8] 十四年正月：光绪十四年正月，1888 年 2 月 12 日～ 1888 年 3 月 12 日。

[9] 十五年正月：光绪十五年正月，1889 年 1 月 31 日～ 1889 年 3 月 1 日。

十六年正月[1]兑算账收三年应得利银贰仟伍佰伍拾贰两四钱九分 同[2]日取公座银伍佰伍拾两

净缺支银壹仟叁佰肆拾贰两肆钱玖分

一十七年正月[3]兑账外支应支银贰佰贰拾两整 一十八年正月[4]兑账外支应支银贰佰贰拾两

又兑账外支银五佰四拾贰两四钱玖分 一十九年正月[5]兑账外支银捌佰两整

又兑 支银贰佰贰十两整 兑算账收三年余利银肆仟捌佰捌拾贰两玖钱五分

净缺支银肆仟贰佰贰拾贰两玖钱伍分

又兑账公座 支银伍佰伍拾两整 廿年正月[6]兑账外支应支银贰佰贰拾两

又兑账外支银贰千一佰七拾贰两九钱五分 二十一年正月[7]兑账外支应支银贰佰贰拾两

又兑账外支银壹仟伍佰两整 二十一年[8]兑账外支应支贰百[9]贰拾两

二十二年正月[10]兑算账收三年应得银柒仟肆佰壹拾贰两陆钱捌分 净缺支银陆仟柒佰伍拾贰两陆钱捌分

又兑账公座 支银伍佰伍拾两整 廿三年正月[11]兑账外支银壹千贰百零贰两六钱八分

又兑支应支银贰佰贰十两 廿四年正月[12]兑账外支银贰仟两整

又兑支应支银贰佰贰拾两 二十五年正月[13]兑账外支银叁仟两整

又兑支应支银贰佰贰拾两 又兑算账收三年应得银捌仟玖佰七拾两零零六分

[1] 十六年正月：光绪十六年正月，1890 年 1 月 21 日 ~ 1890 年 2 月 18 日。

[2] 同：原文作"仝"，下同。

[3] 一十七年正月：光绪一十七年正月，1891 年 2 月 9 日 ~ 1891 年 3 月 9 日。

[4] 一十八年正月：光绪一十八年正月，1892 年 1 月 30 日 ~ 1892 年 2 月 27 日。

[5] 一十九年正月：光绪一十九年正月，1893 年 2 月 17 日 ~ 1893 年 3 月 17 日。

[6] 廿年正月：光绪廿年正月，1894 年 2 月 6 日 ~ 1894 年 3 月 6 日。

[7] 二十一年正月：光绪二十一年正月，1895 年 1 月 26 日 ~ 1895 年 2 月 24 日。二，原文作"〢"，下同。

[8] 二十一年：光绪二十一年，1895 年 1 月 26 日 ~ 1896 年 2 月 12 日。

[9] 百：原文作"[illegible]"，下同。

[10] 二十二年正月：光绪二十二年正月，1896 年 2 月 13 日 ~ 1896 年 3 月 13 日。

[11] 廿三年正月：光绪廿三年正月，1897 年 2 月 2 日 ~ 1897 年 3 月 2 日。

[12] 廿四年正月：光绪廿四年正月，1898 年 1 月 22 日 ~ 1898 年 2 月 20 日。

[13] 二十五年正月：光绪二十五年正月，1899 年 2 月 10 日 ~ 1899 年 3 月 11 日。

净缺支银捌仟叁佰壹拾两零零陆分

又兑公座账支银捌仟叁佰壹拾两零零六分[1] 又兑公座账收入资本银壹仟捌佰两

共入资本银柒仟贰佰两整 作银俸陆俸
经理铺事随人力壹俸

又兑公座账收入倍本[2]银壹仟贰佰两整 又兑公座账收银肆仟六佰壹拾两零零六分

二十六年正月[3]兑账外支银壹百壹拾两零六分[4] 又支应支银肆百贰拾两

二十七年正月[5]兑账外支银贰千伍佰两整 又兑账外支应支银肆百贰拾两

二十八年正月[6]兑账外支应支银肆佰贰拾两整 又兑账外支银壹仟玖百玖拾九两四钱六分

二十九年正月[7]兑账外支应支银肆佰贰拾两整 卅年正月[8]兑账外支应支银肆佰贰拾两整

三十一年正月[9]兑账外支应支银肆佰贰拾两整 三十一年正月初三日[10]兑账外收银玖佰两

又兑公座账支银玖佰两 又兑算账收六年[11]应得银柒仟柒百柒拾壹两捌钱贰分

又收人银伍百两整 系人力一俸的厚仪银
净缺支银伍千七佰伍拾壹两八钱贰分

兑外账支银伍仟七百伍拾壹两八钱贰分
作为银股六俸[12]

以上除讫净存资本银四[13]八千两 随经理人股壹俸

抄卅一年[14]新万金账

[1] 分：原文作“卜”，下同。

[2] 倍本：银股和身股持有者在分红时，从所分到的红利中按股份比例提留一部分存入商号周转使用，以扩大商号流动资本，只得利息不分红。

[3] 二十六年正月：光绪二十六年正月，1900 年 1 月 31 日～1900 年 2 月 28 日。

[4] 分：原文作“个”，下同。

[5] 二十七年正月：光绪二十七年正月，1901 年 2 月 19 日～1901 年 3 月 19 日。

[6] 二十八年正月：光绪二十八年正月，1902 年 2 月 8 日～1902 年 3 月 9 日。

[7] 二十九年正月：光绪二十九年正月，1903 年 1 月 29 日～1903 年 2 月 26 日。

[8] 卅年正月：光绪卅年正月，1904 年 2 月 16 日～1904 年 3 月 16 日。

[9] 三十一年正月：光绪三十一年正月，1905 年 2 月 4 日～1905 年 3 月 5 日。

[10] 三十一年正月初三日：光绪三十一年正月初三日，1905 年 2 月 6 日。

[11] 六年：光绪二十八年没有分红，光绪三十一年分了六年的红。

[12] 六俸：光绪三十一年起银股每俸 1400 两，8400 两合计银股六俸。

[13] 八千两四：八千四百两。

[14] 卅一年：光绪卅一年，1905 年 2 月 4 日～1906 年 1 月 24 日。

广裕厚　光绪元年正月立

经理铺事顶人力伍厘

元年兑外支账支银贰拾两　贰年兑外支账支银贰拾两

三年兑外账　支银贰拾两　兑算账收三年应得利银四佰捌拾壹两陆钱五分

兑公座账支银五拾两　兑外账收缺支银捌两六钱三分

净缺支银叁佰捌拾两零贰钱捌分

兑外账支四年[1]应支银贰拾两　兑外支账支银一[2]佰六十六两零五分

六年正月兑外账支五年应支银贰十两整　又兑支银贰佰一十四两贰钱三分

七年正月兑外账支应支银贰拾两整　兑算账收三年应得利银叁佰七十八两九钱四分

兑公座账支银伍拾两整　净缺支银贰佰陆拾捌两九钱四分

八年正月兑外账支银壹佰两整　又　支应支银贰十两

九年正月兑外账支应支银贰十两　十年正月兑外账支银贰拾　两

兑外账支银壹佰陆拾八两九钱四分　兑公座账支银伍拾两整

兑算账收三年应得利银叁佰壹拾壹两叁钱柒分

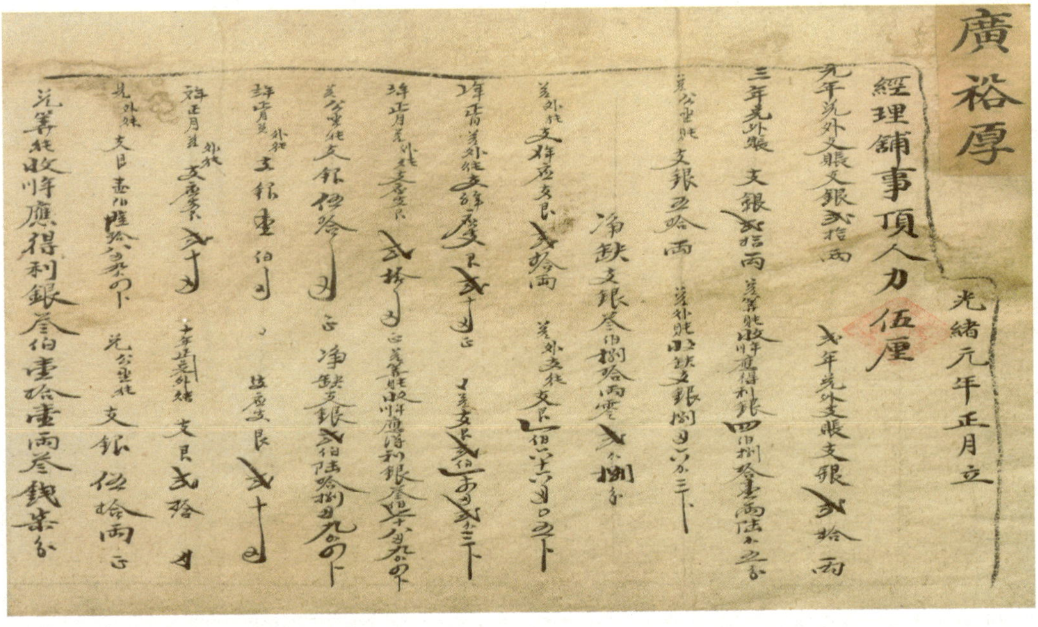

[1] 四年：光绪四年，1878 年 2 月 2 日 ~ 1879 年 1 月 21 日。

[2] 一：原文作“乚”，下同。

净缺支银贰佰零壹两叁钱柒分

十一年正月兑账外支银贰佰零壹两三钱七分　又兑支应支银贰十两整

十二年正月兑账外支银贰拾两整　十三年正月兑外账支应支银贰十两整

又兑算账收三年应得利银叁佰零陆两九钱八分　净缺支银贰佰肆拾陆两九钱八分

兑账外支应支银贰十两　十四年正月兑账外支银贰拾两整

十五年正月兑账外支应支银贰拾两　又兑账外支银贰佰四拾六两九钱八分

十六年正月兑算账收三年应得利银贰佰叁拾贰两零四分　同日　取公座伍拾两

净缺支银壹佰贰拾贰两零四分

十七年正月兑账外支应支银贰拾两整　十八年正月兑外账支应支银贰拾两

又兑账外支银壹佰贰拾贰两零四分　十九年正月兑账外支银贰拾两

又兑算账收三年应得利银肆佰肆拾叁两九钱　净缺支银叁佰捌拾叁两玖钱

又兑公座账支银伍拾两正　廿年正月兑账外支应支银贰拾两

又兑账外支银叁佰叁拾三两九钱　二十一年正月兑账外支应支银贰拾两

二十二年正月兑账外支应支银贰十两　又兑算账收三年应得利银陆佰柒拾叁两捌钱八分

净缺支银陆佰壹拾叁两捌钱捌分

又兑公座账支银伍拾两正　二十三年正月兑账外支应支银贰十两

二十四年正月兑账外支银伍佰六十三两八钱八分　又兑支应支银贰拾两

二十五年正月兑账外支应支银贰拾两　又兑账外支银壹两八钱九分

又兑账外收银壹两八钱九分　又兑算账收三年应得银捌佰壹拾伍两四钱六分

净缺支银柒佰伍拾伍两四钱六分

又兑账外支银壹两八钱九分　又兑公座账支银伍拾两正

二十六年正月兑账外支应支银叁拾两　二十七年正月兑账外支应支银叁拾两

二十八年正月兑账外支应支银叁拾两　又兑账外支银柒佰零叁两五钱七分

二十九年正月兑账外支应支银叁拾两　卅年正月兑账外支应支银叁拾两

三十一年正月兑账外支应支银叁拾两　三十一年兑算账收六年应得银伍百伍拾伍两壹钱叁分

净缺支银叁佰柒拾伍两壹钱叁分

兑外账支银叁佰柒拾伍两壹钱叁分　以上除讫净存人力股五厘

抄卅一年新万金账

王作楫 光绪元年正月立

入资本银陆佰两整作为银股伍厘

移来旧账余银伍佰壹拾壹两柒钱陆分 抄外支账算过

元年兑外支账支银贰拾两 二年兑外支账支银贰拾两

三年兑外支账支银贰拾两 兑算账收三年应得利银四佰捌拾壹两陆钱五分

兑公座账支银五拾两 兑外账支银肆拾壹两壹钱九分

净缺支银叁佰叁拾两零四钱六分

兑外账支应支银贰拾两 又兑外账支银叁佰零六两五钱五分

六年正月兑外账支五年应支银贰拾两 又兑 支银贰拾叁两九钱一分

七年正月兑外账支应支银贰拾两 兑算账收三年应得利银叁佰柒拾八两九钱四分

兑外账支银四拾七两八钱四分 兑公座账支银伍拾两整

净缺支银贰佰贰拾壹两壹钱整

八年正月兑外账支银贰佰贰拾壹两一钱 又支应支银贰十两

九年正月兑外账支应支银廿两 十年正月兑外账支银贰拾两

兑算账收三年应得利银叁佰壹拾壹两叁钱七分 兑公座账支银五拾两

净缺支银贰佰零壹两叁钱七分

十一年正月兑账外支银贰百零壹两三钱七分 又兑支应支银贰拾两

十二年正月兑账外支银贰拾两正 十三年正月兑账外支应支银贰拾两

又兑算账收三年应得利银叁佰零陆两九钱八分 净缺支银贰佰肆拾陆两九钱八分

兑外账支应支银贰十两 兑外账支银贰佰肆拾六两九钱八分

十四年正月兑账外支银贰十两 十五年正月兑账外支银贰拾两

十六年正月兑算账收三年应得利银贰佰叁拾贰两零四分 同日取公座银伍拾两

净缺支银壹佰贰拾贰两零四分

十七年正月兑账外支应支银贰拾两整 又兑账外支银壹佰零贰两零四分

十八年正月兑账外支应支银贰拾两 又兑账外支银贰拾两

十九年正月兑账外支银贰拾两 又兑算账收三年应得利银肆佰肆拾叁两玖钱

净缺支银叁佰捌拾叁两玖钱整

又兑公座账支银伍拾两正 廿年正月兑账外支应支银贰拾两

又兑账外支银叁佰叁拾叁两九钱　二十一年正月兑账外支应支银贰拾两

二十二年正月兑账外支应支银贰十两　又兑算账收三年应得利银陆佰柒拾叁两八钱八分

净缺支银陆佰壹拾叁两捌钱捌分

又兑公座账支银伍拾两整　二十三年正月兑账外支银三佰六十三两八钱八分

又兑支应支银贰十两整　二十四年正月兑账外支银贰佰两整

又兑支应支银廿两整　二十五年正月兑账外支应支银贰拾两

又兑外账支银一佰贰拾七两四钱四分　又兑账外收银壹佰贰拾七两四钱四分

又兑算账收三年应得银捌佰一十伍两四钱六分　净缺支银柒佰五十五两四钱六分

又兑账外支银壹佰贰拾七两四钱四分　兑公座账支银六佰贰拾八两零贰分

又兑公座帐收入倍本银壹佰两整　又兑公座账收银四佰七十八两零贰分

二十六年正月兑账外支银四百七拾八两零贰分　又兑账外支应支银叁拾两

二十七年正月兑账外支应支银叁拾两　二十八年正月兑账外支应支银叁拾两

二十九年正月兑账外支应支银叁拾两　卅年正月兑账外支应支银叁拾两

三十一年正月兑账外支应支银三叁拾两　三十一年正月兑算账收应得银伍百伍拾伍两壹钱叁分

净缺支银叁佰柒拾伍两壹钱叁分

兑外账支银叁佰柒拾五两壹钱叁分

作银股五厘

以上除讫净存资本银七百[1]两

抄卅一年新万金账

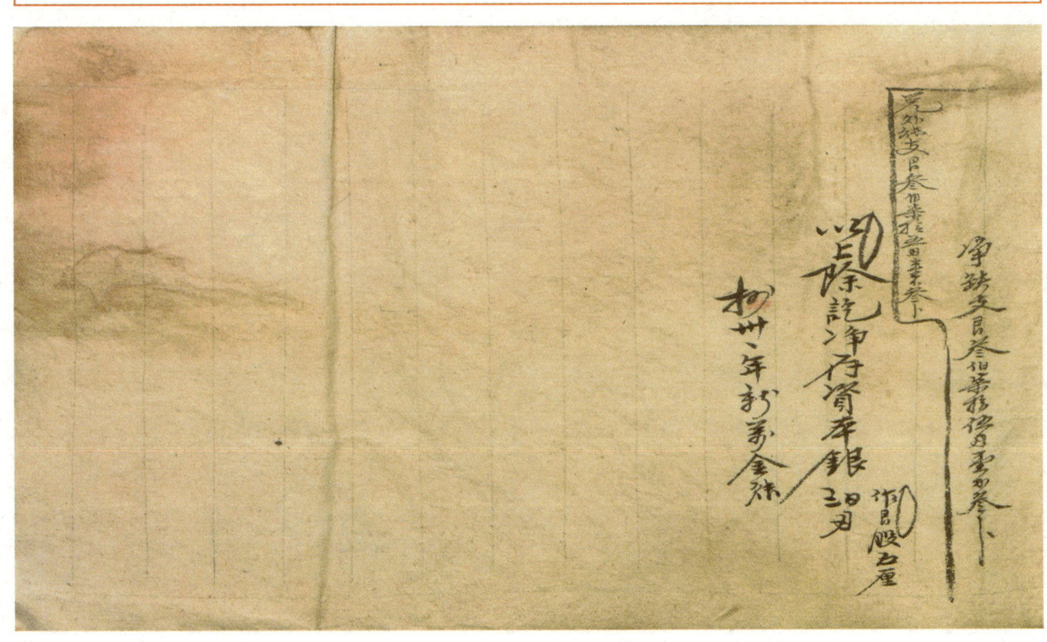

[1] 百：原文作“𠂤”，下同。

赵廷[1]宰 光绪元年正月立

入资本银玖佰陆拾两整 作为银俸捌厘 顶人力壹俸 此宗共后

元年兑外支账支银柒拾贰两 二年兑外支账支银柒拾贰两

三年兑外账支银柒拾贰两 兑算账收三年应得利银壹仟柒佰叁拾叁两玖钱四分

兑公座账支银壹佰捌拾两 兑外账支银壹拾叁两四钱贰分

净缺支银壹仟叁佰贰拾肆两伍钱贰分

兑账外支应支银柒拾贰两 又兑外账支银一佰玖拾七两零三分

六年正月兑外账支五年应支银柒拾贰两整 又兑支银捌佰贰拾柒两四钱九分

七年正月兑外账支应支银柒拾贰两整 兑算账收三年应得利银壹仟叁佰陆拾四两一钱八分

兑外账支银卅三两八钱七分 兑公座账支银壹佰捌拾两

净缺支银壹仟贰佰叁拾四两叁钱壹分

兑公座账支银壹仟贰佰叁拾四两三钱一分 又兑收入资本银贰佰肆拾两整 作银股贰厘

至光绪七年正月立

共入资本银壹仟贰佰两整 作为银俸壹俸 原顶人力壹俸

[1] 廷：原文作“建”，下同。

兑公座账收银玖佰叁拾四两三钱一分　八年正月兑外账支银叁佰卅四两三钱一分

又　支应支银捌拾两整　九年正月兑外账支应支银捌拾两

十年正月兑外账支银捌拾两　兑外账支银四佰两

兑算账收三年应得利银壹仟贰佰肆拾五两五钱整　兑公座账支银贰佰两整

净缺支银壹仟零零伍两伍钱整

十一年正月兑账外支银柒百零五两五钱　又兑支应支银捌拾两

十二年正月兑账外支银叁佰两整　又兑支应支银捌拾两整

十三年正月兑账外支应支银捌拾两整　又兑算账收三年应得利银壹仟贰佰贰十七两九钱二分

净缺支银玖佰捌拾柒两玖钱贰分

兑外账支应支银捌拾两　十四年正月兑账外支银玖佰捌拾七两九钱贰分

十五年正月兑账外支银捌拾两　十六年正月兑账外支银捌拾两整

十六年正月兑算账收三年应得利银玖佰贰拾捌两一钱八分　同日　取公座银贰佰两整

净缺支银肆佰捌拾捌两壹钱捌分

十七年正月兑外账支应支银捌拾两整　又兑账外支银壹佰零捌两壹钱捌分

一十八年正月兑账外支应支银捌拾两　又兑账外支银捌拾两
一十九年正月兑账外支银捌拾两　兑账支银叁佰两
又兑算账收三年应得利银壹仟七佰七拾五两陆钱贰分　净缺支银壹仟伍佰叁拾伍两陆钱贰分
又兑公座账支银贰佰两整　廿年正月兑账外支应支银捌拾两
又兑账外支银叁佰叁拾五两六钱贰分　二十一年正月兑账外支应支银捌拾两
又兑账外支银壹仟两整　二十二年正月兑账外支应支银捌拾两
又兑算账收三年应得利银贰仟陆佰玖拾伍两伍钱贰分　净缺支贰仟肆佰伍拾伍两伍钱贰分
又兑公座账支银贰佰两整　二十三年正月兑账外支银壹仟零五十五两五钱二分
又兑支应支银八十两整　二十四年正月兑账外支银壹仟贰佰两整
又兑支应支银八拾两整　二十五年正月兑账外支应支银捌拾两
又兑算账收三年应得银叁仟贰佰六十一两八钱四分　净缺支银叁仟零贰拾壹两捌钱四分
又兑公座账支银叁仟零贰拾壹两八钱四分　又兑收倍本银贰佰两整
又兑公座账支银壹仟肆佰两整　清

至[1]本年正月账下止

[1] 至：原文作"[illegible]"，下同。

于廿一年四月[1]内辞世东伙议定待至廿五年正月账
下为满今正同伊子赵光保佑 将此故俸情愿辞退出
号同中将一应内事澄清明白至于细情难以枚注
有伊立退约存照伊等回里额外号内出盘费银
叁拾两整

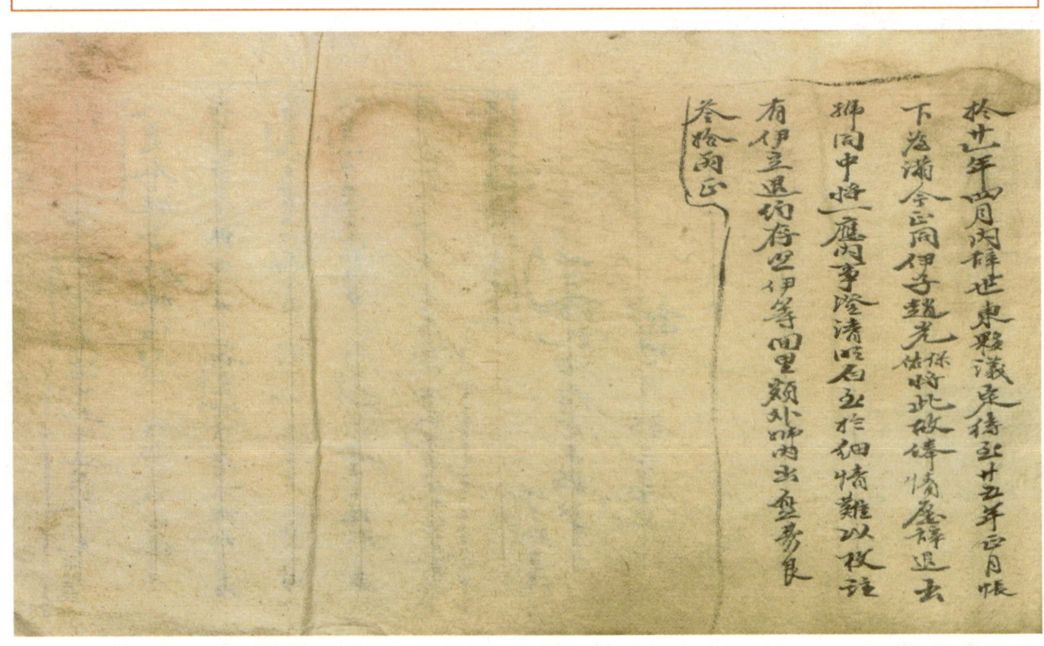

[1] 廿一年四月：光绪廿一年四月，1895年4月25日～1895年5月23日。

赵善德堂 光保佑经理 光绪廿五年正月账下兑公座账

入资本银壹仟肆佰两整 作为银股壹俸

二十六年正月兑外账支应支银陆拾两 二十七年正月兑外账支应支银陆拾两

二十八年正月兑外账支应支银陆拾两 二十九年正月兑外账支应支银陆拾两

卅年正月兑外账支应支银陆拾两 三十一年正月兑外账支应支银陆拾两

三十一年正月兑算账收六年应得银壹仟壹百壹拾两零贰钱六分 净缺支银柒佰五拾两零贰钱六分

兑外账支银柒佰伍拾两零贰钱六分

作银股壹俸

以上除讫净存资本银 壹仟两四

抄卅一年新万金账

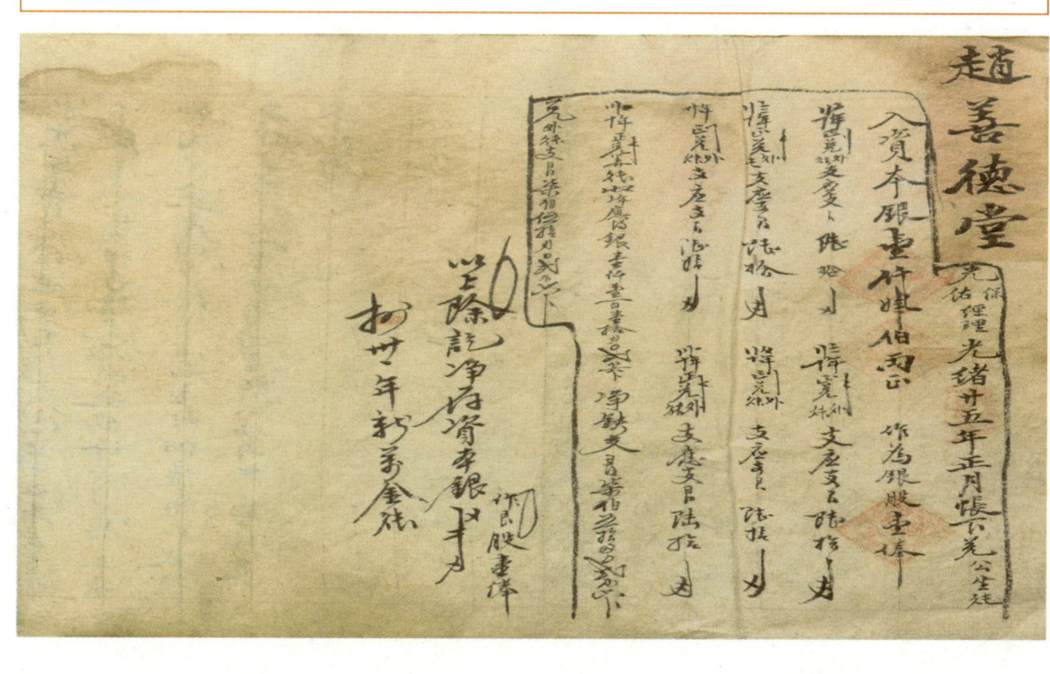

宋联选

光绪元年正月顶人力壹俸

移来旧账余银玖佰零壹两柒钱整

元年兑外支账支银肆拾两　又兑外支账支付银玖佰零壹两柒钱

二年兑外支账支银肆拾两　三年兑外账支银肆拾两整

兑算账收三年应得利银玖佰陆拾叁两叁钱整　兑公座账支银壹佰两

兑外账支银伍拾两零叁钱玖分

净缺支银陆佰玖拾贰两玖钱壹分

兑外账支应支银四拾两　兑外账支银四佰柒拾六两贰钱一分

六年正月兑外账支五年应支银四拾两　又兑支银贰佰壹拾陆两七钱整

七年正月兑外账支应支银四拾两　兑算账收三年应得利银柒佰五十七两八钱八分

兑外账支银壹佰廿九两零五分　兑公座账支银壹佰两整

净缺支银肆佰零捌两捌钱叁分

八年正月兑外账支银肆佰零捌两八钱三分　又支应支银四拾两整

九年正月兑外账支应支银四十两　十年正月兑外账支银肆拾两

兑算账收三年应得利银陆佰贰拾贰两柒钱五分　兑公座账支银壹佰两

净缺支银肆佰零贰两柒钱五分

兑外账支银贰佰壹拾七两壹钱九分　十一年正月兑账外支银壹百[1]八十五两五钱六分

又兑支应支银肆拾两整　十二年正月兑账外支应支银肆拾两整

十三年正月兑外账支应支银四拾两整　又兑账算收三年应得利银陆佰壹拾叁两九钱六分

净缺支银肆佰玖拾叁两九钱六分

兑外账支应支银肆拾两　十四年正月兑账外支银肆佰玖拾叁两九钱陆分

十五年正月兑外账支银肆拾两　十六年正月兑账外支银肆拾两

十六年正月兑算账收三年应得利银肆佰陆拾四两零九钱　同日　支公座银壹佰两

净缺支银贰佰四拾四两零玖分

一十七年正月兑账外支应银肆拾两正　又兑账外支银贰佰零四两零玖分

一十八年正月兑账外支应支银四拾两　又兑账外支银肆拾两

一十九年正月兑账外支银四拾两　又兑算账收三年应得利银捌佰捌拾七两捌钱壹分

[1] 百：原文作“[illegible]”，下同。

净缺支银柒佰陆拾柒两捌钱壹分

廿年正月兑账外支应支银肆拾两　又兑账外支银七佰陆拾七两八钱一分

二十一年正月兑账外支应支银肆拾两　二十二年正月兑账外支应支银肆拾两

又兑算账收三年应得利银壹仟叁佰肆拾七两七钱六分　净缺支银壹仟贰佰贰拾七两七钱六分

同日兑账借贷支银壹千贰佰贰拾七两七钱六分　至本年正月止

于十八年九月十五日[1]辞世蒙众东厚恩竟以三年有余待至二

十二年新正账下同伊孙法颜将此故俸情愿辞退出号同中

一应核[2]算明白清楚至于细情亦不枚举有伊立退约永

远存照

中人任芳

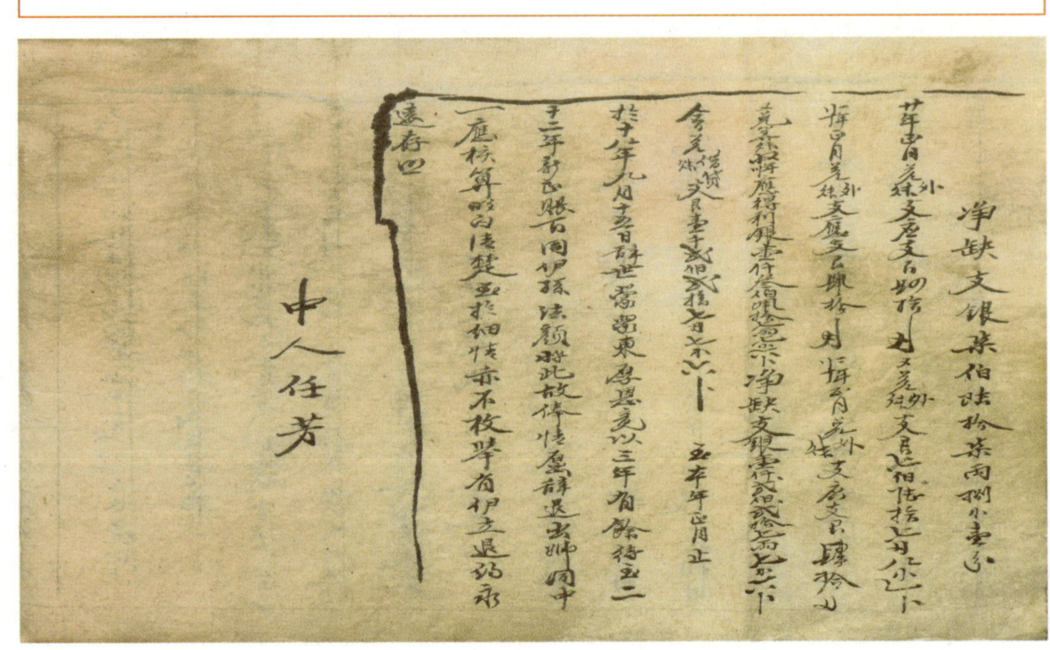

[1] 十八年九月十五日：光绪十八年九月十五日，1892 年 11 月 4 日。

[2] 核：原文作“核”，下同。

胡世泮

光绪元年正月顶人力捌厘

移来旧账余银叁佰捌拾贰两捌钱叁分

元年兑外支账支银叁拾贰两　又兑外支账支贰佰叁拾贰两捌钱叁分

二年兑外支账支银叁拾贰两　又兑外账支银壹佰伍拾两

三年兑外账支银叁拾贰两　兑算账收三年应得利银柒佰柒拾两零陆钱四分

兑公座账支银捌拾两　兑外账支银贰佰五拾捌两壹钱柒分

净缺支银叁佰叁拾陆两肆钱柒分

兑外账支应支银叁拾贰两整　兑外支账支银叁佰卌九两三钱六分

六年正月兑外账支五年应支银叁拾贰两　又兑外账收银贰两八钱九分

七年正月兑外账支应支银叁拾贰两　兑算账收三年应得利银陆佰零六两三钱整

兑外账支银壹佰四十一两零五分　兑公座账支银壹佰壹拾两

净缺支银贰佰伍拾玖两贰钱五分

光绪七年正月加人力壹厘

八年正月兑外账支银贰佰伍十九两贰钱五分　又支应支银叁拾六两

九年正月兑外账支应支银卅六两　十年正月兑外账支银叁拾六两

兑算账收三年应得利银伍佰陆拾两零四钱七分　兑公座账支银壹佰卅两

净缺支银叁佰贰拾贰两四钱七分

光绪十年正月加人力壹厘

兑外账支银五拾八两九钱九分　十一年正月兑外账支银贰佰陆拾叁两四钱八分

又兑支应支银肆拾两整　十二年正月兑外账支应支银肆拾两整

十三年正月兑外账支应支银四拾两整　又兑算账收三年应得利银陆佰壹拾叁两九钱六分

净缺支银肆佰玖拾叁两九钱六分

兑外账支应支银肆拾两　十四年正月兑外账支银贰佰玖拾叁两九钱六分

十五年兑外账支银肆拾两　又兑外账支银贰佰两整

十六年正月兑外账支银肆拾两　又兑算账收三年应得利银肆佰陆拾四两零玖分

净缺支银叁佰肆拾四两零玖分

同日兑伊弟借贷账支银叁佰四十四两零九分[1]至本年正月止

[1] 分：原文作"卜"，下同。

于光绪十二年十月[1]内来信辞世东伙议定待至十六
年正月账下为满同伊胞弟伊子将此故俸情愿
辞退出号同中将一应内事澄清明白至于细
情难以枚举有伊立退约存照

中人胡世岭

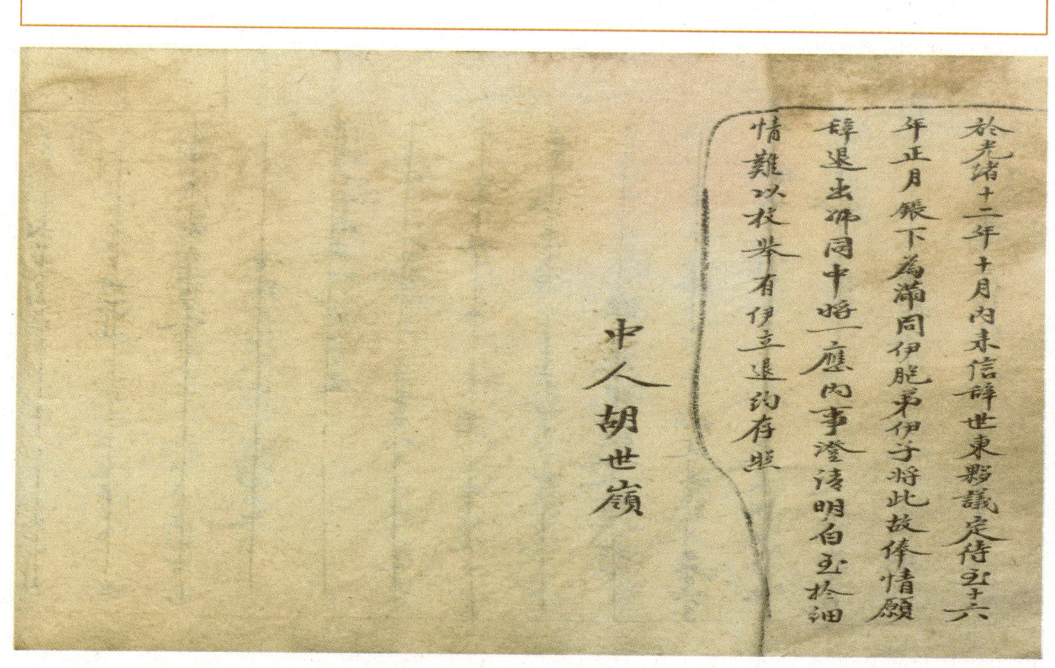
於光緒十二年十月内來信辭世東夥議定待至十六
年正月賬下爲滿同伊胞弟伊子將此故俸情願
辭退出號同中將一應内事澄清明白至於細
情難以枚舉有伊立退約存照

中人胡世嶺

[1] 光绪十二年十月：1886 年 10 月 27 日～ 1886 年 11 月 25 日。

范顺天

光绪元年正月顶人力捌厘

移来旧账余银壹佰伍拾壹两玖钱伍分

元年兑外支账支银叁拾贰两　又兑外支账支付银伍拾壹两玖钱伍分

二年兑外支账支银叁拾贰两　又兑外支账支银壹佰两

三年兑外账支银叁拾贰两　兑算账收三年应得利银柒佰柒拾两零陆钱四分

兑公座账支银壹佰两　兑外账支银贰拾五两整

净缺支银伍佰肆拾玖两陆钱四分

光绪四年正月加人力壹厘

兑外账支应支银叁拾六两　兑外支账支银叁佰四十七两六钱五分

六年正月兑外账支五年应支叁拾陆两　又兑支银伍拾壹两九钱九分

七年正月兑外账支应支银叁拾陆两　又兑外账支银壹佰伍拾两

兑算账收三年应得利银陆佰八十贰两零九分　兑公座账支银壹佰贰拾两

净缺支银肆佰伍拾四两零九分

光绪七年正月加人力壹厘

八年正月兑外账支银伍拾四两零九分 又 支应支银肆拾两

九年正月兑外账支银四佰五十两整 又 支应支银肆拾两

十年正月兑外账支银四拾 两 又兑收 银伍拾两整

兑算账收三年应得利银陆佰贰拾贰两七钱五分 兑公座账支银壹佰两

净缺支银肆[1]佰零贰两七钱五分

十一年正月兑外账支银壹佰伍拾贰两七钱五分 又兑支应支银肆拾两整

十二年正月兑外账支银贰佰伍拾两整 又兑支应支银肆拾两整

十三年正月兑外账支应支银肆拾两整 又兑算账收三年应得利银陆佰壹拾叁两九钱六分

净缺支银肆佰玖拾叁两九钱六分

兑外账支应支银肆拾两 十四年正月兑外账支银壹佰玖拾叁两九钱六分

十五年正月兑外账支银肆拾两 十六年正月兑外账支银肆拾两

兑外账支银叁佰两整 又兑算账收三年应得利银肆佰陆拾肆两零玖分

净缺支银叁佰肆拾肆两零玖分

[1] 肆：原文作“[illegible]”，下同。

同日兑　福寿堂　借贷[1]账　取银叁佰四拾四两零九分　至本年正月止

于十叁年六月十二日[2]辞世东伙议定待至十六年正月账下

为满今正同伊子范生贵将此故俸情愿辞退出号

同中将一应内事澄清明白至于细情难以枚注有

伊立退约存照额外生贵回里号内出盘费银壹

拾伍两正

中人贾望善

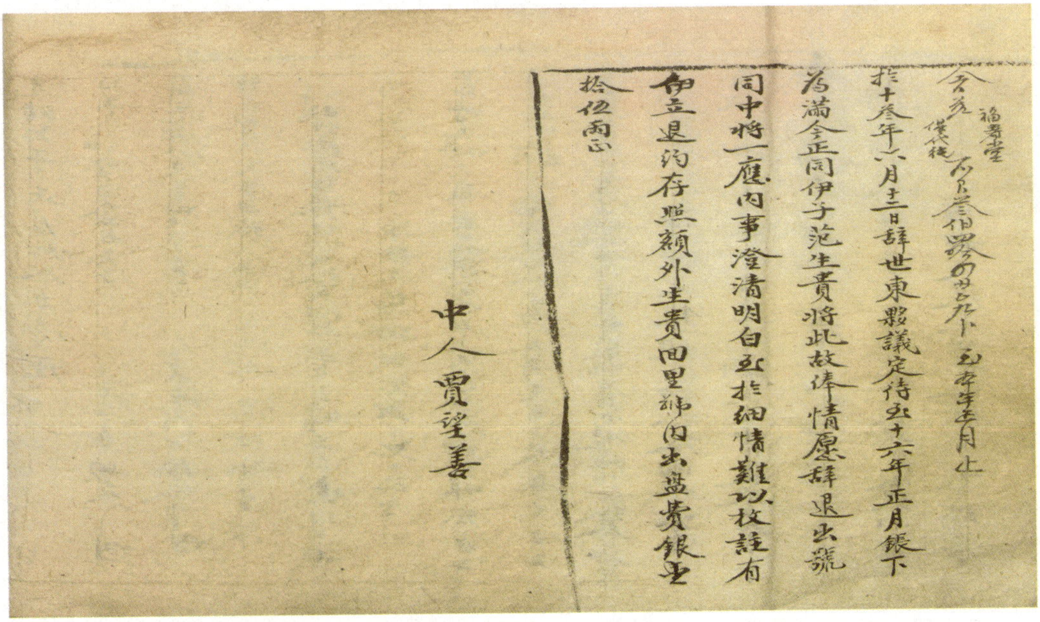

[1] 贷：原文作“代”，下同。

[2] 十叁年六月十二日：光绪十三年六月十二日，1887 年 8 月 1 日。

冯书年

光绪元年正月顶人力捌厘

移来旧账余银玖拾伍两玖钱叁分

元年兑外支账支银叁拾贰两　又兑支付外支账银玖拾伍两玖钱叁分

二年兑外支账支银叁拾贰两　三年兑外账支银叁拾贰两

兑算账收三年应得利银柒佰柒拾两零陆钱四分

兑公座账支银壹佰两　兑外账支银柒拾贰两壹钱叁分

净缺支银伍佰零贰两伍钱壹分

光绪四年正月加人力壹厘

兑外账支应支银叁拾陆两　兑外账支银贰佰四十八两六钱贰分

六年正月兑外账支五年应支银卅六两　兑外账支银贰佰五十三两八钱九分

七年正月兑外账支应支银叁拾陆两　兑算账收三年应得利银陆佰八十贰两零九分

兑外账支银四十七两壹钱[1]整　兑公座账支银壹佰贰拾两整

净缺支银肆佰零陆两玖钱九分

[1] 钱：原文作“卜”，下同。

光绪七年正月加人力壹厘

八年正月兑外账支银壹佰零六两零九钱九分 又 支应支银肆拾两

九年正月兑外账支银壹佰柒拾两整 又 支应支银肆拾两

十年正月兑外账支银壹佰叁拾两 又 支 银肆拾两

兑账算收三年应得利银陆佰贰拾贰两七钱五分 兑公座账支银壹佰两

净缺支银肆佰零贰两七钱五分

十一年正月兑账外支银伍拾贰两七钱五分 又兑支应支银肆拾两整

十二年正月兑账外支银叁佰伍拾两整 又兑支应支银肆拾两整

十三年正月兑外账支应支银四拾两整 又兑算账收三年应得利银陆佰壹拾叁两九钱六分

净缺支银肆佰玖拾叁两九钱六分

兑外账支应支银肆拾两 十四年正月兑账外支银贰佰玖拾叁两九钱六分

十五年正月兑账外支银肆拾两 又兑账外支银贰佰两

十六年正月兑账外支银肆拾两 又兑算账收三年应得利银肆佰陆拾肆两零玖分

同日兑公座账支银壹佰两整 净缺支银贰佰肆拾肆两零玖分

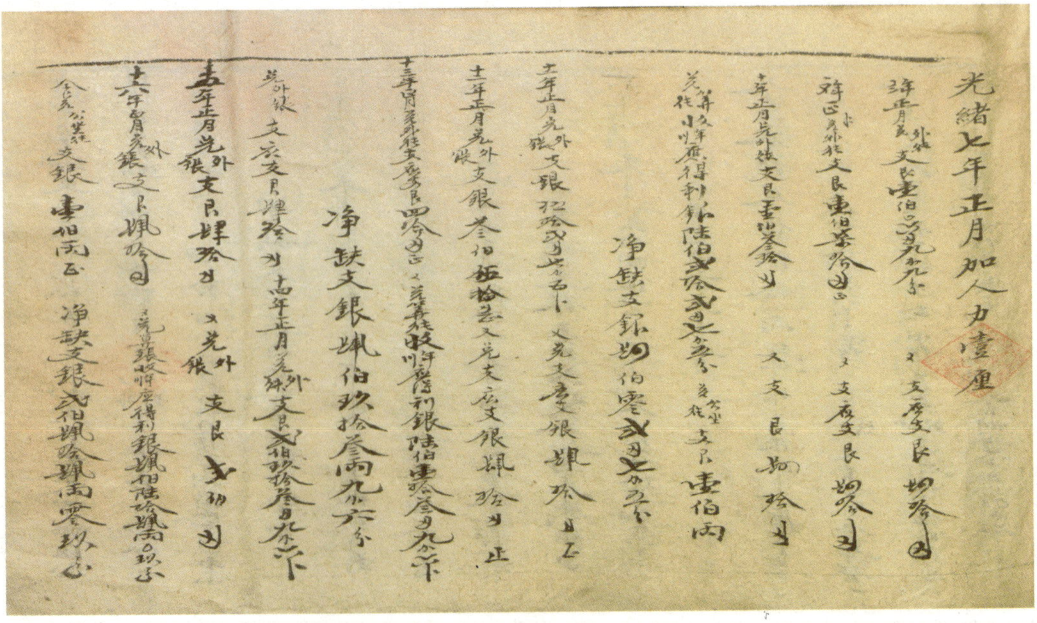

一十七年正月兑外账支应支银肆拾两正　又兑外账支银壹佰零四两零玖分

一十八年正月兑外账支应支银四拾两　又兑外账支银壹佰四拾两

一十九年正月兑外账支银四拾两　又兑算账收三年应得利银捌佰捌拾七两捌钱壹分

净缺支银柒佰陆拾柒两捌钱壹分

又兑公座账支银壹佰两整　廿年正月兑外账支应支银肆拾两

又兑外账支银陆佰六拾七两八钱一分　二十一年正月兑外账支应支银肆拾两

二十二年正月兑外账支应支银肆拾两　又兑算账收三年应得利银壹仟叁佰肆拾七两七钱六分

净缺支银壹仟贰佰贰拾柒两柒钱陆分

又兑公座账支银贰佰捌拾两整　又兑公座账支银玖佰肆拾柒两七钱六分

至光绪二十二年正月立

入资本银叁佰陆拾两整　作为银股叁厘　此宗兑公座账入

又兑公座账收余银伍佰捌拾七两七钱六分　二十三年正月兑外账支银五百八十七两七钱六分

又兑支应支银伍拾贰两整　二十四年正月兑外账支应支银伍拾贰两整

二十五年正月兑外账支应支银伍拾贰两整　又兑外账支银捌佰六十两零四钱七分

又兑账外收银捌佰六十两零四钱七分　又兑算账收三年应得银贰仟壹佰贰十两零一钱九分

净缺支银壹仟玖佰六拾四两壹钱玖分

又兑账外支银捌佰六拾两零四钱七分　又兑公座账支银壹仟壹佰零叁两七钱贰分

又兑公座账收入倍本银陆拾两整　又兑公座账收银玖佰一拾叁两七钱贰分

二十六年正月兑账外支银陆百壹拾叁两七钱贰分　又支应支银柒拾八两

二十七年正月兑账外支银叁佰两　又兑账外支应支银柒拾八两

二十八年正月兑账外支应支银七拾八两　二十九年正月兑账外支应支银柒拾八两

卅年正月兑账外支应支银七拾八两　三十一年正月兑账外支应支银七拾八两

三十一年正月[1]兑算账收六年应得银壹仟四百四拾叁两三钱四分　净缺支银玖百七拾伍两叁钱四分

兑外账支银玖佰柒拾五两叁钱四分

以上除讫净存资本银四百二十两　作银股叁[2]厘

人力股壹俸

将银股叁厘抄入卅一年新万金账其余人力股壹俸

仍由旧账结算　于廿九年二月初七日[3]辞世

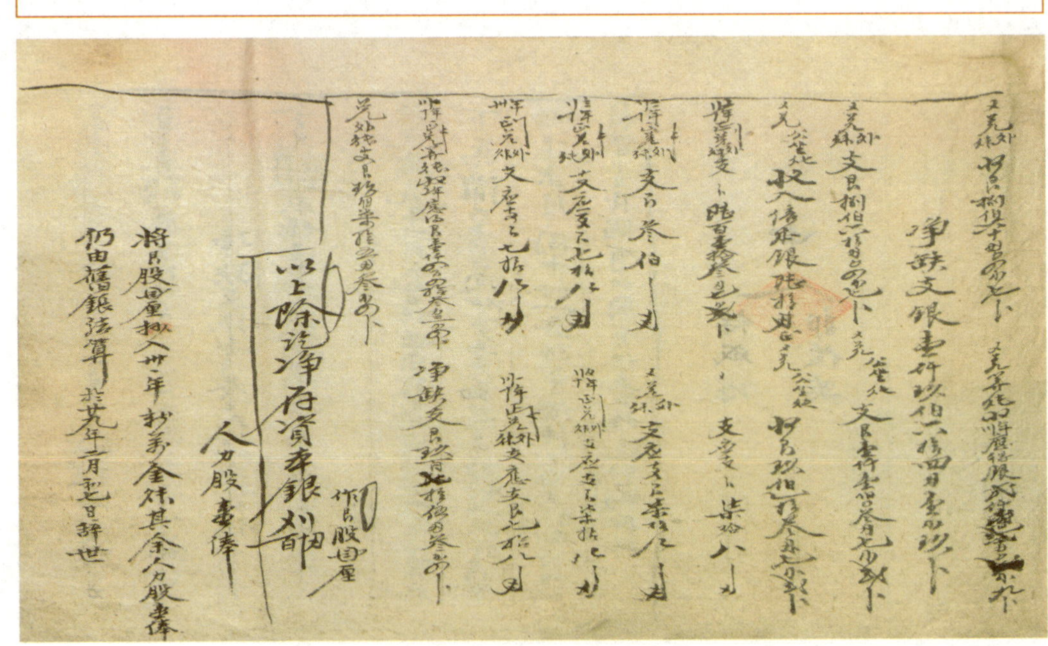

[1] 三十二年正月：光绪三十二年正月，1906 年 1 月 25 日～ 1906 年 2 月 22 日。

[2] 叁：原文作"𠭥"，下同。

[3] 廿九年二月初七日：光绪廿九年二月初七日，1903 年 3 月 5 日。

卌二年正月兑外账支应支银陆拾两　卌三年正月[1]兑外账支卌二年　应支银陆拾两

卌四年正月[2]兑外账支卌三年　应支银陆拾两　兑算账收三年应得利银壹仟伍百零捌两八钱五分

净缺支银壹仟叁百贰拾捌两捌钱伍分

同日兑浮计账松鹤堂　取银壹仟叁佰贰拾捌两捌钱伍分　自本年正月[3]止

于光绪廿九年二月初七日[4]辞世东伙议定待至卅四年正月账

下为满于五月[5]初同伊子冯克勤等来号将此故俸情愿

辞退出号同中将一应号事澄清明白至于细情难以

枚举日后倘有口角有伊立下辞退约为存照

侍成琮

中人

郭俊英

[1] 卅三年正月：光绪卅三年正月，1907 年 2 月 13 日～ 1907 年 3 月 13 日。
[2] 卅四年正月：光绪卅四年正月，1908 年 2 月 2 日～ 1908 年 3 月 2 日。
[3] 本年正月：光绪卅四年正月，1908 年 2 月 2 日～ 1908 年 3 月 2 日。
[4] 光绪廿九年二月初七日：1903 年 3 月 5 日。
[5] 五月：光绪卅四年五月，1908 年 5 月 30 日～ 1908 年 6 月 28 日。

任天礼

光绪元年正月顶人力伍厘

元年支付外支账银贰拾两 二年兑外支账支银贰拾两

三年兑外账支银贰拾两 兑算账收三年应得利银四佰捌拾壹两陆钱五分

兑公座账支银柒拾两 兑外账支银肆拾壹两四钱四分

净缺支银叁佰壹拾两零贰钱壹分

光绪四年正月加人力壹厘

兑外账支四年应支银贰拾四两 兑外账支银一佰四十九两六钱五分

六年正月兑外账支五年应支银贰拾四两 又兑支银壹佰陆拾两零五钱六分

七年正月兑外账支应支银贰十四两 兑算账收三年应得利银四佰五十四两七钱二分

兑外账支银捌拾四两零壹分 兑公座账支银陆拾两整

净缺支银贰佰叁拾捌两零七钱壹分

八年正月兑外账支银叁拾捌两七钱壹分 又支应支银贰十四两

九年正月兑外账支银廿四两 十年正月兑外账支银贰拾四两

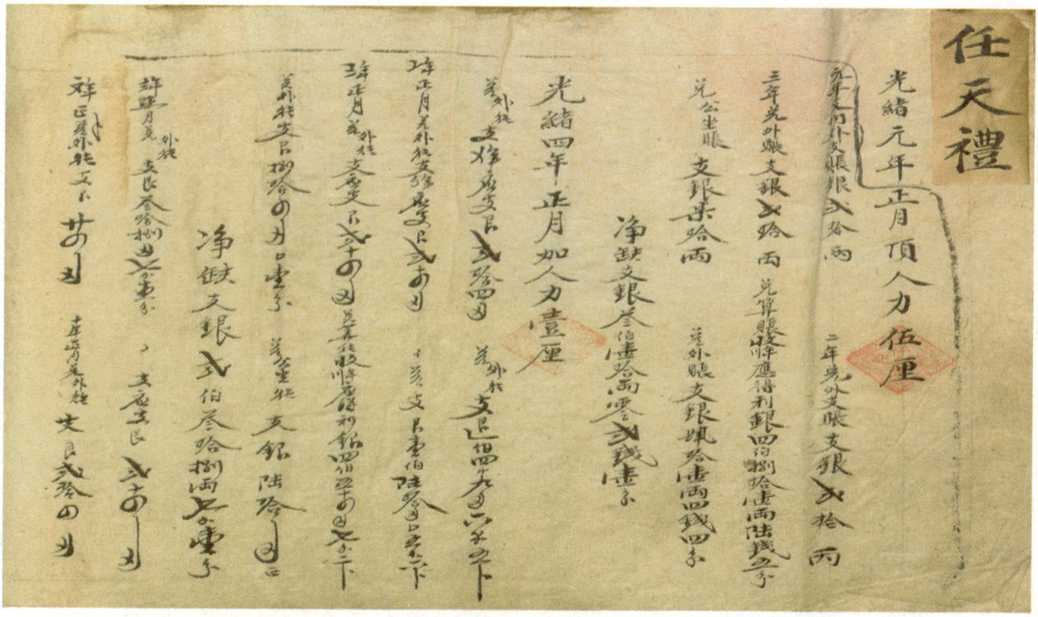

又兑外账支银贰佰两整　兑公座账支银壹佰两

兑算账收三年应得利银叁佰柒拾叁两六钱五分　兑外账支银廿一两四钱

净缺支银壹佰捌拾两零贰钱五分

光绪十年正月加人力壹厘

十一年正月外账支银壹佰[1]捌拾两零贰钱五分　又兑支应支银贰拾捌两整

十二年正月兑外账支应支银贰拾捌两整　十三年正月兑外账支应支银贰拾捌两

又兑算账收三年应得利银肆佰贰十九两七钱七分　净缺支银叁佰四拾五两七钱七分

兑外账支应支银贰拾捌两　十四年正月兑外账支银叁佰肆拾伍两七钱七分

十五年正月兑外账支银贰拾捌两　十六年正月兑外账支银贰拾捌两

又兑算账收三年应得利银叁佰贰拾四两八钱六分　净缺支银贰佰肆拾两零八钱陆分

同日兑伊子借贷账取银贰佰四十两零八钱六分　至本年正月止

于十叁年四月[2]内辞世东伙议定待至十六年正月账下为满

今正同伊子任新启将此故俸情愿辞退出号同中将一

应内事澄清明白至于细情难以枚举有伊立退

[1] 佰：原文作"[illegible]"，下同。
[2] 十叁年四月：光绪十三年四月，1887 年 4 月 23 日～1887 年 5 月 22 日。

约存照伊妻并新启回里额外号内助盘费银壹拾伍两整

同中人

任林儿

任天兴

姚廷杨

薛鸣升

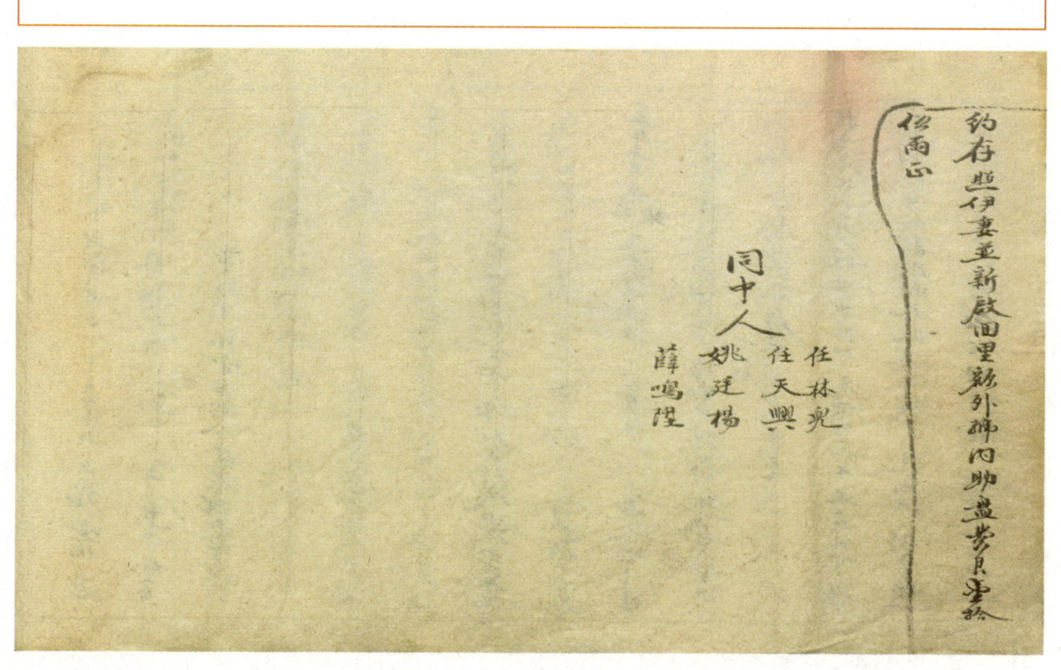

王元

光绪元年正月顶人力叁厘

元年支付外支账银壹拾贰两　二年兑外支账支银壹拾贰两

三年兑外账支银壹拾贰两　兑算账收三年应得利银贰佰捌拾捌两玖钱九分

兑公座账支银捌拾两　兑外账支银贰拾叁两叁钱捌分

净缺支银壹佰肆拾玖两零陆钱壹分

光绪四年正月加人力壹厘

兑外账支四年应支银壹拾六两　又兑外账支银壹佰四十九两六钱一分

六年正月兑外账支五年应支银壹拾六两　七年正月兑外账支应支银壹拾六两

兑算账收三年应得利银叁佰零叁两一钱五分　兑外账支银陆拾陆两贰钱七分

兑公座账支银肆拾两整　净缺支银壹佰四拾捌两八钱八分

八年正月兑外账支银四拾八两八钱八分　又支应支银壹拾六两

九年正月兑外账支银陆拾两　又兑应支银壹拾六两

十年正月兑外账支银肆拾两　又兑支银壹拾六两

六六二七十两

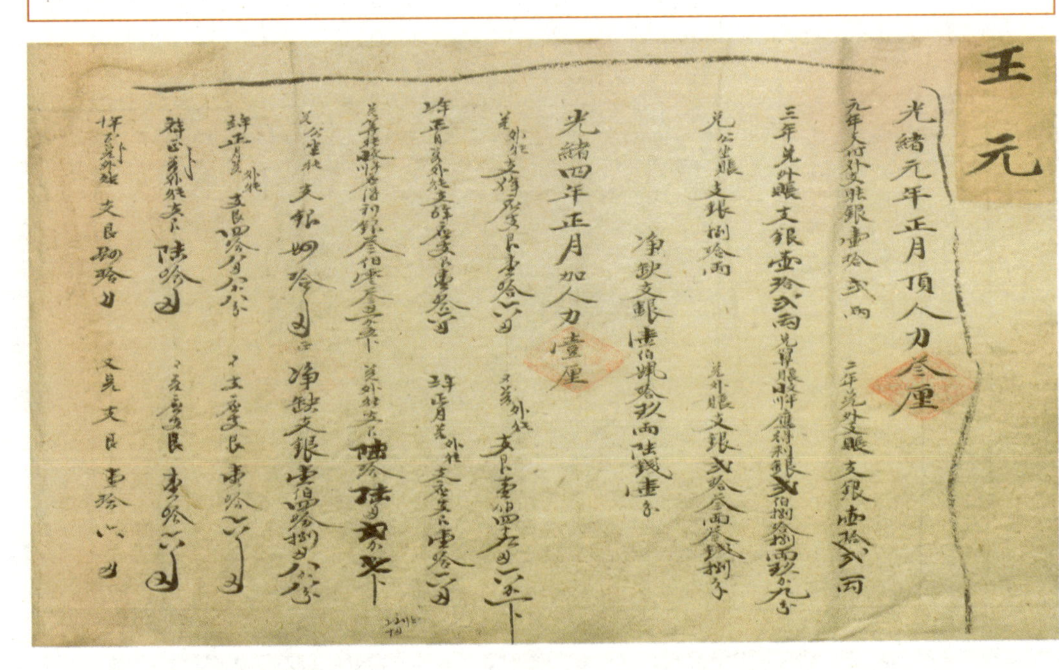

兑算账收三年应得利银贰佰四拾玖两壹钱整

兑公座账支银捌拾两整　兑外账支银五拾四两零七分

净缺支银陆拾七两零叁分

光绪十年正月加人力壹厘

十一年正月兑外账支银陆拾七两零三分　又兑支应支银贰拾两整

十二年正月兑外账支应支银贰拾两整　十三年正月兑外账支应支银贰拾两

又兑算账收三年应得利银叁佰零六两九钱八分　净缺支银贰佰肆拾六两九钱八分

光绪十三年正月账下因已有疯疾缠身情愿辞退人力五厘

央中说合将号内事务并四外一应现存银钱货物俱各彻

底澄清明白号内言此有疾额外助银壹佰伍拾两整二宗

共合银叁佰玖拾陆两玖钱捌分同日兑外支账支银叁佰玖拾陆两

玖钱捌分一应细情同中伊母立辞退约贰张注明为据

同中人　梁　湛
　　　　谢　礼

武世才

光绪元年正月顶人力肆厘

移来旧账余银壹佰贰拾捌两捌钱贰分

元年支付外支账银壹拾陆两　又支付外支账银壹佰贰拾捌两捌钱贰分

二年兑外支账支银壹拾陆两　三年兑外账支银壹拾陆两

兑算账收三年应得利银叁佰捌拾五两叁钱贰分

兑公座账支银陆拾两　兑外账支银玖拾陆两零捌分

净缺支银壹佰捌拾壹两贰钱四分

光绪四年正月加人力壹厘

兑外账支四年应支银贰拾两　兑外账支壹佰八十一两贰钱四分

六年正月兑外账支五年应支银贰拾两　七年正月兑外账支应支银贰拾两

兑算账收三年应得利银叁佰七十八两九钱四分　兑外账支捌拾伍两四钱五分

兑公座账支银捌拾两整　净缺支银壹佰伍拾叁两四钱九分

光绪七年正月加人力壹厘

八年正月兑外账支银壹佰五十三两四钱九分　又支应支银贰十四两

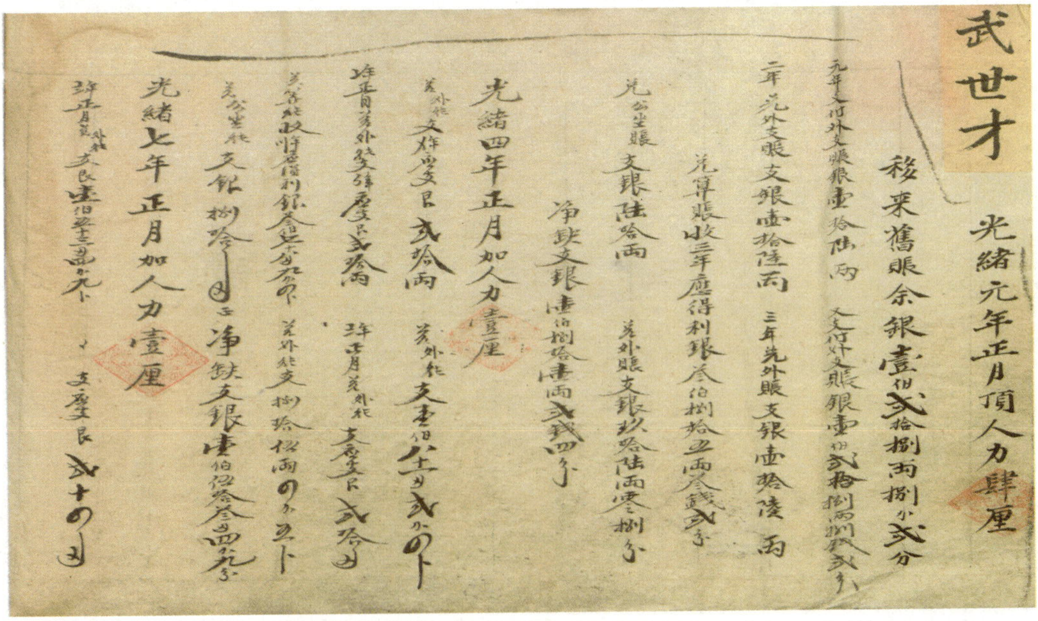

九年正月兑外账支应支银贰十四两　十年正月兑外账支银贰拾四两

兑算账收三年应得利银叁佰柒拾叁两六钱五分

兑公座账支银陆拾两正　兑账外支银壹佰四拾叁两六钱六分

净缺支银玖拾柒两玖钱九分

十一年正月兑账外支银玖拾柒两玖钱九分　又兑支应支银贰拾肆两整

十二年正月兑账外支应支银贰拾肆两整　十三年正月兑外账支应支银贰拾四两

又兑算账收三年应得利银叁佰陆拾捌两叁钱七分　净缺支银贰佰玖拾六两叁钱七分

光绪十三年正月加人力壹厘

兑外账支应支银贰拾八两　兑座账支银肆拾　两　整

十四年正月兑账外支银贰佰伍拾陆两叁钱七分　十五年正月兑账外支银贰拾捌两

十六年正月兑账外支银贰拾捌两　兑算账收三年应得利银叁佰贰拾四两八钱陆分

同日兑公座账支银柒拾两整　净缺支银壹佰柒拾两零八钱陆分

十七年正月兑账外支应支银贰拾捌两整　又兑账外支银壹佰四拾贰两八钱陆分

十八年正月兑账外支应支银贰拾八两　又兑账外支银贰拾八两

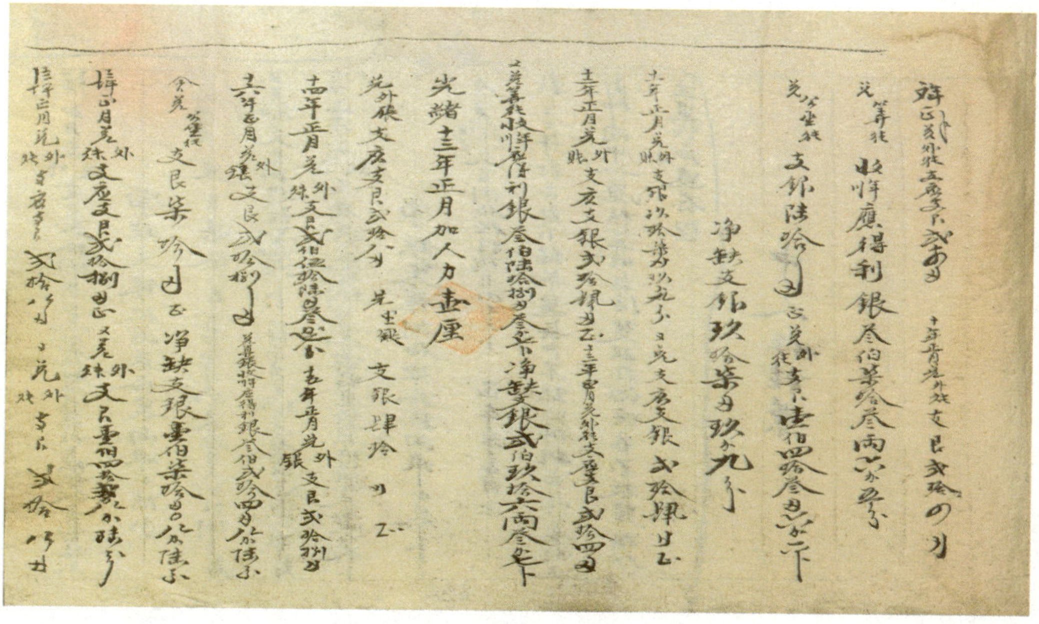

一十九年正月兑外账支银贰拾捌两　又兑算账收三年应得利银陆佰贰拾壹两四钱陆分

净缺支银伍佰叁拾柒两肆钱陆分

又兑公座账支银柒拾两正　廿年正月兑外账支应支银贰拾捌两

又兑外账支银肆佰六拾七两四钱六分　二十一年正月兑外账支应支银贰拾捌两

二十二年正月兑外账支应支银贰拾捌两　又兑算账收三年应得利银玖佰肆拾叁两肆钱叁分

净缺支银捌佰伍拾玖两肆钱叁分

同日兑借贷账支银捌佰伍拾玖两四钱三分　至本年正月止

于二十二年新正账下缘年迈无力不能兴号办事情愿辞退

出号同中一应核算明白清楚及于细情亦不枚举有伊

立辞退约永远存照

中人　任桂荣

董裕昌 光绪四年正月立

入资本银陆佰两整作为银股伍厘

兑外账支四年应支银贰拾两 六年正月兑外账支五年应支银贰十两

七年正月兑外账支应支银贰十两 兑算账收三年应得利银叁佰七十八两九钱四分

兑公座账支银伍拾两 净缺支银贰佰陆拾捌两九钱四分

八年正月兑外账支银贰佰陆拾八两九钱四分 又支应支银贰十两

九年正月兑外账支应支银贰十两 十年正月兑外账支银贰拾两

兑算账收三年应得利银叁佰壹拾壹两三钱七分 兑公座账支银五拾两

净缺支银贰佰零壹两叁钱七分

十一年正月兑外账支银贰佰零壹两三钱七分 兑外账支银贰拾两整

十二年正月兑外账支应支银贰拾两整 十三年正月兑外账支应支银贰十两

兑算账收三年应得利银叁佰零陆两九钱八分 净缺支银贰佰肆拾陆两九钱八分

兑外账支应支银贰十两 十四年正月兑外账支银贰佰肆拾陆两九钱八分

十五年正月兑外账支银贰拾两 十六年正月兑外账支银贰拾两

又兑算账收三年应得利银贰佰叁拾贰两零四分 同日兑公座账支银伍拾两

净缺支银壹佰贰拾贰两零四分

十七年正月兑账外支应支银贰拾两整 十八年正月兑账外支应支银贰拾两

又兑账外支银壹佰贰拾贰两零四分 十九年正月兑账外支银贰十两

又兑算账收三年应得利银肆佰肆拾叁两九钱 净缺支银叁佰捌拾叁两玖钱整

又兑公座账支银伍拾两整 廿年正月兑账外支应支银贰拾两

又兑账外支银叁佰卅叁两九钱 二十一年正月兑账外支应支银贰拾两

二十二年正月兑账外支应支银贰十两 又兑算账收三年应得利银陆佰七十叁两八钱八分

净缺支银陆佰壹拾叁两捌钱捌分

又兑公座账支银伍拾两整 廿三年正月兑账外支银五百六十三两八钱八分

又兑支应支银贰十两整 廿四年正月兑账外支应支银贰拾两

二十五年正月兑账外支应支银贰拾两整 又兑账外支银柒拾四两贰钱九分

又兑外账收银柒拾肆两贰钱九分 又兑算账收三年应得银捌佰壹拾五两四钱六分

净缺支银柒佰伍拾伍两四钱六分

又兑账外支银柒拾肆两贰钱九分　又兑公座账支银六佰八拾壹两壹钱七分

又兑公座账收倍本银壹佰两整　又兑公座账收银伍佰叁拾壹两一钱七分

二十六年正月兑账外支银叁拾两　二十七年正月兑账外支银伍佰叁拾壹两一钱七分

又兑账外支应支银叁拾两　二十八年正月兑账外支应支银叁拾两

二十九年正月兑账外支应支银叁拾两　卅年正月兑账外支应支银叁拾两

三十一年正月兑账外支应支银叁拾两　兑算账收六年应得银伍百伍拾伍两壹钱叁分

净缺支银叁佰柒拾伍两壹钱叁分

兑外账支银叁佰柒拾五两壹钱叁分

以上除讫净存资本银柒百两整　作银股五厘

抄卅一年新万金账

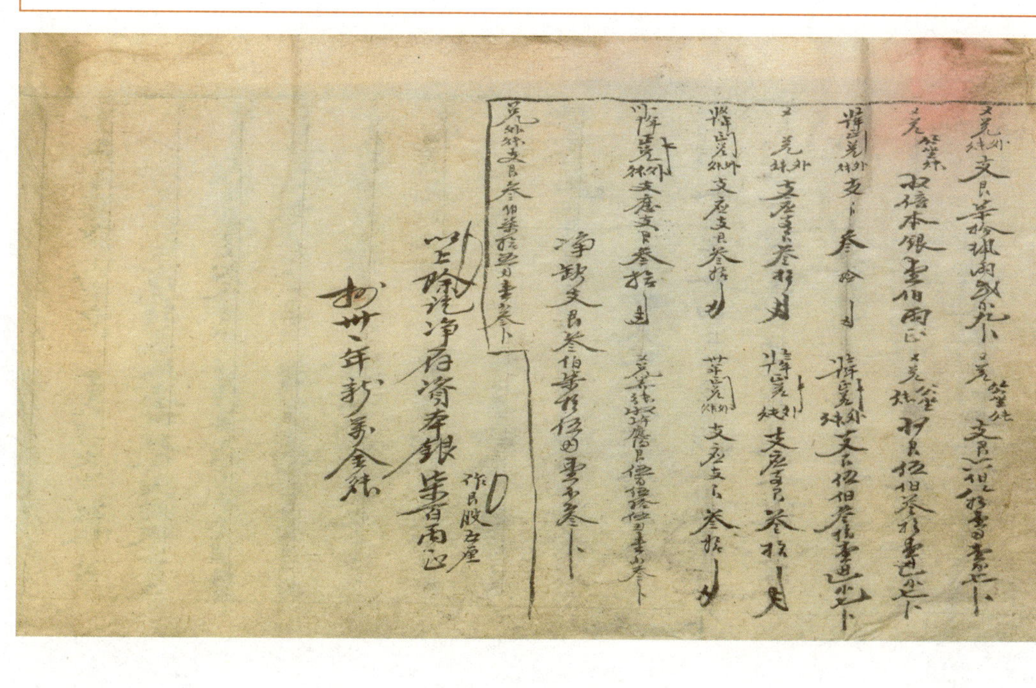

董寿昌 光绪四年正月立

入资本银陆佰两整作为银股伍厘

兑外账支四年应支银贰十两 六年正月兑外账支应支银贰十两

七年正月兑外账支应支银贰十两 兑算账收三年应得利银叁佰七十八两九钱四分

兑公座账支银伍拾两整 净缺支银贰佰陆拾捌两九钱四分

八年兑外账支银贰佰陆拾八两九钱四分 又支应支银 贰十两

九年正月兑账外支应支银廿两 十年正月兑外账支银 贰拾两

兑账算收三年应得利银叁佰壹拾壹两三钱七分 兑公座账支银五拾两

净缺支银贰佰零壹两三钱七分

十一年正月兑账外支银贰百零壹两三钱七分 又兑支应支银贰拾两

十二年正月兑账外支应支银贰拾两整 十三年正月兑外账支应支银贰拾两

又收算账三年应得利银叁佰零六两九钱八分 净缺支银贰佰肆拾六两九钱八分

兑外账支应支银贰十两 十四年正月兑账外支银贰佰肆拾六两九钱八分

十五年正月兑外账支银贰十两 十六年正月兑账外支银贰拾两

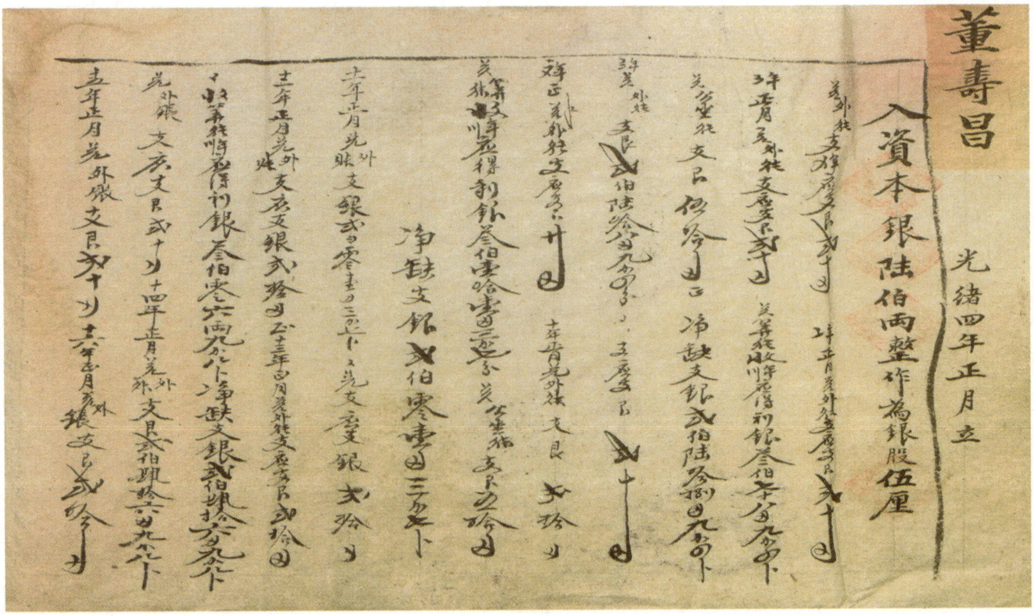

又兑算账收三年应得利银贰佰叁拾贰两零四分　同日兑公座账支银伍拾两

净缺支银壹佰贰拾贰两零四分

十七年正月兑账外支应支银贰拾两整　十八年正月兑账外支应支银贰拾两

又兑账外支银壹佰贰拾贰两零四分　十九年正月兑账外支银贰拾两

又兑算账收三年应得利银肆佰肆拾叁两九钱　净缺支银叁佰捌拾叁两玖钱

又兑公座账支银伍拾两整　廿年正月兑账外支应支银贰拾两

又兑账外支银叁佰卅叁两九钱　二十一年正月兑账外支应支银贰拾两

二十二年正月兑外账支应支银贰十两　又兑算账收三年应得利银陆佰柒拾叁两八钱八分

净缺支银陆佰壹拾叁两捌钱捌分

又兑公座账支银伍拾两整　二十三年正月兑账外支银五百六十三两八钱八分

又兑支应支银贰拾两整　廿四年正月兑账外支应支银贰拾两

廿五年正月兑账外支应支银贰拾两整　又兑账外支银柒两四钱七分

又兑账外收银七两四钱七分　又兑算账收三年应得银捌佰一十五两四钱六分

净缺支银柒佰伍拾伍两四钱六分

又兑外账支银柒两四钱七分 兑公座账支银七佰肆拾七两九钱九分

又兑公座账收倍本银壹佰两整 又兑公座账收银伍佰九拾七两九钱九分

二十六年正月兑外账支应支银叁拾两 二十七年正月兑外账支银伍佰九拾七两九钱九分

又兑外账支应支银叁拾两 二十八年正月兑外账支应支银叁拾两

二十九年正月兑外账支应支银叁拾两 卅年正月兑外账支应支银叁拾两

三十一年正月兑外账支应支银叁拾两 又兑算账收六年应得银伍百伍拾伍两壹钱叁分

净缺支银叁佰柒拾伍两壹钱叁分

兑外账支银叁佰柒拾五两壹钱叁分

以上除讫净存资本银七百两 作银股五厘

抄卅一年新万金账

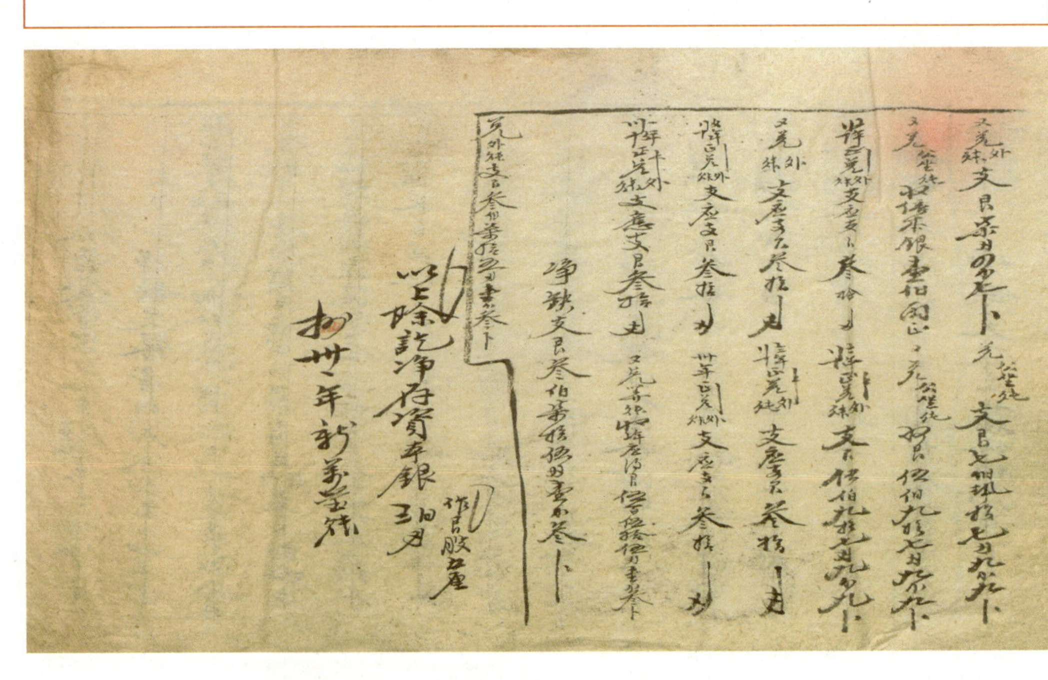

董梁　光绪四年正月立

入资本银陆佰两整作为银股伍厘

兑外账支四年应支银贰拾两　六年正月兑外账支五年应支银贰十两

七年正月兑外账支应支银贰拾两　兑算账收三年应得利银叁佰柒拾八两九钱四分

兑公座账支银伍拾两　净缺支银贰佰陆拾八两九钱四分

八年正月兑外账支银贰佰陆拾八两九钱四分　又支应支银贰十两

九年正月兑外账支银贰十两　十年正月兑外账支银贰拾两

兑算账收三年应得利银叁佰壹拾壹两三钱七分　兑公座账支银五拾两

净缺支银贰佰零壹两三钱七分

十一年正月兑外账支银贰佰零壹两三钱七分　兑外账支应支银贰拾两

十二年正月兑外账支应支银贰拾两整　十三年正月兑外账支应支银贰拾两

又兑算账收三年应得利银叁佰零陆两九钱八分　净缺支银贰佰肆拾六两九钱八分

兑外账支支应支银贰十两　十四年正月兑外账支银贰佰肆拾六两九钱八分

十五年正月兑外账支银贰十两　十六年正月兑外账支银贰拾两

又兑算账收三年应得利银贰佰叁拾贰两零四分 同日兑公座账支银伍拾两

净缺支银壹佰贰拾贰两零四分

此宗抄外账

十七年正月兑外账支应支银贰拾两整 又兑公座账收去年存银伍拾两

又兑收屡年公存银贰佰两整 兑伊弟支资本银叁佰陆拾两整

又兑支旧公座银壹佰贰拾两 又兑支新公座银叁拾两

又兑支伊分余利银壹佰卅九两贰钱三分 又兑收伊三年应支银卅六两

又兑收伊新公座银叁拾两整

至十六年正月账下并资本净缺支银叁佰捌拾捌两捌钱壹分

所有伊分到余银俸贰厘本年正月止 又收宁郡账应分利余银九两整

又收额外帮助银肆拾两整 又兑外账支银肆佰叁拾九两壹钱九分

又兑外账收余银壹两三钱八分

至本年正月账下因度用不足将自分到银俸贰厘同中

如数抽清日后毫无瓜葛另立辞退银股约壹张

在号永远存照

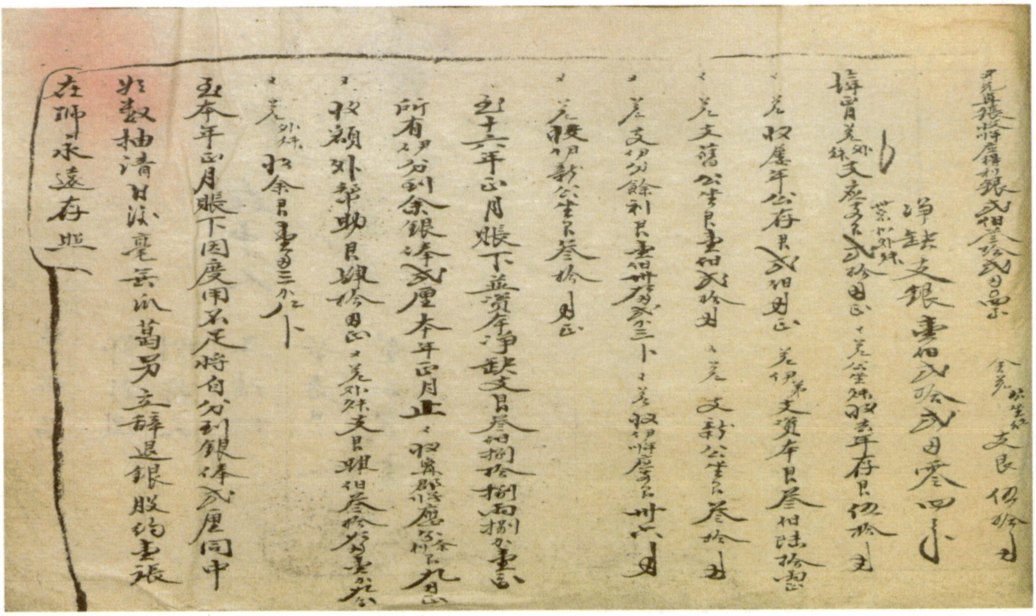

董裕昌

邓彩凤

闫蔚文

在中人 王清梅

董寿昌

董正官书

董裕昌

鄧彩鳳

閆蔚文

在中人 王清梅

董壽昌

董正官書

中华民国三十五年 新正月[1]吉立

[1] 中华民国三十五年新正月：1946 年 2 月 2 日 ~ 1946 年 3 月 3 日。

刘培岫

光绪七年正月顶人力叁厘

八年正月兑外账支应支银十贰两 九年正月兑外账支应支银十贰两

十年正月兑外账支银壹拾贰两 兑公座账支银壹佰两

兑算账收三年应得利银壹佰捌拾陆两捌钱贰分

兑 净缺支银伍拾两零捌钱贰分

光绪十年正月加人力贰厘

十一年正月兑外账支银伍拾两零捌钱贰分 又兑支应支银贰拾两

十二年正月兑外账支应支银贰拾两整 十三年正月兑外账支应支银贰拾两

又兑算账收三年应得利银叁佰零陆两九钱八分 净缺支银贰佰肆拾六两九钱八分

光绪十三年正月加人力壹厘

兑外账支应支银贰拾肆两 兑公座账支银贰拾两

十四年正月兑外账支银贰佰贰拾六两九钱八分 十五年正月兑外账支银贰拾四两

十六年正月兑外账支银贰拾四两 兑算账收三年应得利银贰佰柒拾捌两四钱五分

净缺支银贰佰零陆两四钱五分

同日兑借贷账取银贰佰零六两四钱五分　至本正月止

于光绪十六年正月账下因有病疾心意不合情愿

辞退出号将一因号务支使按规算明并无异说

惟号内细情有伊退约存照同中说合号内助过

伊银壹佰贰拾两正又出过盘费银陆两正各出情愿

并无异说将伊支账消清

同中人　胡世统

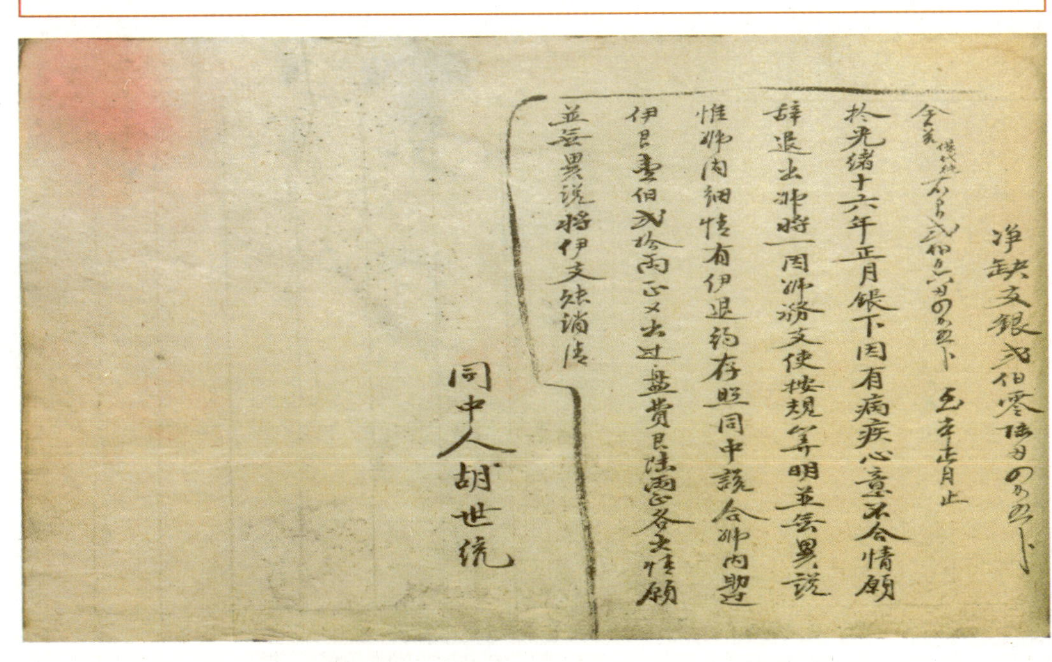

王作霖

光绪七年正月顶人力叁厘

八年正月兑外账支应支银十贰两　九年正月兑外账支应支银十贰两

十年正月兑外账支银壹拾贰两　兑公座账支银捌拾两

兑算账收三年应得利银壹佰捌拾陆两捌钱贰分

净缺支银柒拾两零捌钱贰分

光绪十年正月加人力壹厘

十一年正月兑外账支银柒拾两八钱贰分　又兑支应支银壹拾陆两

十二年正月兑外账支应支银壹拾陆两整　十三年正月兑外账支银壹拾陆两

又兑算账收三年应得利银贰佰四拾五两五钱八分　净缺支银壹佰玖拾七两五钱八分

光绪十三年正月加人力壹厘

兑外账支应支银贰拾两　兑公座账支银贰拾两

十四年正月兑外账支银壹佰柒拾七两伍钱捌分　十五年正月兑外账支银贰拾两

十六年正月兑外账支银贰拾两　兑算账收三年应得利银贰佰叁拾贰两零四分

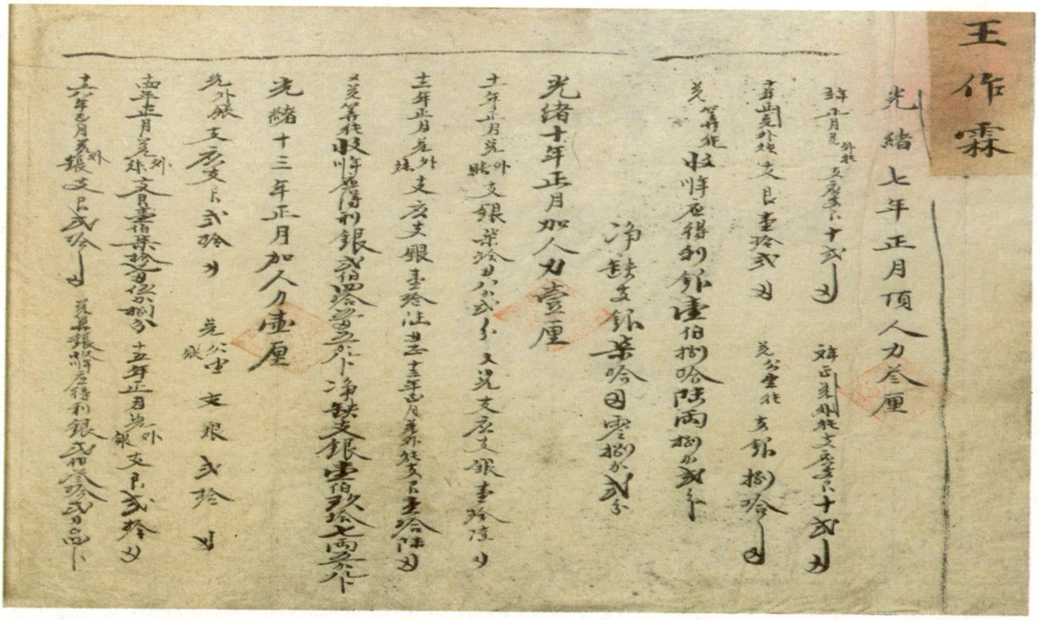

同日兑公座账支银柒拾五两　净缺支银玖拾七两零四分

光绪十六年正月加人力贰厘

十七年正月兑外账支应支银贰拾捌两整　又兑外账支银陆拾玖两零四分

十八年正月兑外账支应支银贰拾八两　又兑外账支银贰拾八两

十九年正月兑外账支银贰拾八两　又兑算账收三年应得利银陆佰贰拾壹两四钱六分

同日兑公座账支银壹佰肆拾两整　净缺支银叁佰玖拾柒两四钱陆分

又兑公座账支银柒拾两整　廿年正月兑外账支应支银贰拾八两

又兑外账支银叁佰贰拾七两四钱六分　二十一年正月兑外账支应支银贰拾八两

二十二年正月兑外账支应支银贰拾八两　又兑算账收三年应得利银玖佰肆拾叁两肆钱叁分

净缺支银捌佰伍拾玖两肆钱叁分

同日兑借贷账支银捌佰伍拾九两四钱三分　至本年正月止

于二十二年新正账下皆因大势心意不合情愿辞退出号同

中一应核算明白清楚以及细情亦不枚举有伊立退约永

远存照

中人　侍成忠

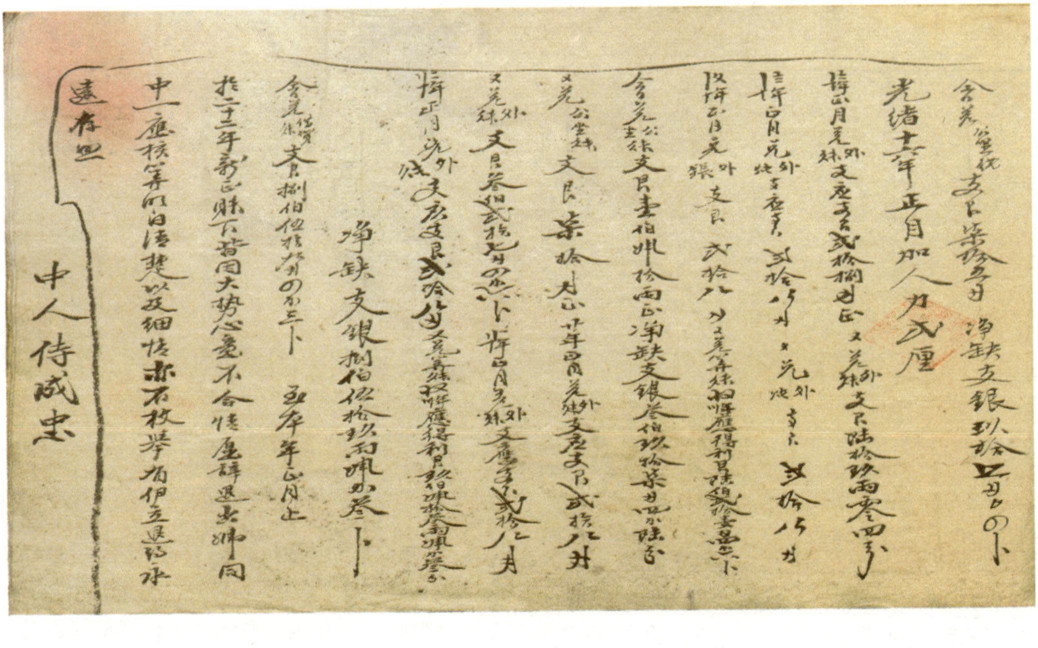

霍允文

光绪十叁年正月顶人力叁厘

十四年正月兑账外支银壹拾贰两　十五年正月兑外账支银壹拾贰两

十六年正月兑账外支银壹拾贰两　兑算账收三年应得利银壹佰叁拾九两贰钱三分

同日兑公座账支银五十两　净缺支银伍拾叁两贰钱三分

光绪十六年正月加人力壹厘

十七年正月兑账外支应支银壹拾陆两整　又兑账外支银叁拾七两贰钱叁分

十八年正月兑账外支应支银壹拾六两　兑账外支银壹拾六两

十九年正月兑账外支银壹拾六两　又兑算账收三年应得利银叁佰伍拾伍两壹钱贰分

净缺支银叁佰零柒两壹钱贰分　至本年正月止

于光绪十八年正月内辞世东伙议定待至十九年正月

账下为满今正同伊子霍廷栋将此故俸情愿辞退出号

同中将一应内事澄清明白因故包镇办理铺[1]事亦颇出

力众东念其寡妇幼子同中助银肆拾七两六钱九分二宗共

[1] 铺：原文作“甫”，下同。

合银叁佰伍拾四两八钱一分此银同日兑外支账支银叁佰伍拾四

两八钱一分至于细情难以枚举有伊立退约存照额外廷

栋回里号内助盘费银壹拾伍两整

同中人 霍纬

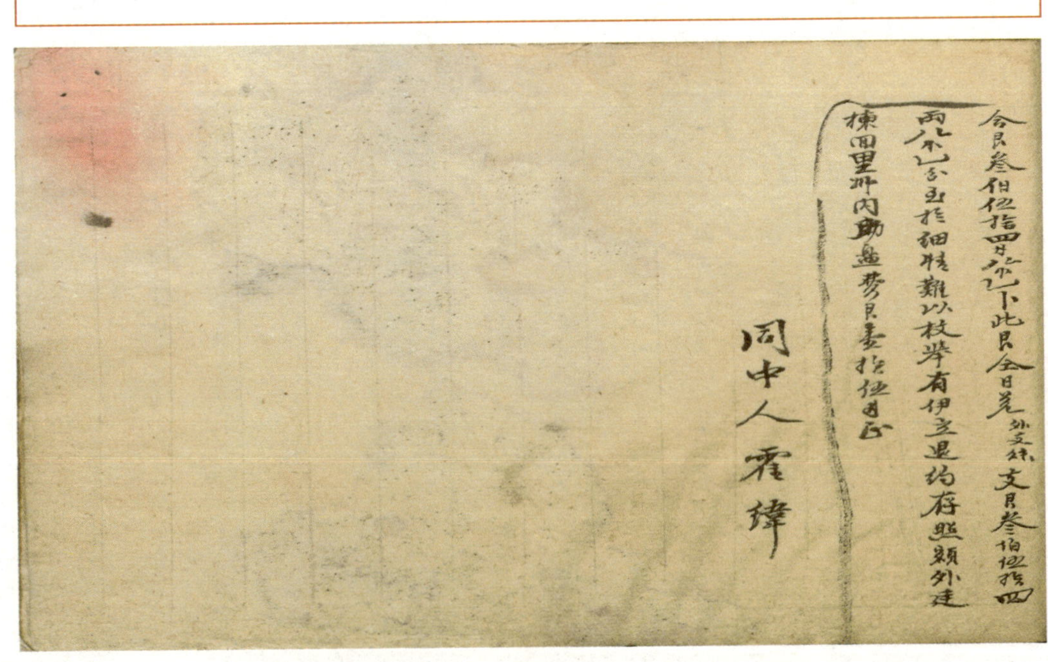

谢世彦

光绪十叁年正月顶人力叁厘

十四年正月兑账外支银壹拾贰两　十五年正月兑账外支银壹拾贰两

十六年正月兑账外支银壹拾贰两　兑算账收三年应得利银壹佰叁拾九两贰钱三分

兑公座账支银五十两　净缺支银伍拾叁两贰钱三分

光绪十六年正月加人力壹厘

一十七年正月兑账外支应支银壹拾陆两整　又兑账外支银叁拾七两贰钱三分

一十八年正月兑账外支应支银壹拾六两　又兑账外支银壹拾六两

一十九年正月兑账外支银壹拾六两　又兑账算收三年应得利银叁佰伍拾伍两壹钱贰分

同日兑公座账支银壹佰伍拾两正　净缺支银壹佰伍拾柒两壹钱贰分

光绪十九年正月加人力壹厘

又兑公座账支银伍拾两　廿年正月兑账外支应支银贰拾两

又兑账外支银壹佰零七两一钱贰分　二十一年正月兑账外支应支银贰拾两

二十二年正月兑账外支应支银贰拾两　又兑算账收三年应得利银陆佰七拾叁两八钱八分

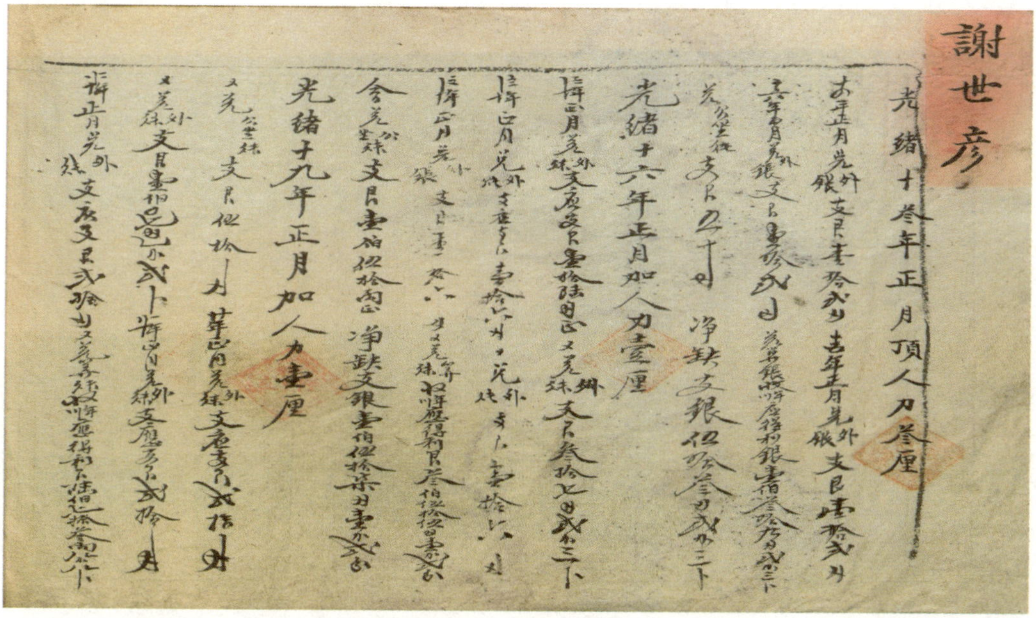

净缺支银陆佰壹拾叁两捌钱捌分

又兑公座账支银壹佰壹拾两整 又兑外账支银肆佰四十壹两零叁分

光绪二十二年正月加人力壹厘

二十三年正月兑账外支银六十贰两八钱五分 又兑支应支银贰十四两整

二十四年正月兑账外支应支银廿四两整 二十五年正月兑账外支应支银贰拾四两整

又兑外账支银伍佰零九两贰钱三分 又兑账外收银伍佰零九两贰钱三分

又兑算账收三年应得银玖佰七十八两五钱五分 净缺支银玖佰零陆两伍钱伍分

又兑账外支银伍佰零玖两贰钱三分 又兑公座账支银壹佰叁拾两整

光绪二十五年正月加人力壹厘

二十六年正月兑账外支银贰佰六拾七两叁钱贰分 又兑支应支银肆拾贰两

二十七年正月兑账外支应支银肆拾贰两 二十八年正月兑账外支应支银肆拾贰两

光绪二十八年正月加人力壹厘

二十九年正月兑账外支应支银肆拾八两 卅年正月兑账外支应支银肆拾八两

三十一年正月兑账外支应支银肆拾八两 又兑算账收六年应得银捌百捌拾捌两贰钱一分

系人力上东家出厚仪银
又收银 肆 百 两 净缺支银壹仟零一拾八两贰钱壹分
兑外账支银壹仟零壹拾八两贰钱壹分
光绪三十一年正月账下加人力股壹厘
以上除讫净存人力股玖厘
抄卅一年新万金账

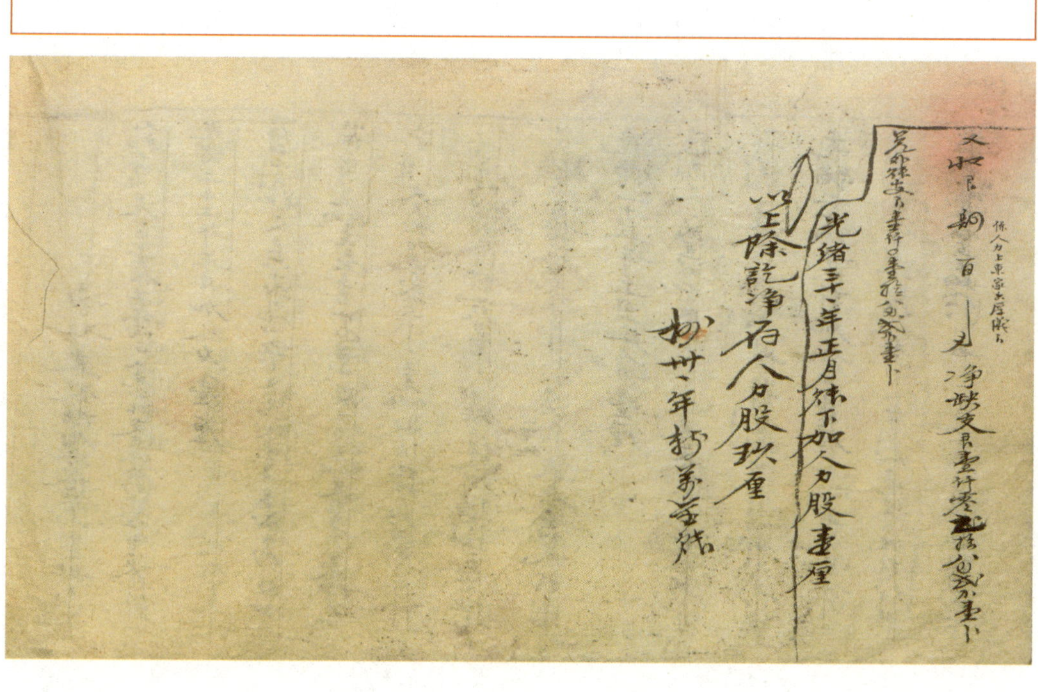

霍庚源 光绪十六年正月顶人力叁厘

一十七年正月兑外账支应支银壹拾贰两整 一十八年正月兑外账支应支银壹拾贰两

一十九年正月兑外账支银壹拾贰两 又兑算账收三年应得利银贰佰陆拾陆两叁钱肆分

同日兑公座账支银壹佰陆拾两整 净缺支银柒拾两零叁钱肆分

光绪十九年正月加人力壹厘

又兑公座账支银肆拾两 廿年正月兑外账支应支银一拾六两

又兑外账支银叁拾两零三钱四分 二十一年正月兑外账支应支银壹拾六两

二十二年正月兑外账支应支银壹拾六两 又兑算账收三年应得利银伍佰叁拾玖两壹钱

净缺支银肆百玖拾壹两壹钱整

又兑公座账支银壹佰两整 又兑外账支银贰佰捌拾贰两壹钱八分

光绪二十二年正月加人壹厘

二十三年正月兑外账支银壹佰零八两九钱贰分 又兑支应支银贰十两整

二十四年正月兑外账支应支银贰拾两整 二十五年正月兑外账支应支银贰拾两

又兑外账支银贰佰柒拾七两贰钱八分 又兑外账收银贰佰七拾七两贰钱八分

又兑算账收三年应得银捌佰一拾五两四钱六分　净缺支银柒佰五拾五两四钱六分

又兑外账支银贰佰七拾七两贰钱八分　又兑公座账支银壹佰伍拾伍两

光绪二十五年正月加人力壹厘伍毫

二十六年正月兑外账支银叁百贰拾叁两壹钱八分　又兑支应支银叁拾玖两

二十七年正月兑外账支应支银叁拾九两　二十八年正月兑外账支应支银叁拾九两

光绪二十八年正月加人力壹厘伍毫

二十九年正月兑外账支应支银肆拾八两　卅年正月兑外账支应支银肆拾八两

三十一年正月兑外账支应支银肆拾八两　又兑算账收六年应得银捌百捌拾捌两贰钱壹分

又收银肆　百　两厚仪银　净缺支银壹千零贰拾七两贰钱壹分

兑外账支银壹仟零贰拾七两贰钱壹分

卅一年正月加人力股贰厘

以上除讫净存人力股壹俸

抄卅一年新万金账

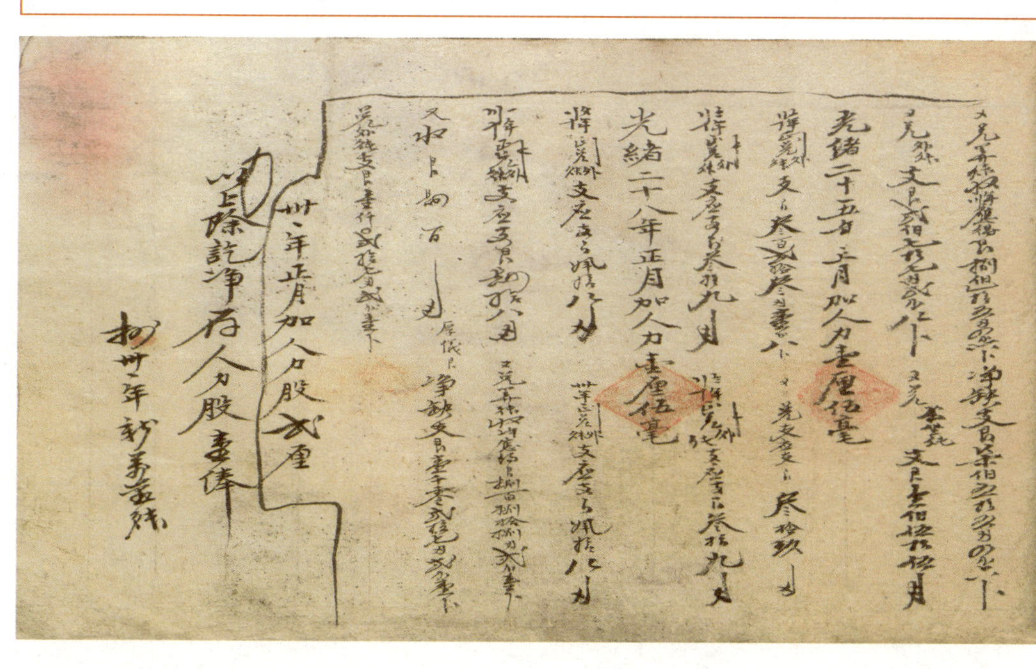

董楹　光绪十六年[1]立

入资本银叁佰陆拾两整作为银股叁厘

兑董梁收分余银壹佰零叁两贰钱叁分　十七年正月支应支银壹拾贰两

十八年正月兑账外支应支银壹拾贰两　又兑账外支银壹佰零叁两贰钱三分

十九年正月兑账外支银壹拾贰两　又兑算账收三年应得利银贰佰陆拾陆两叁钱四分

净缺支银贰佰叁拾两零叁钱肆分

又兑公座账支银叁拾两　廿年正月兑外账支应支银一拾贰两

又兑账外支银贰佰两零三钱四分　二十一年正月兑账外支应支银壹拾贰两

二十二年正月兑账外支应支银壹拾贰两　又兑算账收三年应得利银肆佰零四两叁钱贰分

净缺支银叁佰陆拾捌两叁钱贰分

又兑公座账支银叁拾两整　二十三年正月兑账外支银叁佰卅八两三钱二分

又兑支应支银壹拾贰两整　二十四年正月兑账外支应支银一拾贰两

二十五年正月兑账外支应支银壹拾贰两　又兑算账收三年应得银肆佰捌拾玖两贰钱七分

净缺支银肆佰伍拾叁两贰钱七分

[1] 光绪十六年：1890 年 1 月 21 日～ 1891 年 2 月 8 日。

又兑公座账支银四佰五拾叁两贰钱七分　又兑公座账收入倍本银陆拾两整

又兑公座账收银叁佰六拾叁两贰钱七分　二十六年正月兑账外支应支银壹拾八两

二十七年正月兑账外支银叁佰六拾三两贰钱七分　又兑账外支应支银壹拾八两

二十八年正月兑账外支应支银壹拾八两　二十九年正月兑账外支应支银壹拾八两

卅年正月兑账外支应支银壹拾八两　三十一年正月兑账外支应支银壹拾八两

又兑算账收六年应得银叁百叁拾叁两零八分　净缺支银贰佰贰拾五两零八分

兑外账支银贰佰贰拾五两零八分

作银股叁厘

以上除讫净存资本银二十两四百

抄卅一年新万金账

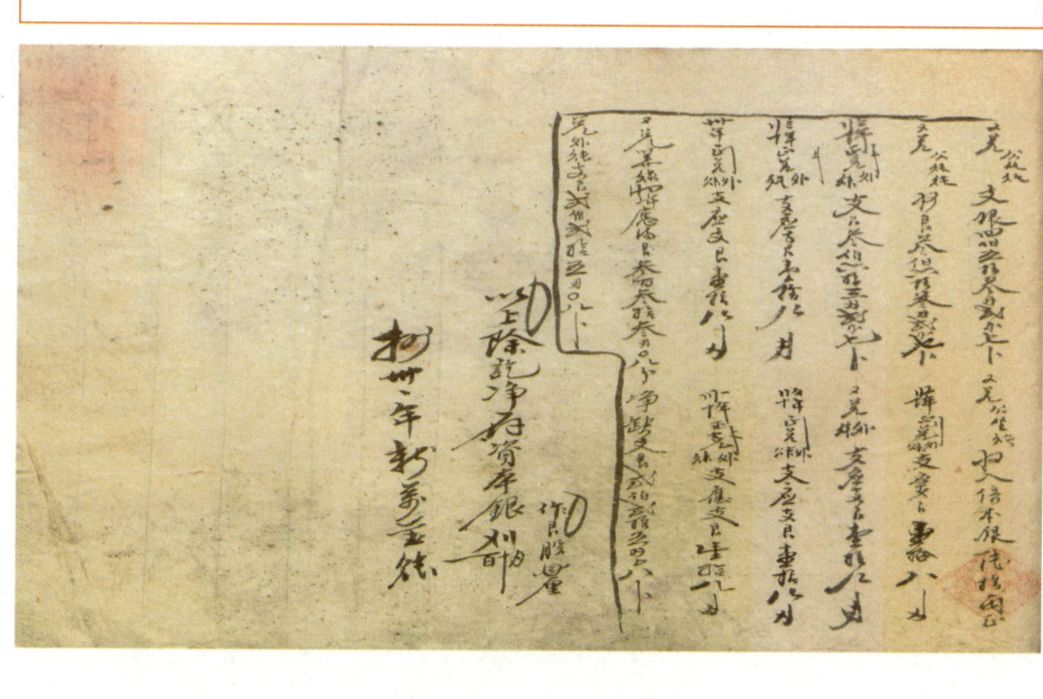

梁之阁 光绪十九年正月顶人力叁厘

廿年正月兑外账支应支银一拾贰两 二十一年正月兑外账支应支银壹拾贰两

二十二年正月兑外账支应支银壹拾贰两 又兑算账收三年应得利银肆佰零四两叁钱贰分

净缺支银叁佰陆拾捌两叁钱贰分

又兑公座账支银贰佰肆拾两正 又兑外账支银壹佰五拾贰两七钱贰分

又兑新外账收银贰拾肆两肆钱整

光绪二十二年正月加人力壹厘

二十三年正月兑外账支银壹拾六两 二十四年正月兑外账支应支银一拾六两

二十五年正月兑外账支应支银一拾六两 又兑外账支银叁佰七十六两贰钱贰分

又兑外账收银叁佰七拾六两贰钱贰分 又兑算账收三年应得银陆佰五十贰两三钱六分

净缺支银陆佰零肆两叁钱六分

又兑外账支银叁佰七拾六两贰钱贰分 又兑公座账支银壹佰壹拾两

光绪二十五年正月加人力壹厘

二十六年正月兑外账支银壹百壹拾八两壹钱四分 又兑外账支应支银叁拾两

二十七年正月兑外账支应支银叁拾两整　二十八年正月兑外账支应支银叁拾两

光绪二十八年正月加人力壹厘

二十九年正月兑外账支应支银叁拾六两　卅年正月兑外账支应支银叁拾六两

三十一年正月兑外账支应支银叁拾六两　又兑算账收六年应得银陆百陆拾六两壹钱六分

又收银叁百两厚仪银　净缺支银七佰六拾八两壹钱六分

兑外账支银柒佰六拾八两壹钱六分

卅一年正月账下加人力股壹厘五毫

以上除讫净存人力股五七厘

抄卅一年新万金账

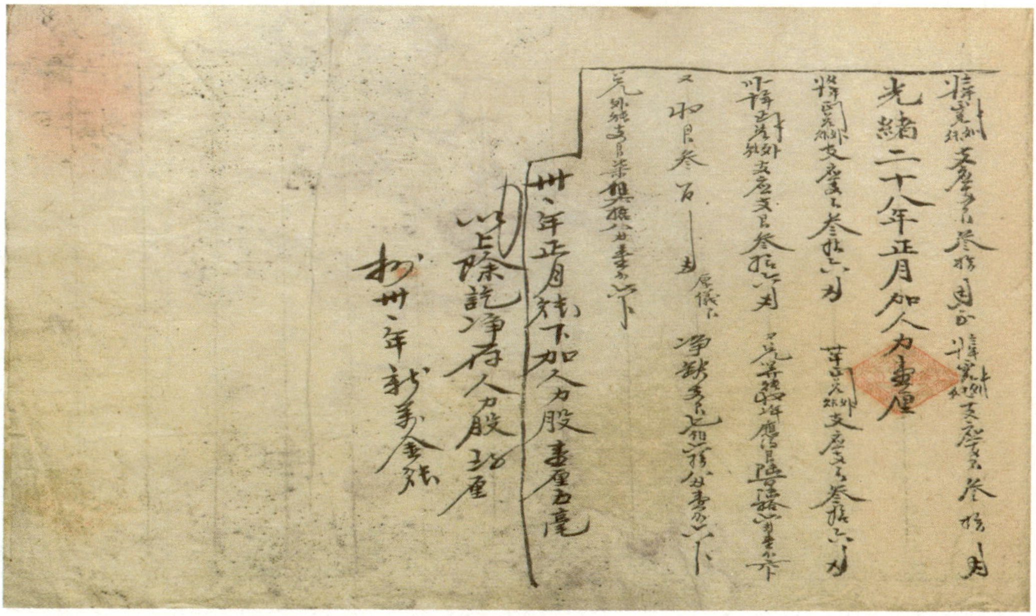

聂思智 光绪十九年正月顶人力叁厘

廿年正月兑外账支应支银一拾贰两 二十一年正月兑外账支应支银壹拾贰两

廿二年正月兑外账支应支银壹拾贰两 又兑算账收三年应得利银肆佰零四两叁钱贰分

净缺支银叁佰陆拾捌两叁钱贰分

又兑公座账支银壹佰捌拾两整 又兑外账支银壹佰肆拾六两贰钱六分

二十三年正月兑外账支银四十贰两零六分 又兑支应支银壹拾贰两整

二十四年正月兑外账支应支银一拾贰两 二十五年正月兑外账支应支银一拾贰两

又兑外账支银贰佰六十壹两贰钱九分 又兑外账收银贰佰六十一两贰钱九分

又兑算账收三年应得银四佰八十九两贰钱七分 净缺支银肆佰伍拾叁两贰钱七分

又兑外账支银贰佰六拾一两贰钱九分 又兑公座账支银 壹 佰 两

光绪二十五年正月加人力壹厘

二十六年正月兑外账支银玖拾壹两九钱八分 又兑外账支应支银贰拾四两

二十七年正月兑外账支应支银贰拾四两 二十八年正月兑外账支应支银贰拾四两

光绪二十八年正月罚人力壹厘

二十九年正月兑外账支应支银壹拾八两　卅年正月兑外账支应支银壹拾八两

三十一年正月兑外账支应支银壹拾八两　又兑算账收六年应得银叁百叁拾叁两零八分

净缺支银贰佰零七两零捌分

兑外账支银贰佰零七两零八分

此人于卅一年三月廿六日[1]亡故

除罚净存人力股叁厘　后日仍由此账结算

卅二年正月兑外账支应支银壹拾捌[2]两　系卅一年之应支　卅三年正月兑外账支卅二年应支银壹拾捌两

卅四年正月兑外账支卅三年应支银壹拾捌两　兑算账收三年应得利银肆百伍拾贰两陆钱五分

兑浮计账聂忠厚堂　**净缺支银叁佰玖拾捌两陆钱伍分**

同日兑浮计账聂忠厚堂取银叁百九拾捌两六钱伍分　自本年正月止

于光绪三十一年春辞世东伙议定待至三十四年

正月账下为满今同伊子聂有成伊弟聂思谛

将此故俸情愿辞退出号同中将一应号事

[1] 卅一年三月廿六日：光绪卅一年三月廿六日，1905 年 4 月 30 日。

[2] 捌：原文作"[illegible]"，下同。

澄清明白至于细情难以枚举有伊立退约

存照额外帮助伊银壹百两永无异言

刘明元

同中人 侍成琮

潘生顺

王菖林 光绪十九年正月顶人力叁厘

廿年正月兑外账支应支银一拾贰两 二十一年正月兑外账支应支银壹拾贰两

二十二年正月兑外账支应支银壹拾贰两 又兑算账收三年应得利银四佰零四两三钱贰分

净缺银叁佰陆拾捌两叁钱贰分

又兑公座账支银壹佰捌拾两整 又兑外账支银壹佰柒拾两零零八分

二十三年正月兑外账支银壹拾八两贰钱四分 又兑支应支银壹拾贰两

二十四年正月兑外账支应支银壹拾贰两整 二十五年正月兑外账支应支银一拾贰两

又兑外账支银壹佰九十一两五钱五分 又兑外账收银壹佰九拾一两五钱五分

又兑算账收三年应得银四佰八拾九两贰钱七分 净缺支银肆佰五拾叁两贰钱七分

又兑外账支银壹佰九十一两五钱五分 又兑公座账支银壹佰两整

光绪二十五年正月加人力壹厘

二十六年正月兑外账支银壹百六拾壹两七钱贰分 又兑外账支应支银贰拾肆两

二十七年正月兑外账支应支银贰拾四两 二十八年正月兑外账支应支银贰拾肆两

光绪二十八年正月加人力壹厘

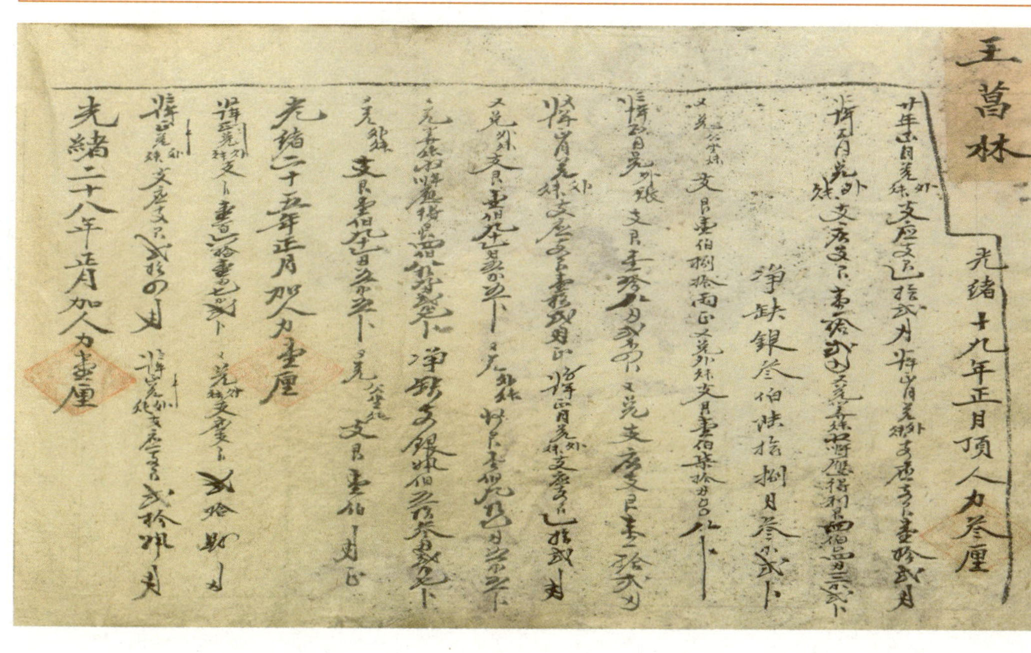

二十九年正月兑外账支应支银叁拾两　卅年正月兑外账支应支银叁拾两
三十一年正月兑外账支应支银叁拾两　又兑算账收六年应得银伍百伍拾伍两壹钱三分
又收银贰百五拾两厚仪银　净缺支银陆百四拾叁两壹钱叁分
兑外账支银陆佰肆拾叁两壹钱三分
以上除讫净存人力股五厘
抄卅一年新万金账

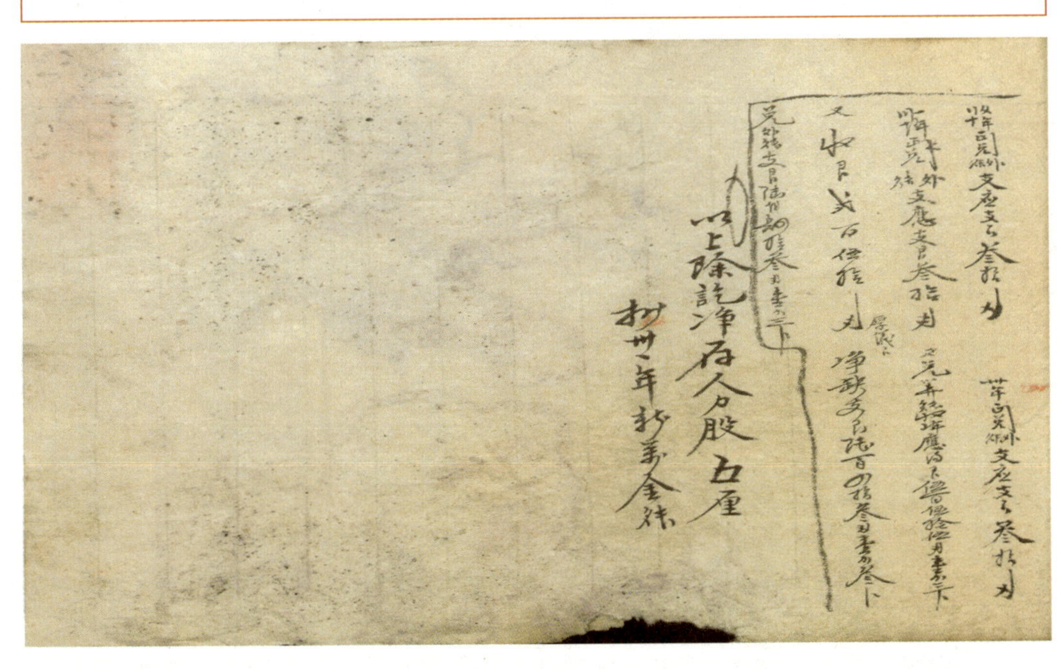

赵其让 光绪二十二年正月顶人力叁厘

贰十三年正月支应支银壹拾贰两　二十四年正月兑外账支应支银壹拾贰两

二十五年正月兑外账支应支银一拾贰两　又兑外账支银贰佰五十八两五钱四分

又兑外账收银贰佰五拾八两五钱四分　又兑算账收三年应得银四佰八十九两贰钱七分

净缺支银肆佰伍拾叁两贰钱七分

又兑外账支银贰佰五拾八两五钱四分　又兑公座账支银贰佰捌拾两整

光绪二十五年正月加人力壹厘

又兑外支账收银八拾伍两贰钱七分　二十六年正月兑外账支应支银贰拾肆两

二十七年正月兑外账支应支银贰拾四两　二十八年正月兑外账支应支银贰拾肆两

光绪二十八年正月加人力壹厘

二十九年正月兑外账支应支银叁拾两　卅年正月兑外账支应支银叁拾两

三十一年正月兑外账支应支银叁拾两　又兑算账收六年应得银伍百伍拾伍两壹钱叁分

又收银贰百伍拾两厚仪银　净缺支银六佰四拾叁两壹钱三分

兑外账支银六佰肆拾叁两壹钱叁分　卅一年账下加人力股壹厘

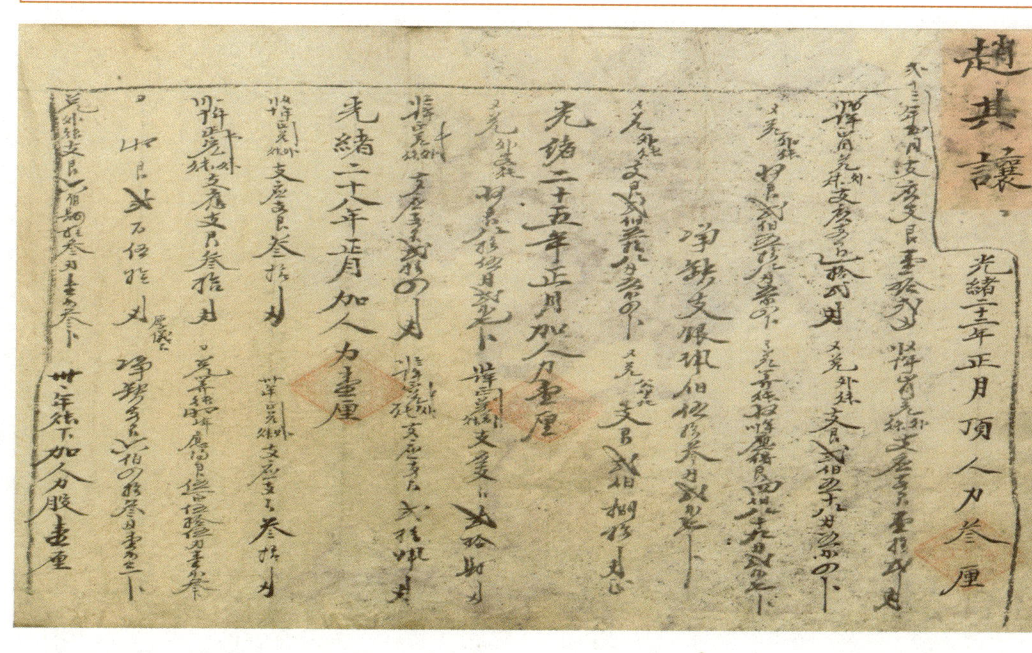

以上除讫净存人力股陆厘

抄卅一年新万金账

田庆丰　光绪二十五年正月顶人力贰厘

二十六年正月兑外账支应支银壹拾贰两　二十七年正月兑外账支应支银壹拾贰两

二十八年正月兑外账支应支银壹拾贰两

光绪二十八年正月加人力壹厘

二十九年正月兑外账支应支银壹拾八两　卅年正月兑外账支应支银壹拾八两

三十一年正月兑外账支应支银壹拾八两　又兑算账收六年应得银叁百叁拾叁两零八分

又收银壹百伍拾两厚仪银　净缺支银叁佰玖拾叁两零八分

兑外账支银叁佰玖拾叁两零八分　卅一年账下加人力股壹厘

以上除讫净存人力股四厘

抄卅一年新万金账

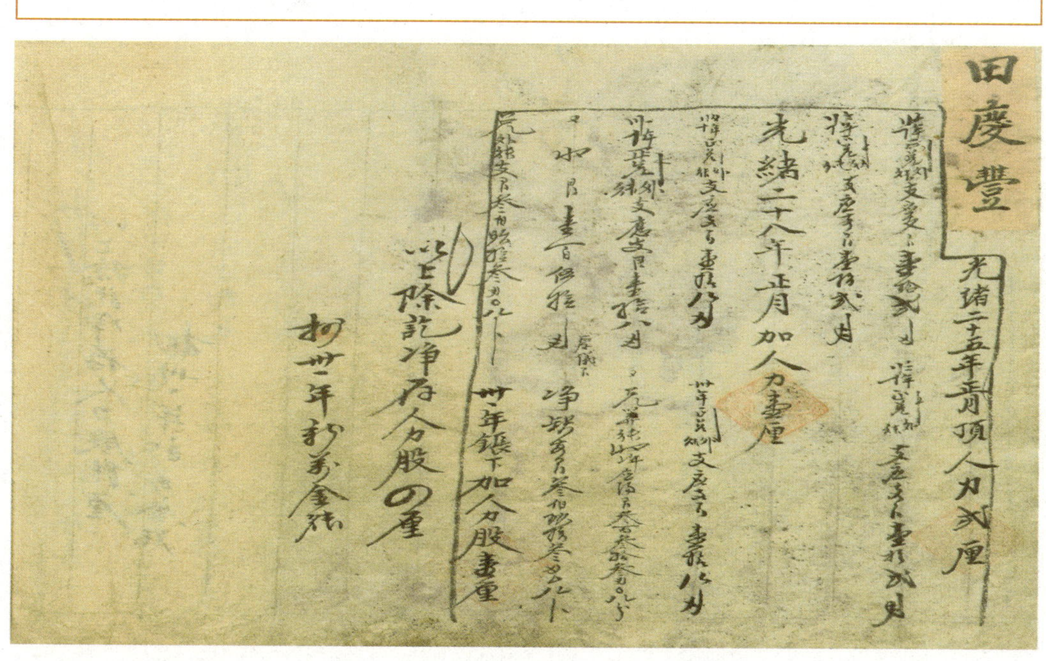

许维灿 光绪二十五年正月顶人力贰厘

二十六年正月兑外账支应支银壹拾贰两　二十七年正月兑外账支应支银壹拾贰两

二十八年正月兑外账支应支银壹拾贰两　收三年应得利银七拾八两三钱

净缺支银肆拾贰两三钱　又兑外账支银肆拾贰两叁钱

至本年正月止

于二十八年正月账下皆因大势心意不合情愿辞退出号同中一应

核算明白清楚以及细情亦难枚[1]举有伊亲立退约永远

存照额外号内助盘费银叁拾两整

同中人　李化雨
张鹏飞

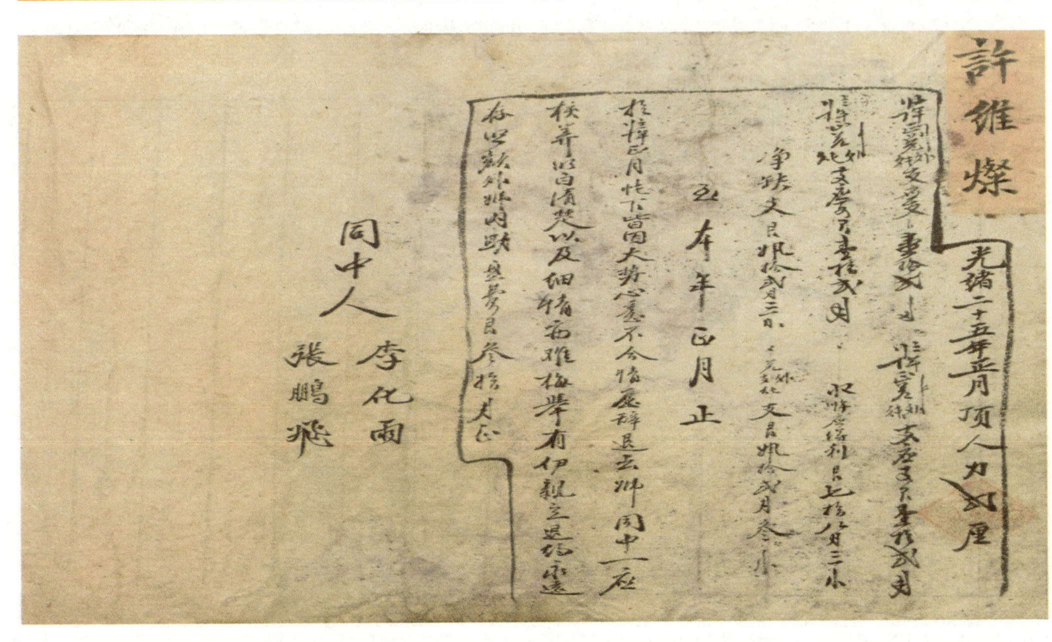

[1] 枚：原文作“梅”。

王德泰

光绪二十五年正月顶人力贰厘

二十六年正月兑外账支应支银壹拾贰两　二十七年正月兑外账支应支银壹拾贰两

二十八年正月兑外账支应支银壹拾贰两

光绪二十八年正月加人力壹厘伍毫

（二十九年正月兑）外账支应支银贰拾壹两　卅年正月兑外账支应支银贰拾壹两

三十一年正月兑外账支应支银贰拾壹两　又兑算账收六年应得银叁百捌拾捌两伍钱九分

又收银壹佰柒拾五两厚仪银　净缺支银四百六拾四两五钱九分

兑外账支银四佰六拾四两五钱九分　卅一年正月银下加人力股壹厘

以上除讫净存人力股五四厘

抄卅一年新万金账

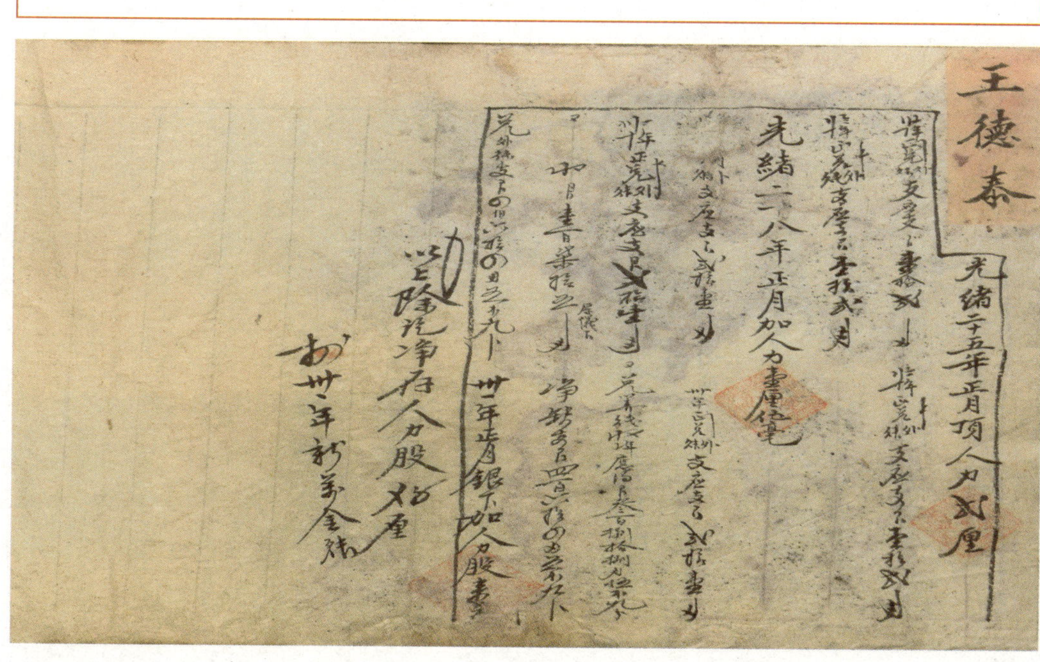

附录

一、祥泰隆账簿字符识读表

序号	账簿字符	今用字符
1	○	零
2		一
3		二
4		三
5		四
6		五
7		六
8		七
9		八
10		九
11		十
12		廿
13		卅
14		百
15		千
16		壹
17	弍	贰
18	叄	叁
19		肆
20		伍
21		陆
22		柒
23		捌
24		玖
25		拾
26		佰

续表

序号	账簿字符	今用字符
27		仟
28		八年二月初六日
29		六年正月廿九日
30		九年十月十六日
31		九年十二月初五日
32		十二月十六日
33		三十一年正月兑
34		银
35		两
36		钱
37		分
38		厘
39		四十文
40		九十文
41		千文

续表

序号	账簿字符	今用字符
42	[illegible]	三千文
43	[illegible]	一千八 （一千八百）
44	[illegible]	一两二 （一两二钱，1.2 两）
45	[illegible]	六钱七五 （六钱七分五厘，0.675 两）
46	[illegible]	四千二五 （四千二百五十，4250）
47	[illegible]	一百二十一两四四 （一百二十一两四钱四分，121.44 两）
48	[illegible]	六十零两七二 （六十两七钱二分，60.72 两）
49	[illegible]	一千三百零十二两四一 （一千三百零二两四钱一分，1302.41 两）
50	[illegible]	一千二五八八二 （一千二百五十八点八二，1258.82 两）
51	夭	袄
52	[illegible]	把
53	（一）巴	（一）把
54	（豆）半	（豆）瓣
55	[illegible]	三斤半带 瓶子

序号	账簿字符	今用字符
56	葡 芐	卜
57	菠	菠
58	四包	四包
59	辨则	辫子
60	并	饼
61	卜荷	薄荷
62	箥	簸
63	才逢	裁缝
64	艹	草
65	細	细
66	带	带
67	（口）代	（口）袋
68	代（来）	带（来）
69	（借）代	（借）贷
70	定	定
71	短	短
72	（豆）付	（豆）腐
73	羔	糕
74	菸木稿子	烟木膏子
75	（马）卜	（马）褂
76	卜（面）	挂（面）

序号	账簿字符	今用字符
77	光	桄
78	呙	锅
79	老汗	老汉
80	汗話	汉话
81	乎	壶
82	葫（萝卜）	胡（萝卜）
83	徊	回
84	火（计）	伙（计）
85	录连	绿莲
86	廷	廷
87	将	酱
88	吉（羊）	羯（羊）
89	结（羊）	羯（羊）
90	（帽）吉	（帽）结
91	[illegible]	九八
92	（小）旧（子）	（小）舅（子）
93	（单）库	（单）裤
94	[illegible]	块
95	（竹）快	（竹）筷
96	（火）连	（火）镰
97	（破）兰	（破）烂
98	（月）兰（布）	（月）蓝（布）
99	录	绿
100	棉	绵

序号	账簿字符	今用字符
101	茋（菇）	蘑（菇）
102	磨（菇）	蘑（菇）
103	（酒）研	（酒）瓶
104	[illegible]	氆氇
105	戈	钱
106	青由	清油
107	（马）入	（马）褥
108	（通）市	（通）事
109	筭	算
110	[illegible]	糖
111	同（盘）	铜（盘）
112	同罗呙	铜锣锅
113	同（油）	桐（油）
114	仝（日）	同（日）
115	[illegible]	驼
116	（狼）哇	（狼）娃
117	[illegible]	线
118	斜文布	斜纹布
119	圭	鞋
120	化	靴
121	菸	烟
122	莞妥	芫荽
123	尺	一尺

续表

序号	账簿字符	今用字符
124	（婆）胰	（婆）姨
125	用（人）	佣（人）
126	元（脸）	圆（脸）
127	玉頭	芋头
128	（瓜、餅、茄）则	（瓜、饼、茄）子
129	占 [illegible]	毡
130	长	张
131	烝	蒸
132	正	整
133	专	砖
134	（铁）庄	铁（桩）
135	咀	嘴
136	坐	座
137	扇它	骟驼
138	[illegible]	骚胡
139	（皮袄）甬	（皮袄）桶
140	（一）甬	（一）桶

二、鄂尔多斯市图书馆馆藏祥泰隆账簿一览表

序号	名称	立账时间	页数
1	咸丰八年新正月吉立哈尔哈借贷老账	1858 年 2 月 14 日 ~3 月 14 日	128
2	同治元年新正吉立历年老账	1862 年 1 月 30 日 ~2 月 28 日	78
3	同治十三年吉立凉甘新旧卖货底账	1874 年 2 月 17 日 ~1875 年 2 月 5 日	30
4	甲戌年宁郡万僖公记大清同治十三年三月吉立公号公用账	1874 年 4 月 16 日 ~5 月 15 日	44
5	万裕公记同治十三年九月吉日立出入日用账	1874 年 10 月 10 日 ~11 月 8 日	32
6	大清光绪元年新正黄道吉立（万金账）[1]	1875 年 2 月 6 日 ~3 月 7 日	200
7	大清光绪二年新正月立盛记取货账	1876 年 1 月 26 日 ~2 月 24 日	66
8	大清光绪二年新正月立镇邑售货外欠账	1876 年 1 月 26 日 ~2 月 24 日	34
9	大清光绪二年新正月立开货花账	1876 年 1 月 26 日 ~2 月 24 日	52
10	岁次丙子光绪二年新正月立出绒毛皮底账	1876 年 1 月 26 日 ~2 月 24 日	44
11	光绪二年新正吉立凭帖号账	1876 年 1 月 26 日 ~2 月 24 日	109
12	大清光绪二年新正吉立哈拉哈老账	1876 年 1 月 26 日 ~2 月 24 日	200
13	大清光绪二年润五月（立二号蒙古账）[2]	1876 年 6 月 22 日 ~7 月 20 日	393
14	大清光绪二年新正吉立祥泰隆记田户字号老账	1876 年 1 月 26 日 ~2 月 24 日	154
15	光绪二年冬月吉立祥泰隆记二号汉人暂计账	1876 年 12 月 16 日 ~1877 年 1 月 13 日	39
16	光绪二年八月十五日立三号蒙古小账	1876 年 10 月 2 日	102
17	光绪二年十月立包镇浮计小账	1876 年 11 月 16 日 ~12 月 15 日	32
18	光绪二年九月初一日立祥泰隆记日行货流水账	1876 年 10 月 17 日	83
19	祥泰隆记光绪二年十月吉立四号蒙古暂计账	1876 年 11 月 16 日 ~12 月 15 日	346
20	光绪二年九月十八日立清点家具总账	1876 年 11 月 3 日	20
21	光绪二年九月十八日立清点家具总账[3]	1876 年 11 月 3 日	20
22	光绪二年新正立壹号汉人暂计账	1876 年 1 月 26 日 ~2 月 24 日	191
23	（大清光绪二年八月廿六日银钱流水账）[4]	1876 年 10 月 13 日	289
24	大清光绪二年新正吉立一号蒙古暂记账	1876 年 1 月 26 日 ~2 月 24 日	414
25	万裕公记光绪二年三月立日用帐	1876 年 3 月 26 日 ~4 月 23 日	76
26	光绪二年新正吉立籴米粮老账	1876 年 1 月 26 日 ~2 月 24 日	156
27	祥泰隆记大清光绪三年新正吉立祥泰隆日行货流水账	1876 年 2 月 13 日 ~3 月 14 日	176
28	隆盛玉记光绪十一年正月吉日立魏房东习	1885 年 2 月 15 日 ~3 月 16 日	10
29	祥泰隆记大清光绪十二年新正立籴粮暂记账	1886 年 2 月 4 日 ~3 月 5 日	80
30	光绪二十年冬月立包头祥泰隆发脚号账	1894 年 11 月 27 日 ~12 月 6 日	66
31	光绪二十年冬月立包头祥泰隆收货宝账	1894 年 11 月 27 日 ~12 月 26 日	70+2[5]
32	光绪三十一年正月立隆记东伙公座账	1905 年 2 月 4 日 ~3 月 5 日	63
33	光绪三十一年正月续立隆记万金账	1905 年 2 月 4 日 ~3 月 5 日	204
34	光绪三十二年正月吉谷旦宁郡广发隆合伙清册算账	1906 年 1 月 25 日 ~2 月 22 日	61

序号	名称	立账时间	页数
35	光绪三十二年正月吉谷旦宁郡隆泰裕合伙清册算账	1906年1月25日~2月22日	250
36	宣统三年新正月吉立运包绒毛皮张总账	1911年1月30日~2月28日	96
37	民国甲寅三年正月吉立城包买货底账	1914年1月27日~2月24日	104
38	民国丁己六年正月吉立城包买货底账	1917年1月23日~2月21日	92
39	民国丁己六年正月吉立津京买货底账	1917年1月23日~2月21日	160
40	己未八年新正月吉立津包卖绒毛底账	1919年2月1日~3月1日	90
41	中华民国九年新正月吉立城包买货老账	1920年2月20日~3月19日	226
42	中华民国十二年岁次癸亥正月黄道日立售卖绒毛皮张底账	1923年2月16日~3月16日	92
43	中华民国十二年新正月吉立天津买货底账	1923年2月16日~3月16日	157+1
44	（壬申年）西街字号账	1932年2月6日~1933年　月25日	65+1
45	中华民国廿一年新正月黄道日立（壬申年正月立珍瑞记来往账）	1932年2月6日~3月6日	36
46	民国二十一年新正月吉立天津买货底账	1932年2月6日~3月6日	104
47	中华民国廿一年正月黄道日吉立福茂记来往账	1932年2月6日~3月6日	47+3
48	民国廿一年新正月黄道日立壬申年正月立众店客账	1932年2月6日~3月6日	158+1
49	中华民国二十一年正月吉日立浮计老账	1932年2月6日~3月6日	127+3
50	中华民国廿一年新正月吉日立帐房帖号底账	1932年2月6日~3月6日	109
51	中华民国廿一年新正月吉日立盛凝记來往账	1932年2月6日~3月6日	52
52	（壬申年正月立）借贷汇款老账	1932年2月6日~3月6日	66
53	民国廿一年正月吉日立（壬申年南街字号老账）	1932年2月6日~3月6日	102+2
54	中华民国二十一年新正月吉立雇工支使老账	1932年2月6日~3月6日	162
55	中华民国二十一年新正月立点存驼名底账	1932年2月6日~3月6日	84
56	中华民国廿一年新正月吉立众伙零支账	1932年2月6日~3月6日	386
57	壬申 ...... 往老账[6]	1932年2月6日~1933年1月25日	58
58	洪记民国廿五年吉立隆记收货账	1936年1月24日~1937年2月10日	37
59	中华民国二十七年新正月吉立（万金账）[7]	1938年1月31日~3月1日	114
60	中华民国二十七年新正月吉立隆记万金账	1938年1月31日~3月1日	110
61	民国二十七年正月黄道日吉立（隆）[8]记众东伙副本保证金账	1938年1月31日~3月1日	120
62	祥泰隆洪记民国二十九年吉立南面收两色绒毛账	1940年2月8日~1941年1月26日	26
63	祥泰隆洪记民国二十九年正月吉立隆记收货账	1940年2月8日~3月8日	12
64	中华民国三十年正月吉立隆记东伙内支账	1941年1月27日~2月25日	84
65	蔚生厚福记中华民国三十三年吉立收厚记货底账	1944年1月25日~1945年2月12日	40
66	蔚生厚民国三十三年黄道吉立洪记存牲畜总老账	1944年1月25日~1945年2月12日	20

序号	名称	立账时间	页数
67	中华民国三十三年新正月吉立宁郡兴华商店合伙清册算账	1944 年 1 月 25 日 ~2 月 23 日	20
68	中华民国三十三年新正月吉立宁郡协庆昌合伙清册算账	1944 年 1 月 25 日 ~2 月 23 日	14
69	（蔚生厚洪记账簿）[9]		34+1
70	民国三十五年正月立浮记账	1946 年 2 月 2 日 ~3 月 3 日	142+3
71	民国三十五年正月立洪记取货账后附来往	1946 年 2 月 2 日 ~3 月 3 日	98
72	（丙戌年吉立后面蒙古账）[10]	1946 年 2 月 2 日 ~1947 年 1 月 21 日	98
73	（丙戌年吉立前面蒙古账）[11]	1946 年 2 月 2 日 ~1947 年 1 月 21 日	124
74	民国三十五年正月吉立各帐房往来账	1946 年 2 月 2 日 ~3 月 3 日	80+2
75	中华民国三十五年正月吉立本街字号账	1946 年 2 月 2 日 ~3 月 3 日	81+1
76	民国三十五年正月吉立借贷底账	1946 年 2 月 2 日 ~3 月 3 日	66
77	民国三十五年新正月吉立暂计账	1946 年 2 月 2 日 ~3 月 3 日	163
78	洪记蔚生厚中华民国三十五年新正月立银钱流水底账	1946 年 2 月 2 日 ~3 月 3 日	15
79	民国三十五年吉立四路买货账后续一九五零年后附水程底	1946 年 2 月 2 日 ~3 月 3 日	46+4
80	民国三十五年正月立一号蒙古账	1946 年 2 月 2 日 ~3 月 3 日	62
81	民国三十五年正月吉立二号蒙古账	1946 年 2 月 2 日 ~3 月 3 日	107+3
82	中华民国三十五年正月吉立发往各处货账[12]	1946 年 2 月 2 日 ~3 月 3 日	40
83	蔚生厚洪记中华民国三十五年新正月立众伙支使账	1946 年 2 月 2 日 ~3 月 3 日	30+2
84	民国三十五年正月立一号汉人账	1946 年 2 月 2 日 ~3 月 3 日	112
85	民国三十五年正月立二号汉人账	1946 年 2 月 2 日 ~3 月 3 日	146+2
86	蔚生厚洪记中华民国三十五新正月立年东面蒙古走账	1946 年 2 月 2 日 ~3 月 3 日	46+2
87	蔚生厚洪记中华民国三十五年黄道日立南西北蒙古走账	1946 年 2 月 2 日 ~1947 年 1 月 21 日	63
88	蔚生厚洪记中华民国三十五年新正月立四路蒙古来往老账	1946 年 2 月 2 日 ~3 月 3 日	120
89	蔚生厚洪记中华民国丙戌年新正月立汉人来往老账	1946 年 3 月 4 日 ~4 月 1 日	70
90	民国三十五年正月立籴粮底账	1946 年 2 月 2 日 ~3 月 3 日	54
91	民国三十五年正月吉立杂项税脚底账	1946 年 2 月 2 日 ~3 月 3 日	164
92	宁夏兴华商店民国三十五年二月吉立蔚生厚来往银钱走账	1946 年 3 月 4 日 ~4 月 1 日	70
93	蔚生厚洪记民国三十五年吉立南西面收绒毛走账	1946 年 2 月 2 日 ~3 月 3 日	15+1

序号	名称	立账时间	页数
94	蔚生厚福记民国三十五年正月立日行货流水账	1946年2月2日~3月3日	38
95	民国三十五年正月立售骆驼牲畜账	1946年2月2日~3月3日	63+1
96	中华民国三十五年正月吉立点存货账	1946年2月2日~3月3日	35
97	中华民国三十五年正月吉立内庄点存货账	1946年2月2日~3月3日	26+1
98	宁夏兴华商店民国三十五年新正月黄道吉日开兴华商店清查草底折	1946年2月2日~3月3日	22
99	（民国）三十五年立本号四路来往信稿[13]	1946年2月2日~1947年1月21日	119
100	民国三十五年吉腊月续立本号四路来往信稿	1946年12月23日~1947年1月21日	104
101	民国三十五年七月续立寄宁信稿底	1946年7月28日~8月26日	160
102	民国三十五年七月续立四路来往信稿底	1946年7月28日~8月26日	108
103	民国三十六年正月吉立内庄存货底账	1947年1月22日~2月20日	102+6
104	民国三十六年正月吉立外埠暂计借贷底账	1947年1月22日~2月20日	52
105	蔚生厚茂记民国丁亥三十六年正月黄道日吉立存放骆驼老账	1947年1月22日~2月20日	41
106	民国三十六年正月吉立东伙支使账	1947年1月22日~2月20日	212+6
107	民国三十六年正月吉立雇工支使账后续三十七年	1947年1月22日~2月20日	95+7
108	民国三十六年正月吉立众伙零支账	1947年1月22日~2月20日	391+5
109	民国三十六年正月吉立薪金支使账	1947年1月22日~2月20日	254+6
110	民国三十六年正月吉立津包平来往账后续三十七年	1947年1月22日~2月20日	58
111	民国三十六年正月吉立存骆驼账	1947年1月22日~2月20日	311
112	民国三十六年正月吉立各帐房来往底账	1947年1月22日~2月20日	76+2
113	民国三十六年正月吉立内庄点存货账	1947年1月22日~2月20日	31+1
114	民国三十六年正月吉立京津包买货账	1947年1月22日~2月20日	34
115	民国三十六年正月吉立本街字号来往账	1947年1月22日~2月20日	54
116	民国三十六年正月吉立借代底账	1947年1月22日~2月20日	66
117	祥泰隆福记民国三十六年新正黄道吉日立隆记来往底账一本	1947年1月22日~2月20日	34
118	（中华民国三十六年新正月吉立蔚生厚洪记账簿）[14]	1947年1月22日~2月20日	12
119	民国三十六年正月吉立浮记底账	1947年1月22日~2月20日	126
120	民国三十六年正月吉立四外字号来往账续三十七年续三十八年	1947年1月22日~2月20日	56
121	蔚生厚洪记民国三十六年吉日立日行货物流水账	1947年1月22日~1948年2月9日	84
122	民国三十六年二月吉立本号四路来往信稿	1947年2月21日~3月22日	127
123	民国三十六年三月续立本号四路来往信稿簿	1947年4月21日~5月19日	200
124	民国三十六年四月续立宁夏来信稿	1947年5月20日~6月18日	170

序号	名称	立账时间	页数
125	中华民国三十六年十月续立津包来信底稿簿	1947 年 11 月 13 日 ~12 月 11 日	202
126	民国三十六年十月续立津包寄信底稿簿	1947 年 11 月 13 日 ~12 月 11 日	166
127	中华民国三十六年十月续立本号四路来往信稿簿后续外四路信稿簿	1947 年 11 月 13 日 ~12 月 11 日	75
128	民国三十七年正月立粜粮账	1948 年 2 月 10 日 ~3 月 10 日	100
129	民国三十七年正月开人力馈送花名折	1948 年 2 月 10 日 ~3 月 10 日	12
130	民国三十七年正月开薪金同人加赠馈送花名折	1948 年 2 月 10 日 ~3 月 10 日	14
131	（一九五零年借贷账）[15]	1950 年	50
132	（公元一九五零年雇工支使账）[16]	1950 年	62

注[1]账簿封皮贴条缺括号内的字，根据账簿内容判断为万金账。

[2]账簿封皮缺左上角贴条及括号内的文字，根据书口中间的文字补。

[3]21 号账簿的名称和内容与 20 号账簿相同，字迹略有不同，两册账簿最后一页沿中间折叠后拼接在一起的部位写有一列“以上共揔壹百玖拾陆宗”的字样，分开后两册账簿最后一页中间各有上述一列字的左右各半部分。显然是为以后对账所做的防伪标记。

[4]账簿封皮缺贴条及括号内的文字，根据书口中间的文字补。

[5]页数中“+”后面的数字表示另有单页若干。页数中含有账簿中的空白页。

[6]账簿封皮贴条以及书口中间文字缺少。

[7]账簿封皮贴条缺括号内的字，根据账簿内容判断为万金账。

[8]账簿封皮贴条缺括号内的字，根据书口中间的文字补上。

[9]账簿无封皮，书口无文字，根据账簿中印章判断账簿名称。祥泰隆改为蔚生厚账簿最早见于 1944 年，可以判断此账簿立账时间应在 1944 年或以后。

[10]账簿无封皮，账簿书口文字为两行，上面一行为：“丙午年吉立后面蒙古账”，下面一行为“丙戌年吉立东面蒙古账”。

[11]账簿无封皮，账簿书口文字为两行，上面一行文字为“丙午年吉立前面蒙古账”，下面一行为“丙戌年吉立南面蒙古账”。

[12]账簿书口文字为“三十六年立四外存货账”。

[13]账簿无封皮，账簿名称根据书口文字补。

[14]账簿无封皮，书口无文字，账簿名称根据第一页右侧贴条上文字及账簿中的印章判断。

[15]账簿无封皮，账簿名称根据书口文字补。

[16]账簿无封皮，账簿名称根据书口文字补。

参考文献

1. 布和宝力德．清代旅蒙晋商文献价值评价——以祥泰隆账簿文献为例［J］．图书与情报，2018，（04）：141-144.

2. 秋原．清代旅蒙商述略［M］．北京：新星出版社，2015.

3. 中国人民政治协商会议内蒙古自治区委员会文史资料委员会编．内蒙古文史资料第十二辑·旅蒙商大盛魁［M］．呼和浩特：内蒙古文史书店，1984.

4. 中国人民政治协商会议内蒙古自治区委员会文史资料委员会编．内蒙古文史资料第三十九辑·内蒙古工商史料［M］．呼和浩特：内蒙古文史书店，1990.

5. 晋中市政协文史资料委员会编．晋中文史（第二辑）［M］．晋中：晋中市政协文史资料委员会，2005.

6. 董剑云　董培良．晋商与平遥礼俗文化［M］．太原：山西经济出版社，2017.

7. 卫聚贤．山西票号史［M］．太原：山西出版传媒集团·三晋出版社，2017.

8. 张正明　邓泉．平遥票号商［M］．太原：山西教育出版社，1997.

9. 郭道扬．中国会计史稿下［M］．北京：中国财政经济出版社，1988.

10. 孔祥毅．晋商学［M］．北京：经济科学出版社，2008.

11. 李锦彰．晋商老账［M］．北京：中华书局，2012.

12. 吴秋生．晋商会计史研究［M］．太原：山西经济出版社，2017.

13. 刘月莲．驼道与阿拉善拉驼人的记忆［M］．宁夏：阳光出版社，2017.

14. 王力主编．王力古汉语字典［M］．北京：中华书局，2000.

15. 马文静．小的却是全面的：一个普通山西商号账册分析（1893-1935）．太原：山西大学，2006.

后记

旅蒙商祥泰隆账簿资料的研究、整理和出版是鄂尔多斯市图书馆开展的一项智库服务工作。鄂尔多斯市图书馆馆藏祥泰隆账簿资料，其显著特点是种类繁多、系统性强，这在目前已经发现的旅蒙商账簿文献中并不多见。132 册账簿中包括基础账簿、业务账簿、结算账簿和辅助账簿四大类，每一大类又有若干子类，每一子类又有若干种账簿，由此可以比较详细地了解祥泰隆及其分支机构的经营情况。132 册账簿中不少账簿前后相继，体现了很强的系统性。例如，立账于 1875 年的《大清光绪元年新正黄道吉立（万金账）》、立账于 1905 年的《清光绪三十一年正月续立隆记万金账》、立账于 1938 年的《中华民国二十七年新正月吉立（万金账）》三本万金账前后接续，详细记录了从 1875-1944 年前后七十年祥泰隆股权发展变化、商号每年利润及每个账期的分红情况，中间未曾间断。又如，132 册账簿中还有记录公积金的公座账、记录股本副本的保证金账、记录商号成立合同及每年结算的合伙清册算账等。这对于深入研究旅蒙商、晋商的企业治理结构及其经营情况具有十分重要的价值。我们知道，旅蒙晋商的翘楚大盛魁也因未曾有万金账保存下来而成为晋商学研究的一大缺憾，仅从此就可以看到鄂尔多斯市图书馆馆藏祥泰隆账簿资料的价值所在。

经过最近二三十年的研究，关于晋商学研究取得了很大进展，在晋商产生发展的历史背景、治理结构、经营活动、企业文化及其影响等诸多方面出现了丰富的成果。在此基础上，以发现新的原生资料为基础上进行解剖麻雀式的案例研究，这将深入推进晋商学的研究。鄂尔多斯市图书馆馆藏祥泰隆账簿资料不仅仅为晋商学的宏观研究提供了系统的资料，而且为晋商学的案例研究提供了难得的原生文献。

祥泰隆作为在阿拉善地区有重要影响的旅蒙商，历经社会变迁，与其相关的文献资料非常少见，所记录的内容也仅反映了祥泰隆的大致经营轮廓。目前可以查到较早且全面地记述祥泰隆的文献有 1993 年 12 月内蒙古文史书店发行的内蒙古自治区政协文史资料委员会编的《内蒙古文史资料·第三十九辑·内蒙古工商史料》中博尔济吉特·达遴著的《从旅蒙商祥泰隆的兴衰史看阿拉善旗的社会经济变化》和 2005 年 1 月晋中市政协文史资料委员会编的《晋中文史》第 2 辑中董培良著的《祥泰隆商号》，其中有些地方的准确性尚待进一步确证。《从旅蒙商祥泰隆的兴衰史看阿拉善旗的社会经济变化》说，1875 年祥泰隆因为欠当铺巨款被董德峰兼并接管，而《祥泰隆商号》则说是 1821 年董德峰兼并接管祥泰隆。《祥泰隆商号》说，董德峰有五子，他把占家产总额半数的祥泰隆分给其四子董振鏞，其余四子平分平遥的三个票号和棉花店等资产；董振鏞接管祥泰隆后聘用山西孝义人赵廷斋出任掌柜。根据鄂尔多斯市图书馆馆藏的立账于 1875 年的《大清光绪元年新正黄道吉立（万金帐）》记载，董德峰次子董振铭在光绪元年正月（1875 年 2 月 6 日～ 1875 年 3 月 7 日）持有祥泰隆银股两俸，光绪四年正月（1878 年 2 月 2 日～ 1878 年 3 月 3 日）因年满八旬将生意辞退，将资本、公座和余利平分给他的长子董世昌、三子董裕昌、四子董寿昌三个儿子和董樑、董楹两个孙子，董裕昌、董寿昌、董樑以分得的银子于光绪四年正月分别入银股五厘、五厘、五厘，董楹在光绪十六年（1890 年 1 月 21 日～ 1891 年 2 月 8 日）入银股三厘。董振铭所持银股两俸是其父董德峰分家时分给他的，还是董振铭在分家后入的股？董振鏞是否分得董德峰在祥泰隆的全部股俸？ 1875 年的《大清光绪元年新正黄道吉立（万金帐）》还记载有一股东赵廷宰在光绪元年持有银股八厘、顶人力股一俸，此赵廷宰是否为彼赵廷斋？

显然，祥泰隆账簿资料的研究、整理和出版实属一项很有意义的工作。就工作难度而言，手写古籍资料的出版当以影印最为省事稳妥。古籍文献的研究、整理受制于研究整理者的学识水平，其实存在很多困难。尽管费尽心血孜孜以求，结果多有错漏乖谬之处，出版后往往惹方家见笑。遂令古籍文献研究、整理和出版为畏途。祥泰隆账簿资料的研究、整理和出版亦复如是。且账簿为手写，为提高书写效率，祥泰隆当年用了不少自创的简写字符，特别是营业时赶急记的底账，字迹不甚工整，不少条目的内容分几次记录上去，空间狭小，字体更小，并且划了线，有时划线压住了先前的字迹等，所有这些因素造成了账簿的一些文字辨认起来很困难。这可以说是祥泰隆账簿资料研究、整理和出版面临的第一个困难。其次，账簿中提到的一些商品名称、地名、官职名称、人名以及当时使用的度量衡等专名，其识读和注释也是颇费工夫的一项工作。尽管如此，本书的出版还是采用了识读文字与原版图片对照并加注相结合的方式。

我们感觉这样的方式首先可以节约读者识读账簿文字花费的时间，其次也可以节省对一些生僻的专名的查检时间，再次即便出现了一些难以避免的错漏之处亦可根据原文来校正，从而使读者有更多的时间对账簿的内容进行研究。

为尽可能把工作做好，鄂尔多斯市图书馆和北京碧虚文化有限公司组织了二十余人的课题组，分工合作，课题组多次召开研讨会，共同研究讨论，相互启发，取长补短，效果显著。根据计划，本书是第一卷，收录1号到6号账簿，第二卷和第三卷的研究整理工作正在进行中，不久即可出版。希望本书及后续图书的出版有助于旅蒙商研究的深入开展。

由于时间紧张，编著者水平有限，错漏之处在所难免，请读者朋友多多包涵并不吝批评指正为盼。

刘锦山

2022年2月12日